KB112201

20대 여자 직장 상사 조종법

초판 1쇄 인쇄 | 2020년 2월 14일
초판 1쇄 발행 | 2020년 2월 20일

지은이 | 박희인
펴낸이 | 박영욱
펴낸곳 | (주)북오션

편 집 | 이상모
마케팅 | 최석진
디자인 | 서정희·민영선

주 소 | 서울시 마포구 월드컵로 14길 62
이메일 | bookocean@naver.com
네이버포스트 | post.naver.com/bookocean
전 화 | 편집문의: 02-325-9172   영업문의: 02-322-6709
팩 스 | 02-3143-3964

출판신고번호 | 제313-2007-000197호

ISBN 978-89-6799-513-3 (03190)

이 도서의 국립중앙도서관 출판예정도서목록(CIP)은 서지정보유통지원시스템
홈페이지(http://seoji.nl.go.kr)와 국가자료공동목록시스템
(http://www.nl.go.kr/kolisnet)에서 이용하실 수 있습니다.
(CIP제어번호: CIP2020001701)

*이 책은 북오션이 저작권자와의 계약에 따라 발행한 것이므로 내용의 일부 또는 전부를
 이용하려면 반드시 북오션의 서면 동의를 받아야 합니다.
*책값은 뒤표지에 있습니다.
*잘못 만들어진 책은 구입하신 서점에서 교환해 드립니다.

밀레니얼을 위한 센 언니에게 배우는 커리어 스킬

20대 여자 직장 상사 조종법

박희인 지음

북오션

고생하는
밀레니얼에게

밀레니얼 세대는 1980년대 초반에서 2000년대 초반에 태어난 세대를 말합니다. 바로 저이지요. 그리고 당신이지요. 세대를 다 아우르는 특징 같은 것은 믿지 않습니다만, 우선 당신은 똑똑한 편이고 공부도 꽤 했을 거고 해외도 꽤 다녀봤을 겁니다. 그런데 그런 분들이 굉장히 많습니다. 인재풀의 과잉 속에서 점점 혼자가 되어 갑니다. 한 번쯤이나 한때 혼자가 아니라 늘 혼자인 상태로 일을 할지도 모릅니다. 자신만 커가고 바로 곁에 있는 사람들은 소거됩니다. 점멸 직전에 이 책을 집었다면 다행입니다. 속이 시끄럽지 않게 도움을 받을 것이기 때문입니다.

예전에는 과거를 반추하는 것을 좋아했습니다. 잘하기도 했습니다. 뚜렷이 기억하려 하지 않아도, 관찰하지 않아도 편하게 과거를 회상하였습니다. 하지만 어느 순간부터 그것으로부터 짜내어지는 고름들이 싫어졌습니다.

저는 교직 초년 생활 당시 성추행을 목격하고 해당 교육청에 폭로한 강단 있는 어머니 밑에서 자랐습니다. 상투적인 것을 싫어하면서도 일단 이 글은 어머니로부터의 회상에서 시작합니다.

유년 시절의 기억은 단속적입니다. 청소년 시절 간헐적인 왕따이면서 반장도 하는 리더였습니다. 일체의 사교육 없이 그저 학교 공부가 상당히 재미있어서 끈기 있게 밥 먹듯이 전교 1등을 했습니다. 2005년 고등학교 내신 종합 2등이었지만 그해 수능을 망쳤습니다. 예견된 일이었습니다. 망쳤는데 재수 하지 않았습니다. 서울의 한 대학교 단과대학 수석 입학 통보를 받았기 때문입니다. 도서관에서 닥치는 대로 각종 분야의 책과 영화, 드라마를 보았습니다. 한 번의 로맨스가 있었지만 그것은 학교 기숙사 식당에서 단순하게 끝났습니다.

어지러이 대학교를 다니면서 안정성의 갈구로 별 생각 없이 7급 행정직 공무원 공부도 했습니다. 합격 못 했습니다. 6년 동안 길게도 학교를 다닌 다음, 제 딴에 잘했던 영어 능력을 살려 프랑스산 무대조명 기기를 수입하는 회사에 들어갔습니다. 택하지도 않았는데 회장 의전 비서라는 직무가 자연스레 주어졌습니다.

그 회사가 파산이 나고 그만두었습니다. 그 후 흥미에서 출발한 전혀 새로운 분야이자 절반 정도 친숙한 영역의 커리어를 선택했습니다. 수입 가구 회사의 일입니다. 하지만 6개월 일하고 6개월 쉬고 1년 일하고 1년 쉬고 2년 일하고 2년 쉬는 식의 패턴이랄까요. 부단히도 문을 들고 나섰습니다. 쉴 때는 무조건 해외로 나갔습니다.

그러면서도 대리라는 직함을 달고 일을 잘한다는 소리를 들었습니다. 짧게 일을 하고 무진장 오래 쉬는 제멋대로인 저도 희한하게 제대로 밥 먹고 제대로 집 있고 제대로 잠을 자고 꿈을 꿉니다. 여느 친구들처럼 진득이 회사를 다니고 결혼을 하고 아이를 기르면서 살고 있지 않은데 사회 궤도 속에서 잘 살고 있는 제 자신의 모습이 신기하기도 했습니다.

자기계발서 같은 책을 쓰려면 좀 지긋이 사회 경험도 하고 직급도 더 높아야지 않겠느냐는 스스로의 통념과 제동이 있었습니다. 2017년 기준 3년간이라는 객관적으로 짤막한 회사 경력에다가 앞서 말했다시피 굉장히 자유로운 영혼이었으니까요. 하지만 제 이야기를 쓰기 시작하자 이런 직장 생활의 단면 속에서도 전달할 수 있는 메시지가 오롯이 올라왔습니다. 제가 지금까지 잘 살 수 있었던 무기들이 있었습니다.

1장에서는 버거왔던 중소기업 생활의 어려움이 담겨 있습니다. 약소하나마 그 어려움을 활용하는 방법을 체크해보십시오.

2장에서는 생각 자체를 달리하여 재미있게 직장 생활을 하던 때를 회고해보았습니다. 3장에서는 여성으로서 어떻게 나의 모습을 조각할 것인가에 대한 탐구가 있습니다.

4장은 실질 스킬입니다. 한 끗 스킬입니다. 그것을 공유합니다. 5장은 4장에서 만족하지 못한 분들을 위한 장입니다. 취사선택하여 실행해 보세요.

마지막 6장은 다소 교양적인 내용입니다. 삶을 연마하는 것은 실질적인 방법에만 있지 않습니다. 그 정수는 추상적이고도 범인류애적일 수밖에 없을지도 모릅니다. 하지만 장의 끝 부분으로 갈수록 꽤나 독특하고 상세한 비책을 담았습니다.

수평 조직이 아닌 회사를 다니는 방법을 썼습니다. 그만두는 방법은 많습니다. 하지만 여러 이야기를 들어도 역시 아니겠다 싶으면 그만두고 수평 조직인 회사를 찾아 들어가세요. 아니면 진정으로 수평 조직인 회사를 만드세요.

그 전까지 어쨌든 회사 생활을 시작하기로 선택한 여자 분들에게 권합니다. 이왕 하는 거 일 잘하고 매력적인 사람으로서 말이죠. 취업 전에 보면 좋을 것 같아요. 회사에 들어가 버리면 이 책을 들고 다니기는 힘들지 몰라요. (제목 때문이에요. 편견일까요?)

당당히 들고 다닐 수 있다면, 각종 사유로 힘들어하는 직장 생활인들에게 이 책을 바칩니다. 회사 다니는 거 힘들어요. 좀 망나니처럼 회사를 다녔던 사람의 말도 들어보면 통쾌할지 모릅니다.

이미 회사에 발을 디뎌서 대체 어떻게 하고 있어야 나의 스페셜함을 알아줄지, 그런 직장 상사가 나타나는지 알고 싶은 분들. 회사 생활의 고단함 속에서 내 주위에 있는 동료와 직장 상사의 생각과 행동을 이해하고 싶은 마음, 그러면서도 내 것을 지키고 평가도 좋게 받아서 예쁨 받으면서 승진하고 돈 많이 벌게 되는 꿈을 꾸는 분, 지속적이면서도 발전적으로 회사를 3년 이상 다니고 싶은 분들에게 도움이 되었으면 합니다.

빠르게 해답을 찾고 싶은 분들에게도 위안이 되었으면 합니다. 단언을 싫어하면서도 단언조로 글을 썼습니다. 밑줄 팍팍 치면서 읽어보세요. 눈에 띄는 단어만 동그라미 치면서. 그중에서 지금까지 하지 않았던 일을 발견했다면 그 일을 한번 시도해보세요.

논문을 쓰는 느낌으로 탈고하니 다음과 같은 주위 인물들이 떠올랐습니다. 그들이 읽으면 발간 의도와는 다른 각자의 의미가 돼버리기 때문에 극히 개인적인 독자입니다.

첫째로는 서울대 인문대 졸업 후 박사 과정 포기하고 2020년 상반기에 취업 준비하는 남동생이 있네요. 애써 주체적으로 공부한 수재가 사회생활도 잘해냈으면 좋겠습니다.

둘째, 가장 좋아하는 공간을 만들고 그곳에서 죽기를 원하는 벗. 아직도 광진구에서 일하고 살고 있다면 책 한 권은 부칠 수 있겠습니다. 책 나오면 미리 보여달라고 했던 말을 기억하니까요.

딸과 두 집 살림 하고 싶어 하는 어머니. 한옥을 개조해서 이윽고 그곳에서 가장 좋아하는 가구 냄새에 파묻혀 지내고 싶네요.

아버지. 환갑이 넘으셨는데 별다른 선물을 드리지 못해서 죄송합니다. 아버지께 드리는 제 20대 라이프입니다.

마지막 제10회 청년시인상 최종심사위원 선배 시인님들과 서울시인협회 풀과별 님. 목표가 주는 양날의 검을 앎에도 불구하고 가장 염원하는 분야입니다. 6장 3번째 파트에서 언급한 카메라의 셔터와도 같은 일입니다.

하늘에 계신 외할아버지, 늘 기도해 주시는 외할머니, 저와 공간과 시간을 스쳤던 모든 인연들에게 깊은 고마움을 전합니다. 보이지 않는 것을 가꾸는 당신이 고맙습니다.

목
차

머리말　　　4

Chapter

1

오늘도 눈치만 잔뜩 보다 퇴근한
피곤한 그대에게

Chapter

2

이럴 거면
회사 다니지 마!

Chapter

3

내키는 대로 하면서도 회사에서
인정받는 여자만의 능력

Chapter

4

당신을 '호감녀'로 만들어줄
직장 상사 조종 스킬 6가지

Chapter

5

능력 있는 여자가 직장 상사에게도
사랑받는다
센 언니에게 배우는 커리어 스킬 5가지

Chapter

6
대한민국에서
일하는 여자로 산다는 것

오늘도 눈치만 잔뜩 보다
퇴근한 피곤한 그대에게

화장조차 지우기 싫은
날들의 연속

화장조차 지우기 싫은 날들이 연속된다는 것은 참 문제다. 첫째, 화장이라는 것은 즐겁게 나를 포장하는 일인데, 그 일에 즐겁지 않음을 내포한 수식이 섞여 있다. 둘째, 연속되는 것이 문제다. 하지만 겁내지 마라. 문제를 인식하고 있다는 것 자체는 희망이니까.

우리는 누가 하라고 하지 않았는데, 공부를 한다. 회사원이 된다. 공무원이 된다. 의사가 된다. 누군가는 반문할 수 있겠다. 오히려 주위에서 하라고 했고, 추천을 받았다면서. 하지만 '누가 하라고 했건 다른 누구의 어떤 모습에 영향을 받았건 결정한 것은 너이니, 긴 말은 안 하겠어'라는 마인드라면 펜을 들지도 않았다.

자신이 왜 늘 두 가지 중에 하나의 삶을 살고 있는지 궁금하지 않은가? 뭔가 지루한 것 같은데 그럭저럭 중간 정도는 살고 있는 느낌. 혹은 아주 바빠서 '정신이 없는 것 같은데, 행복하지 않아, 이 길이 아닌 것 같아'라는 마음이 하루에도 몇 번씩 들고 나는 그런 느낌. 두 생각의 공통점은 내가 나답지 않다는 것이다. 이 둘 중 어느 것도 나와 가깝지 않다. 나로 살아내지 못하는 회사 생활, 얼마나 끔찍한지 생각은 하는가? 아니면 끔찍할 것으로 예상되지만 외면하는가?

'가난하지는 않지만, 돈을 벌어야 돼'라는 케이스가 많다. '부자 부모를 두었다면, 내가 이렇게 힘들까.' 이렇게 밑바닥부터 신입 사원 생활을 하고 이 생고생을 하고 있겠느냐고. 하소연 소리가 들린다. 성공한 사람들을 20여 년 동안 관찰하고 인터뷰하여 탄생한 나폴레온 힐의《성공의 법칙》을 보면 무의식적으로 '한 번 가난한 자는 영원히 가난뱅이'라는 신조를 받아들이는 자의 최후가 적나라하게 나온다. 각자는 재갈을 풀어버릴 잠재력이 있는데도 그것을 사용하지 않는다. '한 번 가난한 자는 영원히 가난뱅이'라는 생각은 누가 심어주었나? 그들은 결국 인생의 무대 뒤쪽으로 추방되고, 마침내 인생을 체념하게 된다. 이렇게 무의식적으로 '난 가난할 수밖에 없어. 그냥 난 가난해'라고 생각하든 혹은 '난 부자야. 그냥 부자야'라고 하든 양자는 모두 자신에게 정직하고 성실한 행동이 아니다. 정신적 재능을 전혀 쓰지 않고 껍데기로 살아버리는 사람들이다.

부자임에도 불구하고, 나태하게 되거나 자기 확신을 상실하는 예가 종종 있다.《성공의 법칙》에 이런 예가 나온다. 워싱턴시의 매클린 여사가 아기를 출산하였는데 그 아이에게 상속된 재산이 수백만 달러에 달했다. 하도 부자여서 아이는 스스로 옷을 입지 않고 그의 하인이 대신 입혀줄 정도였다. 심지어 그가 잠을 잘 때나 놀 때도 주위에서 하인이 수발하였다. 그렇게 10년이 지난 어느 날 정원에서 놀다가 뒷문이 열려 있는 것을 발견했다. 그는 평생 혼자 문 밖을 나선 적이 없었기 때문에 한번 해보고 싶었다. 하인이 다른 곳을 보는 틈을 노려 그는 문 밖으로 뛰쳐나갔고 도로 한가운데에 이르기도 전에 차에 치어 죽었다. 하인들이 그의 눈을 대신해왔기 때문에 그 기능을 잃은 것이다.

많은 재산을 상속받은 사람에게 맹점이 있다는 사실은 종종 부 때문에 나태해지거나 자기 확신을 상실하게 된다는 점을 역설한다. 야망은 사라지고 인생의 기회는 비껴가며 설령 기회가 온다고 해도 인지하지 못하는 상태가 된다는 뜻이다. 신체의 장기와 마찬가지로 쓰지 않으면 쇠퇴하게 되는 것이고 자기 확신 또한 예외가 아니어서 쓰면 개발되고 방치되면 사라진다. 이것이 소위 말하는 자처한 '강요된 게으름'이다. 그것을 자처하는 신입 사원들이 점차 늘어가고 있다. 아니, 학생, 고등학생, 대학생 때로 거슬러 올라간다. 나태하면 구렁텅이와 나락에 빠지게 된다. 자기 확신의 결여. 자기 의지의 결여. 이게 문제를 발생시키는 근본적인 요인이다. 돈이 많은 사람에게서 순식간에 돈을 앗아가는 존재는 외부 환경이 아니라 바로 나 자신이다. 내가 어떻게 처신하고 있는가, 내가 오늘 하루를 어떻게 살아가고 있는가가 그렇게 중요한 것이다.

'강요된 게으름'은 회사 안팎에서 아주 일관되게 당신의 인생을 잡아먹는 하마다. 강요된 게으름에 갇힌 사람은 이렇게 말한다.

"회사 안에서는 바쁘게 잘 지내는데요?" "제법 성과도 내고, 칭찬도 받고, 월급도 꼬박 받고, 원래 이렇게 사는 건가요?" "어떻게 회사에 들어가자마자 내가 하고 싶은 대로 할 수 있는데요? 이 정도에 만족해도 좋은 거 아닌가요?" "최소한 건강하니까, 돈도 이 정도 들어오니까요. 그리고 회사의 삶이 전부인가요? 하루에 8시간은 회사에서, 나머지 저녁 시간은 하고 싶은 운동도 하고, 요가도 하고 데이트도 하고요. 이런 라이프가 너무나 안정적이고 괜찮은데요?"

정말 안정적이고 괜찮은가? 가슴에 손을 얹고 그러하다고 대답할 수 있는 사람이 몇 명이나 될까? 나—일—회사—동료—직장 상사 이렇게 이어지는 관계에서 당신은 얼마나 만족하면서 회사를 다니는가? 나는 얼마나 나답게 일하고 있는가? 다음 두 가지 경향이 있다.

첫째, 일 자체가 매력적으로 다가오지 않고 그저 하는 일일 뿐이라는 생각으로, 하긴 하는데 왜 하는지 잘 모르는 상황. 무기력증을 느끼게 되는 단계. 혹은 무기력증을 이미 느끼고 있는 사람. 일이 지루하다.

둘째, 일을 어느 정도 내가 소화하면서 주체적으로 하는 것 같으나 일에서 의미를 못 찾겠다. 그래서 일보다는 여가 생활에서 활력을 좀 더 느끼며, 회사에서 나의 역량을 십분 발휘하고 성장하고 싶으나 그 방법을 모르겠다.

우리는 누가 만들어 놓은 것인지 모르고, 누가 시킨 것인지 모른 채로 그냥 하던 대로, 그냥 주위에서 되어가고 있는 대로 나를 맡기고 선택한다. 지금 당신이 화장조차 지우기 싫은 날들의 연속이라고 느낀다는 점은 매우 불행하지만 매우 행복한 일이기도 하다. 그렇게 인지하고 있다는 것 자체가 감각이 살아 있다는 의미며 그래도 사고하고 있다는 것이다. 이건 하나의 문제이지만, 긍정적으로 판도를 바꿀 수 있는 '긍정적 문제'다.

자, 그렇다면 대체 어떤 마음가짐과 어떤 태도를 가져야, 화장을 안 지우고 싶을 정도로 바쁜 건 사실이지만 그래도 '재밌는 하루였어. 경험이 쌓여간 하루였어'라고 보람차게 자위하고 나를 성장케 하는 하루를 만들어낼 수 있을까. 쓸데없는 일 탓에 바쁜 것은 지양해야 한다. 그러나 쓸데없는 게으름을 선사하고 머리와 몸을 굳게 만드는 근거 없는 편견과 패러다임에 억지로 끼워 맞추는 것은 더더욱 지양해야 한다. 차라리 바쁜 쪽을 택하는 것이 이득일 것이다. 화장 지우는 일조차 지겹고 짜증이 나는 지경에 이른 건, '나의 생각 없이' 쓸데없는 일로 바쁜 쪽을 택했기 때문이다.

오늘 점심도
팀장님이 먹고 싶은 메뉴

먹는 걸로 유난 떨면 참 싫어한다. 싫어하는 척 한다. 하지만 우리는 다 먹는 걸로 유난 떤다. 각자 좋아하는 게 있다. 배고플 때 먹고 싶은 게 있으며 좋아하는 술이 있으며 좋아하는 안주가 있다. 먹는 것 자체에 흥미가 없는 소수를 제외하고는 먹는 생각을 하루 종일 한다. 적어도 점심 시간이 닥쳐오면 어떤 걸 먹을까, 저녁 시간이 닥쳐오면 뭘 먹을까 고민한다. 이왕이면 맛있는 것을 먹으려 하고 전에 먹지 않았던 음식에 도전하거나 맛있는 음식을 다시 찾든지 한다. 먹는 것을 등한시하는 사람은 없다. 다이어트 때문에 일부러 먹는 것에 제한을 두는 케이스는 제쳐둔다. 인정하자. 우리는 먹기 위해 일한다. 먹기 위해 돈을 필요로 한다. 먹고 싶은 게 있을 때 돈이 궁하면 그것만큼 화급하고 발등에 가난스러움이 불똥 떨어지듯 느껴지는 때도 없다. 그만큼 중하다.

집 밖을 나서 소위 사회생활을 할 때 직장 상사 존중, 어른 공경이라는 이유로 그들이 원하는 음식을 같이 먹어야 하는 것이 응당 해야 하는 매너이자 예의라고 오인하는 사람들이 많다. 왜 맞춰줘야 할까? 왜 그게 사랑받는 행동일까? 도통 모르겠다. 그러는 사람에게 왜 그렇게 하느냐고 물어보면 대답을 못 한다. 그런 사람일수록 집에 가서는 응석을 부리고 화풀이를 하고 먹을 것에 굉장히 집착한다. 일관성이 없다.

매사에 주위 사람을 챙기고, 내가 먹을 때 남들도 먹는 게 당연하고, 편하게 다가오는, 일종의 엄마 같은 마인드가 원래부터 있는 사람이 있다. 그런 사람들은 배려라는 큰 울타리 아래에서 점심시간이 다가오면 "오늘 뭐 드시고 싶으세요?"라고 운을 띄우며 방향을 여쭙고 좇아간다. 그렇게 편안하게 물어봤을 때, 직장 상사도 역시 편안하게 "오늘 뜨거운 탕 종류가 먹고 싶은데"하고 답한다. 굳이 탕을 먹지 않아도 좋지만 먹고 싶다는 이야기이다. 그러면 "뜨거운 탕 좋겠다. 이런 탕은 어때요?" 하고 메뉴를 좁혀 제안한다. 당신은 이런 부드러운 대화를 하는가 안 하는가? 회사 문을 나서자마자 봉인했던 입을 해제하고 집에 가는 도중에 먹고 싶은 메뉴가 있는 상점으로 돌진하지 않는가? 혹은 퇴근하기만을 기다려서 이제 제2의, 나만의 세계, 자유로운 나의 세계에 진입한 것을 축하하며, 회사에서 억눌렸던 식욕을 보상의 차원으로 충족시키려는 마음을 가지는 사람도 있겠다. 이쯤에서 비상등을 켠다. 위험하다.

우리 여자들은 먹는 거 참 좋아하고 중요시 여긴다. 그런데도 회사에서 맘껏 먹고 싶은 것을 먹지 않는다. 집에서 아무도 안 보는 데에서 혹은 내가 좋아하는 사람 앞에서만 먹는다. 회사는 왠지 그런 공간이 아닌 것 같고 눈치가 보인다. 먹는 것을 늘어놓고 먹어도 될지 모르겠다고 생각한다. 점심시간에 되면 그냥 먹기 싫어도, 대충 남들에게 맞춰도 살 만하니까 지금 이대로 좀 억눌린 채 회사 생활을 해도 좋다고 생각한다.

"저는 먹는 것은 둘째로 치고, 일만 죽어라 열심히 하고 싶은데요? 간식 먹으면서도 잡담을 하고 밥 먹으면서는 역으로 일 이야기를 늘어놓는데 어쩔 때는 그게 눈에 거슬리기도 합니다. 일 안하고 노는 것처럼 보이기도 하고요."

"웬만하면 괜찮은 것 같으니 그냥 먹어도 괜찮은 거 아닌가요? 오늘 점심도 팀장님이 먹고 싶은 메뉴를 먹는 게 뭐 어때요?"라는 반응, 모르는 것 아니다.

하지만 회사는 그리 쉬운 조직이 아니다. 끊임없이 커뮤니케이션, 공유, 공유, 또 공유하는 공간이다. 그런데 점심시간에 그 맥이 끊긴다? 점심시간에만 유독 그 공유가 끊길 리 없다. 점심시간에 그 맥이 끊긴다는 것은 회사에 있는 모든 시간에 맥이 끊김을 반증한다. 대화가 없음을 반증한다. 공유가 안 일어나고 있다. 그리고 이 기저에는 지극한 나만의 생각이 단단히 형성되어 있어 직장 상사와 당신 사이에 먼 공간이 존재한다는 현실이 있다. 쉬이 좁혀지지 않는 사람과 사람 사이의 관계는 말과 행동이라는 표현 수단으로 드러날 수밖에 없다.

내가 먹고 싶은 메뉴를 거침없이 말할 수 있는가? 상대방이 먹고 싶어 하는 메뉴가 정말 궁금한가? 이 두 가지 질문에 가슴에 손을 얹고 대답하라. 진정으로 그러할 수 없다는 게 답이라면 지금부터 잘 들어보라. 회사는 협력의 집단이다. "나는 일개 사원 나부랭이인데요? 내가 동등하게 협력을 한다고요? 이름만 팀이지, 저는 팀원일 뿐이라고요." 이렇게 수평적 조직으로 명명된 팀에 소속된 사원마저 이런 낮은 인식 수준을 갖고 있다.

점심시간에 먹는 것에 대한 의견을 자유롭게 개진하지 못한다면 그야말로 회사 전반의 삶이 족쇄에 묶인 것이라고 보면 된다. 말하고 싶은 것을 말하라. 예의에 어긋나지 않는다. 이렇게 해야 먹는 것 이외에도 내가 원하는 것을 말해도 괜찮은 분위기가 형성된다. 이는 공유의 공간을 만드는 초석이 된다. 협력을 통해 관계를 통해 에너지를 통해 업무를 수행하려 한다면 이는 필수적 역량이다. 팀장과 점심을 먹는 자리에서 제안을 하건 혹은 아예 저자세로 친히 팀장님이 드시고 싶은 메뉴를 마음 깊이 응원하건 상관없다. 불편함을 느끼면서까지 의견을 꾹꾹 숨기고, 드러냈다가도 "괜찮아요"라는 식으로 무마하지 말라는 것이다. 절대!

기업 조직 문화 전문가 마거릿 헤퍼넌은 회사 구성원의 사소한 행동 변화만으로 전체적인 생산성을 높일 수 있다고 말한다. 어느 회사에나 똑똑한 머리는 있다. 하지만 회사는 조직이다. 전체적으로 생산성을 높이려면 구성원 한 명 한 명이 힘을 써야 하는 그런 곳이다. 마거릿 헤퍼넌은 똑똑한 머리보다 중요한 건 서로의 아이디어를 독려하고 적극적으로 질문을 던지고 해답을 모색하는 개방적 환경이라고 설명한다. 그렇게 형성된 둥그스름한 대화로 모든 것이 부드럽게 흐르는 길들이 모여 회사를 바꾸는 동력을 구성한다. 그 힘은 나에게 있다. 직장 상사에게 있는 것도 아니고 당신에게 있다. 그러니 말하고 싶은 게 있으면, 나이스하게 제발 말하라. 개방적 환경, 당신이 만들어라.

그런데 문제점이 있다. 그대와 나의 입맛은 정말 다르다는 사실에 직면한 아우성이 들린다. 짠맛 단맛 자극적인 맛을 좋아하고 먹고 싶은데 우리 팀장님은 고상하게 풀을 뜯어 먹고 싶다느니 해독을 한다느니 하면서 자연주의 맛으로 달려나가신다. 몸에 좋은 건 알겠는데 그건 팀장님이나 몸이 좋아지고 싶은 거지 나는 이런 대로 잘 살아왔고 건강하고 그런 자연주의 맛 따위는 관심이 없다. 반대로 일주일에 한 번씩은 꼭 채식 뷔페를 가곤 하는 신입 사원도 있다. 직장 상사와 나는 우선 나이 차이가 있으며, 그 나이 탓에 영겁의 경험 차이가 발생해 각자의 취향이 아예 극과 극으로 달라지고도 남을 수 있다. 이런 상황에도 좋아하는 것을 주장하고 의견을 개진하는 게 좋을까? 대답은 예스. 그런데 우선 의견 개진이라는 행동법 이전에 짚고 넘어가야 하는 요소가 있다. 바로 태도다.

난 왜 이 상황이 거슬릴까? 솔직히 말하라. 이 책을 고른 당신은 온통 번뇌와 갈등 때문에 직장 상사와는 물론이고 자기 자신에게도 그리 유쾌하고 투명한 상태가 아님을 나는 알고 있다. 단 점심시간이 거슬리는 사람은 많을 수도 있지만 매우 적을 수도 있다. 이 말인즉슨 직장 상사와 먹는 메뉴 때문에 예민함이 발동하는 문제는 개인차가 무척 크다는 뜻이다. 느낀다는 것은 이것을 문제 상황으로 인지하고 있다는 말과 같다.

그렇다면 당신에게 왜 이게 갈등이자 문제로 다가올까? 그 이유는 당신 안에 있다. 도 닦는 소리라고 생각하지 말고 끝까지 들어라. 아니꼽게 보는 건 나의 마음이다. 내가 선택한 일이다. 남들은 그러하지 않는데 나에게만 그렇게 색안경의 프레임이 뇌에 씌일 때는 상대에게 문제가 있는 것이 아니다. 상대가 잘못된 것이 아니다. 이 세상에는 옳고 그름은 없다. 내가 상대를 좀 이상하거나 잘못된 사람이라고 생각할 따름이고, 그 생각에 동의할 따름인 것이다. 상대는 절대 바뀌지 않는다. 내가 불편해한다고 그것을 가슴 깊이 이해하면서 자신의 입맛을 바꿀까? 그렇지 않다는 것을, 않아 왔다는 것을 어렴풋이 아는 독자도 있겠다. 진리다. 상대는 바뀌지 않는다.

그렇다면 어떻게 해야 할까? 내 머릿속에 그냥 얹어진 그 불쾌한 프레임을 샥 하고 걷어내면 된다. 이 불쾌한 감정의 프레임은 고정관념이다. 회사에서 잘해내고 싶다는 목표지향적 사고에 휩싸였을 때 생성된다. 어설픈 완벽주의자다. 경험해오면서 축적해온 일종의 습관과 가치관 그리고 그렇게 행동했을 때 성공한 기억들이 있다. 그 기억들에 반하는 행동을 해본 적이 없어서 자신이 생성해온 기억에 반하는 남들의 행동과 사상을 발견하면 그다지도 거슬리는 것이다. 잘해내지 못할까 봐 무서운 것이다. 예민해진다.

시도해보거나 부딪히고 싶지 않다. 해왔던 대로 해야 마음이 그나마 편하고 안정적이다. 자신의 생각과 반대가 되는 행동을 하는 사람들을 믿고 싶지 않은 것이다. 두려운 감정이 들어 내 안으로 물러난다. 쌓아온 것이 무너질 수도 있다는 생각 때문이다. 발산하지 않고 수렴하기만

하는 내향적 이기주의이기도 하다. 두려운 감정이 들면서도 완벽하고 싶은 마음 때문이다.

나와 다른 입맛의 직장 상사를 아니꼽게 생각지 말고 불편하다 생각하지 말고, 편하게 다가가려면 내 마음의 태도는 대체 어때야 할까? 앞서 말한 것의 반대면 된다. 나에겐 나만의 경험이 필요하다고 생각했듯이 입맛이 다른 그 직장 상사를 '필요한 사람'이라고 여기면 된다. 당장 눈앞에 펼쳐진 회사의 안건들을 해치우는 데 필요한 사람이 아니라, 나에게 필요한 사람 그래서 소중한 사람으로 생각하라는 뜻이다.

살면서 터닝포인트같이 관점의 변화를 필요로 하는 때가 온다. 내가 남을 어떻게 보느냐는, 남이 나를 어떻게 보느냐와 같은 말이다. 나의 시선대로 상대는 시선을 보낸다. 나만의 아집에서 벗어나려면 더더군다나 더불어 상생해서 실적을 내야 하는 조직에서 일을 잘하려면, 당신의 마음이 편해야 한다. 완벽주의를 이루려는 두려움에서 벗어나 편하게 직장 상사를 바라보아라.

업무 외적으로 직장 상사의 권한에 눈치가 보이고 불편함을 느낌에도 드러내지 않았다면, 이제부터 마음가짐을 바꾸자. 사람마다 입맛이 다를 수밖에 없다. 회사는 다 다른 사람들이 모여 있는 곳임을 자각하라. 하지만 서로 갈등하려고 그들의 입맛이 특별히 다른 게 아님을 인정하라. 그리고 먹는 것부터 다를 수밖에 없는 회사 사람들에게 나의 생각을(메뉴를) 담담히 어필할 수 있는 편안한 마음 상태인지 점검하라. 이제 점심시간에 고민하지 말고 직장 상사에게 말을 걸어라. 잘못된 슬픔에서 벗어나는 연습이 될 것이다.

정작 내 업무는 하나도 못하고,
오늘도 야근

규모가 어느 정도 있는 회사가 우리에게 기대하는 역할은 두 가지다. 주된 업무, 부된 업무. 그러나 초창기 회사이거나 멀티플레이를 원하는 회사에서 주와 부의 업무 분장은 그다지 중요하지 않다. 다 잘해야 한다. 맞다. 주업무, 부업무를 구두상, 서류상으로 나눈다손 치더라도 회사가 당신에게 딱 적합한 직무를 줄 수도 있지만, 그렇지 않을 수도 있다. 불분명한 업무 분장과 책임 부여가 일어나는 회사도 있다.

회사에서 "이런 일 하세요"라고 말하며 당신을 채용했는데, 이제 와서 예상하기 힘든 일들을 해내라고 지시가 내려진다. 직속 상사가 나에 대한 아량과 사랑, 배려의 마음으로 일을 준 것이라고 믿지 못하는 것은 당연하다. 그런 것을 헤아리기도 귀찮을 정도로 감정이 소모되는 의사결정권자의 말 바꾸기 탓에 심신이 힘든 점, 이해한다. 하지만 단언컨대 그들은 당신이 힘든지 모른다.

해낼 수 있다고 생각하기 때문에 일을 준다. 아예 못 해낼 일이면 주지도 않을 텐데, 어지간히 할 수 있다고 판단되니까 주문한다. 직장 상사는 주문에 대한 피드백을 자신이 감당해야 하므로 그에 대한 책임감 없이 무언가를 지시하지는 않는다. 직장 상사도 누군가의 부하이고 신입 사원이던 시절이 있었고 그때 하던 일들이 있다. 지금 당신이 하고 있는 바로 그 일을 했었을 가능성이 높다. 당신의 직장 상사는 이 회사에서, 전 회사에서 혹은 일상생활에서 자신의 능력으로는 하고도 남을 만한 일들을 시킨다. 컨트롤 가능하리라고 기대되는 일이다. 그런데도 당신은 "왜 일을 시키지? 왜 자기가 할 일을 나한테 주문하지?"라고 평한다. 상대에 대한 믿음이 없다.

완벽한 낙하산이 아닌 한 대부분의 직장 상사는 아무 생각 없이 오더를 절대 내리지 않는다. 그의 역량을 믿어라. 그에게서 배울 구석이 현재의 업무 역량만이라고 생각하면 오산이다. 직급이 올라갈수록 지녀야 하는 역량을 자신이 규정하는 건 참으로 어설픈 행동이다. 조직에 갓 들어온 티를 내는 것이다. 직급을 올라가 봤는가? 직장 상사가 되어 보았는가? 그것이 아닌데 어떻게 직장 상사의 역량, 역할을 가늠하고 판단해버리는가. 그간 부모님, 가족의 직장 생활과 드라마, 영화, 소설, 책 등에서 간접적으로 본 사례를 통해 직장 상사는 응당 이래야 한다는 고정관념에 걸려버린 것이다. 당연시 여기게 되었다.

직장 상사도 나름 고군분투하고 있다. 그도 지금 이 순간에도 고뇌하면서 치열하게 회사를 다니는 직원이다. 아주 생각 없이 사는 사람이 아니라는 말이다. 그리고 당신보다 나은 점이 분명히 있다. 그것은 인격적인 면일 수도 있고, 다양한 업무 능력 중 기획력이라든지, 추진력이라든지, 포용력이라든지, 회의 주재 실력이라든지 혹은 청소 실력이라든지, 무조건 당신이 잘하지 못하는 영역에서 두각을 내보이는 점이 있다. 지금은 그의 능력이 눈에 보이지 않을 뿐이다. 인식을 못할 뿐이다.

주의를 기울이지 않고 외면하면 바로 상대를 업신여기는 태도가 나온다. "네까짓 게 뭔데 나한테 일을 시켜?" 이런 식으로. 혹은 "쳇, 자기도 일 못하면서 나한테 일 시키네." 이런 쪽으로. 이러한 부정적인 태도를 가짐으로써 얻게 되는 이득을 한번 나열해보자. 단 하나도 없다.

당신은 업무를 통해 이 회사에 기여를 하기 위해 조직에 들어온 구성원이다. 회사는 정글이고 당신은 여기서 잘 살아내고 싶다고 생각한다. 신입 사원이 되기 전, 면접 때 이 회사에 정말 취직하고 싶다고 간절히 원하던 마음가짐처럼. 지금은 그때만큼은 아니지만 최대한 그런 마음가짐을 가지고 있으며 좋은 평가를 받고 재미있게 일하고 돈을 많이 벌었으면 하고 바란다. 이것이 요이고 누구나 바라는 마음가짐이다. 면접때, 합격 통보를 받았을 때 감격했는가? 정말 열심히 일해야지. 감사합니다. 이런 생각 가지지 않았나? 그런데 회사를 다니면서 "힘들다, 아 힘들다. 이러려고 일하고 있나. 돈은 왜 이렇게 적게 들어오지. 내가 원한 건 이런 게 아닌데. 편하게 놀고 먹고 싶다" 하고 딴 소리를 한다.

직장 상사에 대한 부정적 관점이 바로 여기서 나온다. "힘들어 죽겠는데, 또 일을 주네. 또 시간을 잡아 먹네. 또 늦게 집에 가네. 집에 가서 쉬어야 하는데, 친구 만나야 하는데, 놀아야 하는데." 그들이 시킨

일 자체에 대한 가닥을 잡으려 접근하는 것이 아니라, 일 자체를 하고 싶지 않은 상태를 드러내 버린다.

일을 받아들일 때 "이 일에서 저는 이런 역할을 하고, 저 친구는 이런 역할을 해서, 만들어가면 좋을 것 같습니다. 팀장님이 그것을 보고 검토를 해주십시오"라는 식이 아니라, 말 한 마디도 섞기 싫다는 투로 무턱대고 일 전체를 부정해버린다. 협상의 장을 펼침으로써 원하는 업무를 맡는 게 아니라 일을 준 것 자체가 싫어져 버렸다. 속으로는 이건 내 할 일이 아니며 저 직장 상사가 이 일을 내게 왜 주는지 이해할 수 없다고 생각한다. 직장 상사에게 생각을 말하지도 않은 채 이해하려고 노력조차 하지 않고 닫아버린다. 그러면 정작 내 업무는 하나도 못 하고, 남의 일, 그러니까 직장 상사가 하라고 한 일을 했고, 야근으로 이제야 내 일을 한다고 오판하게 된다.

이런 태도를 갖게 된 데에는 두 가지 이유가 있다. 자기 멋대로 직장 상사의 능력을 규정하고 직장 상사의 능력에 대한 믿음을 먼저 저버린 것이 그 첫 번째 이유이고, 입사할 때 가졌던 회사에 대한 믿음과 감사한 마음이 사라진 것이 그 두 번째 이유다. 당신이 입사하기 전에도 이 회사에 이미 직장 상사는 있었다. 나보다 짬이 있다. 회사를 구성했다. 그런 회사에 들어와서는 생각했던 것과 다르다며 실망하고 우습게 보고 저래도 되나 싶은 안 좋은 면들만 수면 위로 떠올린다. 그런데 그 수면은 마음의 수면이다. 원래부터 존재한 회사에 입사해서 혼자 화를 내다가 혼자 피곤해하는 것이다. 이 모든 상황 안에는 소통하지 않고 당신 혼자 공상했다는 문제가 있다. 보이는 시야 안에 스스로 갇히면 에너지를 잃어버린다.

"난 이런 업무를 하려고 들어왔어. 그래서 이런 일들을 계속 나에게 주겠지. 저런 일은 안 시키겠지" 하고 혼자 이 회사를 경영하고 앉아 있다. 회사를 설립하고 경영하는 사람도 아니면서 멋대로 회사를 주무르고 직무표를 만든다. 행복한 아이 연구소 소장 서천석은 "나는 당신이 필요합니다"라며 연대에 대한 중요성을 언급했다. 제발 혼자 생각하고 결정하고 판단해 버리지 마라. 필시 생각이 나쁜 쪽으로 흘러간다. '이 회사는 못해먹겠네! 직장 상사가 나한테 하는 꼬락서니를 보면, 뻔하지 뭘! 회사 정말 이렇게 굴러가도 되는 건지 몰라. 신입 사원한테 야근이나 하라고 하다니. 아니 야근을 할 수밖에 없는 구조잖아?'라고 버럭 해 버리게 된다. 충분히 배려하지 않고 업무를 맡겼다는 그 불친절함에 자존심이 한풀 꺾인 것이 일차적으로 기분이 나쁘다. 그리고 이것이 직장 상사에 대한 신뢰 상실, 능력 의심으로 이어지면서 회사에서 마음이 멀어져 간다.

이런 오류를 범하지 않으려면 제발 자신의 상상에 기반해서 느끼고 행동하는 일이 없어야 한다는 것이다. 솔직해야 한다. 자기 자신에게도 솔직해야 하고, 자신의 생각을 남들에게 오픈해야 한다. 그러므로 혼자 앓지 말고 직접 물어보는 게 훨씬 낫다. "제가 지금 이 일을 오늘까지 해야 한다는 말씀이신가요? 저는 이 일을 이런 식으로 해야 한다고 생각하는데, 어떻게 생각하세요?"라고 직장 상사에게 풀어서, 자신의 불만 아닌 불만을 이야기해야 한다.

예를 들어 오늘 처리해야 하는 고유 업무가 있었다면, "저는 오늘 이 일을 해야 합니다"란 식으로 직장 상사에게 직간접적으로 알려줘야 한다. 부하 직원의 업무 스케줄을 고려하지 않고 무턱대고 일을 준 것은 직장 상사의 실수이자 잘못이지만, 그것을 모른 채 오더를 내린 것일 수도 있다. 그래서 말을 하라는 것이다. 말을 하는 게 건방진 것이 아니다. 말하는 태도가 좋지 않은 것이 건방진 것이다. 그리고 말하지 않는 것이 건방진 것이다. 전지전능하게 이 상황을 판단해 버리고 함구해버린다. 소통이 이 사회를 구성하는 키워드라고 말하며 그 창을 닫는다. 이는 사람에 대한 배려, 믿음, 사랑이 결여됐기 때문에 나오는 '요즘 젊은 친구'의 일반적 행동 양식이다. '내가 이런 말을 해봤자 먹히지도 않을 텐데. 갈등을 조장하기 싫다. 내가 참으면 되지 뭐'라고 생각하고, 말하지 않아 변화가 일지 않음에도 이 상태를 편안하게 생각해 버린다. 그래야 잠시나마 갈등이 표면으로 드러나지 않았으니까. 그러다 '견디다가 회사 나오지 뭐'라며 자조적인 퇴사까지도 결정해버린다.

행동하지 않으면 변화하지 않는다. 감사한 마음으로 업무의 과다함을 이겨내라는 말은 더더욱 아니다. 그러면 이 일을 떠 안겨준 사람을 이해할 수 없다. 이해할 수 없다는 것은 이해해보려고 노력하기도 싫으며 노력해봤자 의미 없다고 생각하는 것과 같다. 이 세상에 이해 못 할 것은 한 가지도 없다. 성인이나 현자만 모든 상황을 이해하고 사랑하는 게 아니다. 당신도 그 역량이 충분하다. 있고도 넘치는 사람이다. 왜 자기 자신을 깎아 내리는가? 자조적인 태도, 직장 상사에 대한 부족한 믿음은 삶 전반에 흐르는 에너지에도 고스란히 영향을 미친다. 이 세상에 대한 자조적인 태도, 내 주위 사람에 대한 부족한 믿음으로 확대되기 쉽다. 이 점을 주의해야 한다. 회사 생활에서 그치는 게 아니다.

지금 직장 상사가 수많은 오더를 추가로 내려 야근을 하고 있거나, 기존에 하던 업무가 손에 익지 않았는데도 여러 일을 해야 하는 상황이라면 물리적으로 힘든 건 당연하다. 그런데 '이 일이 내 일이 아니다'라고 생각하는 것은 당연한 일이 아니다. 그리고 누구의 일인지 내가 결정할 문제도 아니다. 직장 상사가 결정할 일이며, 당신이 결정할 것이라곤 그 일을 받아들이는 태도뿐이다.

나를 커버해주는
대리님만 믿어요

　여름 휴가철이 되면서 현저하게 줄어드는 방문객 수와 그에 비례해 떨어지는 매출액을 증대하기 위한 이벤트를 기안하라는 지시가 대리님으로부터 내려졌다. 이제 오픈한 매장이고 새로 공격적으로 판매하는 주요 브랜드를 알려 매출을 올려야 하기 때문이다. 인스타그램 이벤트를 만들어보라는 지시였고 주요 브랜드는 '프리츠한센'이었다. 프리츠한센은 코지(cozy)한 덴마크의 하이엔드 라이프스타일을 지향하며 장인 정신으로 지금까지도 생산되는, 100년도 넘은 브랜드다. 지금은 한국 단독 플래그샵도 있지만 당시에는 편집 매장에 입점 형태로 들어온 수많은 수입 브랜드 중 하나였다.

　실제 우리 매장은 이 브랜드 외에도 수십 나라로부터 여러 개의 브랜드를 들여왔으며, 기준은 디자이너의 가구여야 한다는 것이었다. 디자이너도 평범한 급이 아니라 아주 높은 급으로만. 그런 가운데, 야르네 야콥슨 같은 창시자급 디자이너, 하이메 아이욘 같은 핫한 컨템퍼러리 디자이너 등 유수한 디자이너 라인을 보유하고 있는 프리츠한센은 우리 매장의 아이덴티디를 보여줄 만한 브랜드여서 드라이브를 걸 만한 가치가 있었다. 관심도가 증가하고 있는 추세를 읽어내, 다른 매장에서 하고 있지 않은 프로모션을 통해 재빠르게 고객을 확보할 요량이었다. 타업체에서 프리츠한센을 예전부터 들여와 판매했기 때문에, 우리는 신진 세력이라고 볼 수 있었다. 다른 곳에서 프리츠한센 제품을 산 고객, 살 고객의 일부를 우리 고객으로 돌려야 했다. 그리고 처음으로 프리츠한센 제품을 구매하고자 하는 고객을 위한 프로모션이기도 했다. 이에 미끼상품으로 저렴하지만 브랜드의 가치를 잘 보여줄 수 있고 장인 정신이 농축된 아이코닉 체어인 '세븐체어(Series Seven)'를 선물로 증정하는 이벤트를 하기로 했다.

잘되는 모든 일이 그렇듯, 무슨 이유인지 모르지만 떠오른 생각으로 기획안을 바로 펼쳤다. 그 기반에는 세븐체어에 대한 많은 연구가 있었다. 미학적으로도 아름다운지를 충분히 감정적으로 느꼈으며, 탈알(Tal R)이라는 색채 아티스트가 만든 세븐체어 뉴 컬렉션의 컬러 탄생 비화도 숙지한 상태였다. 그 탈알 컬러 중에 트리에스테 블루라는 에스닉한 이름의 블루가 있었다. 신상 컬러였다. 트리에스테는 이태리의 항구도시 이름으로 그 도시의 바다 컬러에서 영감을 받아 만든 크리미한 블루다. 블루와 화이트를 절묘하게 섞은 듯한 컬러인데, 처음 본 컬러였다. 포토샵 컬러 플레이트에서도 쉽게 잡아내지 못할 정도로, 컴퓨터적인 컬러가 아니라 영감에 의한 아날로그적 컬러였다.

이 향수를 건드려 보자고 생각했다. 우리 모두 떠나고 싶은 그 욕망을 부추기자. 휴가철을 맞아, 바다와 하늘로 여행을 떠나면서 만난 트리에스테 블루 사진을 찍어달라고 요청했다. 해시태그와 함께. 올려주신 분 중 이미지를 선정해 트리에스테 블루 세븐체어를 선물로 딱 한 분께 드린다는 내용. 결과는 성공! 2주간 무려 60명의 고객이 참여해, 고퀄리티의 이미지를 남겨주었다. 고객층의 여유롭고 자유로운 라이프 스타일과도 상통했다. 해외 각지에서 아니면 현재 머물고 있는 휴양지에서 트리에스테 블루를 찾아냈다. 7월 마지막째 주부터 8월초로 이어지는 기간이라 시기적으로 여행 시즌과 딱 맞았다. 아주 멋진 이미지와 함께 글을 올려주신 신혼 부부께 상품을 안겨 드렸다.

세븐체어 인스타그램 프로모션 이후, 매장과 해당 브랜드의 인지도가 향상되었다. 시대의 흐름을 아주 살짝 먼저 탄 것인지 몰라도 세븐체어를 중심으로 테이블류 같은 다른 상품군의 제품도 판매량이 증가하기 시작했다. 그런 확산 효과를 통해 프리츠한센은 점점 전체 매출의 반절 이상을 차지하는 효자 브랜드가 되었다.

앞에서 말한 프리츠한센 단독 플래그샵도 우리 매장의 제2호점 느낌으로 청담동에 낸 것이다. 실적이 좋으니 덴마크 본사에서도 우리에게 책임과 권한을 더 준 것이다. 허락했다고 말하면 좀 가까운 의미일까? 물론 우리도 매출이 오르니, 윈윈이긴 하지만.

찰나에 스치는 기획안을 가지고 소소하게 시작한 이벤트가, 매장 전체의 분위기를 바꾸어 놓았고 매출에 바로 기여했다. 이렇게 입사 한 달 만에, 초반의 학구파 어리바리 느긋한 대학원생 같은 느낌에서 빠릿빠릿하게 일을 해나가는 신입이 되어갔다. 그 계기는 단언컨대 작은 성공, 그 이벤트의 성공에 기인했다. 이때 직장 상사의 업무 영역은 PR, 마케팅 전반으로 내 업무 영역인 온라인 마케팅을 제외한 영역이었다. 그녀가 온라인에 올리는 글들을 검수하고 정정하긴 했지만, 1차적 창작의 모든 근원은 나였다. 별것 아닌 듯 툭 던진 이벤트 기획 및 진행의 기회를 잡은 건 나였다.

그렇게 프리츠한센 홍보를 담당하던 사회 초년생 시절, 사수였던 대리가 돌연 퇴사를 했다. 낙동강 오리알이 되느냐 혹은 내 갈 길 펼치느냐 기로에 서게 되었다. '이 회사가 좋고, 이 회사가 잘되었으면 좋겠다. 매출이 많이 상승했으면 좋겠다. 우리 회사 브랜드들의 강점을 손님들에게 널리 알리고 싶다'고 생각했다. 그저 사원이 대리의 업무를 물려받는다는 차원이 아니었다. 모든 박자가 맞아 이심전심으로 팀장과 나름대로의 코워크 스킬을 발휘하기 쉬웠다. 우리 선에서 효율적인 안을 선택하고 추진하고 밀고 나가기 시작했다. 그렇게 점차 매장에 방문하는 프리츠한센 관심자를 프리츠한센 구매자로 변환시키는 홍보 효과를 보았다.

나름 보호받는 느낌으로 내 상상과 자유의 나래를 펼친 때도 좋았으나 보호자가 없어진 시절도 정말 뜻 깊었다. 심지어는 팀장과의 유대가 더 좋아지는 계기가 되었다. "어랏? 팀장님과 마찰을 일으키지 않고도, 나는 나대로 즐겁고 팀장님도 나 때문에 골머리를 썩는다거나 내가 뭔가 일을 잘못한다는 이야기는 안 하네. 잘 굴러가네? 나도 할 수 있네? 나도 잘 하네!"라는 평가를 내렸다. 사실은 후임 대리급이 뽑히지 않은 상황이 계속되었다. 그런 가운데 처음에는 "내가 이 일들을 다 한다고?" 아연실색하며 못 해낼까 봐 두려운 마음도 있었다. 그러나 그 사이에 업무를 습득하고, 성과를 내 대리급의 일을 소화하게 되었으며, 의외로 팀장과의 커뮤니케이션을 잘 활용함으로써 분위기도 한층 편안해졌다.

보호의 장막을 걷고 두려운 위기감이 오롯이 표면으로 드러날 때 이 일을 하는 근본적인 이유를 스스로 깨달아야 한다. 나 같은 경우 책임감을 갖고 브랜드를 알린다는 마음가짐을 갖자 도전 의식 및 행동이 지속될 수 있었고 상황의 흐름을 나에게 쏠리게 할 수 있었다.

늘 대리가 당신의 업무 영역 및 능력을 커버해줄 것이라 기대하지 마라. 그 또는 그녀는 언제 사라질지 모른다. 오히려 당신보다 회사 생활에 적응을 못 하거나 힘들어하는 사람일 수 있다. 위대해 보이는 안정의 장막을 치는 사수일지라도. 그러니 대리에게 당신의 업무를 일임하지 마라. 그러면 대리가 사라지더라도 그 사실이 두려울지언정 기회는 잡을 수 있으니까.

그리고 이미 당신은 능력이 있다. 사회 경험은 윗선들에 비해 절대적으로 적으니 조직력은 부족할지도 모르겠다. 하지만 머리에 든 것은 하나같이 높은 수준에 있다. 그러니 팀에서 협력을 배우고 취하되 과감하게 기획하고 일을 처리하라.

도요타의 가이젠을 예로 들자. 혁신을 일본어로 가이젠이라 한다. 도요타의 혁신은 누구나 배우고 싶어 한다. 도요타는 몇 십 년간 꺼지지 않는 등불처럼 우뚝 선 기업으로서, '혁신'을 윗선의 업무, 그리고 별도로 해야 하는 업무로 보지 않는다. 업무 개선을 위한 과제 도출과 문제해결은 스스로 끊임없이 하는 활동이다. 그 활동을 누가 하는가? 체계, 회의, 오피스? 모두 아니다. 혁신할 수 있도록 철저하게 훈련된 구성원 한 명 한 명, 현장에서 근무하는 인적자원 자체가 주체다. 힘이다. 혁신은 회사에서 자신이 펼쳐 보일 수 있는 능력이다. 직장 상사들은 쓸데없는 일 안 하고 회사에 이득을 주는 사람을 제일 좋아한다. 당신은 충분히 그런 사람이 될 수 있다. 내가 입사 한 달 만에 제안한 세븐체어 프로모션처럼. "에이, 지금 와서 들으니 별거 아닌데요. 다 생각할 수 있는데요"라고 말할 수도 있다. 하지만 현실에서는 그 누구도 그런 아이디어를 입밖에 내지 않는다. 당신이기 때문에 아이디어를 낼 수 있다. 자신의 사회적 위치를 대리 아래로 한정시키지 말자. '하라면 하는 거고, 말라는 마는 거죠'라는 마인드를 버려야 한다.

학창 시절부터 한 가닥 하던 사람들 아닌가? 노는 것이든 공부든 연애든 무엇이든 어떤 방면으로는 자기가 좀 쓸모 있다고 다들 생각하고 있지 않은가? 그런데 회사에만 들어가면 직속 상사의 품 안에 쏙 들어가서 팀장급 이상에게는 인상 깊지 않은 사람으로 스스로 낙인 찍는다. 열심히 하다 보면, 대리 윗선과도 친해진다. 작은 내 업무와 자리에만 만족하는 태도, 불평하면서 기회를 차는 볼멘소리. 기회에서 멀어져 가는 소리다. 대리가 쳐놓은 장막 바깥에 찬스는 널려 있다. 회사에서 기량 펼치기는 실로 하기 나름이며 그러기에 무궁무진하다.

들리는 대로 믿으면 안 되는
직장 상사만의 언어

당신의 직장 상사는 충분히 직언하는 리더인가? 직언할 수 있는 리더인가? 버락 오바마 대통령은 취임 시절 뉴욕 맨해튼 호텔에서 열린 미국 내 최대 흑인인권운동단체 전미유색인지위향상협회(NAACP)의 100주년 기념 만찬에 참석해 축하 연설을 하면서 "변명하지 말라"는 말을 수 차례 반복하며 흑인 스스로 자신의 인생을 책임지라고 촉구한 적이 있다. 구체적으로 유명 흑인 농구선수와 랩 가수의 이름을 거론하며 "운동선수나 가수만 동경할 것이 아니라 과학자, 엔지니어, 의사, 교사, 대법관, 대통령을 꿈꿔야 한다"며 흑인들의 나태한 의식을 꼬집었다. 미국 최초의 흑인 대통령인 오바마 대통령이 흑인의 정체성을 정면 비판한 것은 대선 후보 당시 "흑인들이 아버지 역할을 제대로 하지 않는다"고 한 발언 이후 두 번째이자 대통령으로서는 처음이다.

이렇듯 아픈 손가락에게도 서슴없이 직언할 수 있는 리더는 항상 날을 숨기고 있다. 할 말을 하는 사람은 제때에 하고자 하는 말을 할 수 있는 사람이다. 평소에 원만한 평판을 받으며 특정 사원, 특정 부서에게 일침을 가하지 않을지라도 언제고 지적할 수 있는 사람들이 바로 직장 상사다.

오바마는 앞선 연설에서 어떤 말까지 했느냐 하면 흑인이 읽기와 수학에서 뒤떨어진다는 말도 했다. 〈뉴욕타임즈〉는 이를 두고 "오바마 대통령은 취임 이후 미국 내에서 인종 문제를 거의 언급하지 않았다"며 이런 점에서 이날 연설은 오바마 대통령이 미 행정부의 유색인종 정책을 흑인들에게 직접 밝히기 위한 목적이었다고 보도했다. 미국에서는 금기시되는 게 몇 가지 있는데 그중 하나가 인종과 관련된 비하 표현이다. 이를 충분히 알고 있음에도 오바마는 직설적 표현을 하곤 했다. 회사에도 돌연 이런 행동을 하는 사람들이 있다.

일부러 계획을 세우고 연설이나 회의 형태로 하고자 하는 말을 내뱉는 직장 상사가 있다. 계획은 없고 내키는 대로 생각하는 바를 전하는 사람도 있다. 늘 해오던 패턴대로 가는 사람이 있는가 하면 한두 번씩 그 패턴 밖으로 나가는 사람도 있다. 그것을 우리가 다 예측할 수는 없다. 그래서 염두에 두어야 한다. 사람의 성정은 변화한다. 오늘이 다르고 내일이 다를 수 있다. 지난날의 직장 상사를 생각하고 안일하게 넋 놓다가 급 일침을 당할 수도 있다.

오마바는 이런 면에서 아주 계획적이다. 앞선 연설 외에도, 백악관 출입기자단 연례 만찬에서 키건 마이클 키를 분노 통역사로 임명한 사례를 보면 그렇다. 키건 마이클 키는 오바마 대통령을 저격하는 유머를 구사하던 코미디언이다. 그와 함께 연설 석상에 올라 그의 입을 통해 자기가 한 말에 대한 속내를 꺼내는 식이다. 이러한 마이클 키와 오마바의 관계가 그리 낯설지는 않다. 우리네들도 그러하기 때문이다.

회사 안과 밖의 삶, 그리고 회사 안에서도 상대가 누구냐에 따라, 상황이 어떠하느냐에 따라 나의 리액션이 다르게 결정된다. 유연하지 않고 고지식할 것이라고 단정 지었던 사람인데 어느 한 구석에서는 그렇지 않은 면이 있을 수 있다. 모를 뿐이다. 그저 그렇지 않을 것이라고 예측한 것뿐인데다 그 예측의 근거는 매우 부정확하다.

그도 그럴 것이 직장 상사들은 확실히 우리보다 베테랑이다. 우리보다 조직 생활을 더 많이 했다. 살아남았다. 그들은 늘 평가하고 있다. 한순간 그로부터 좋은 평가를 받았다 할지라도 긴장을 늦춰서는 안 된다. 조직 생활을 하면 할수록 늘어나는 스킬은 무엇일까? 불필요한 동작, 불필요한 말, 불필요한 일은 애초에 하지 않게 되는 스킬이다. 사람에 따라 개인차는 있겠지만 시행착오를 거쳐 습득한 결론이 그것이다. 그러면 부하 직원에게 어떤 식으로 말해야 할지 혹은 아예 말을 하지 않는 게 좋을지 그 나름의 판단을 내린다.

그들이 부하 직원에 대해 말을 안 할지라도 정보는 다 기억하고 있는 경우가 많다. 그리고 부하 직원에게 하는 말이 자신의 판단에서 나온 것일 수도 있지만, 아닐 수도 있다. 더 윗선이 전한 말, 동료나 부하 직원이 하고픈 말을 전하는 것일 수도 있다. 그래서 그것이 그의 생각인지 혹은 다른 데에서 기인한 생각인지도 어느 때는 불분명하다. 그렇기 때문에 직장 상사의 언어에만 주목할 것이 아니라 비언어에도 주목해야 한다. 언어만큼 중요한데 간과하는 것이 바로 비언어적 요소다. 실제로 비언어적 요소가 분위기를 형성하고 주도할 때가 많다. 그리고 습관처럼 내뿜는 그만의 독특한 비언어적 행위도 있다.

하워드 슐츠는 서신에서 스타벅스가 매장에서 커피를 갈지 않기 때문에 한때 그라인더 소리와 갓 간 커피 냄새가 불러내던 "과거의 영혼을 더는 지니지 않고 있다"고 덧붙였다. 마음가짐은 모든 감각을 활성화하는 은근한 신호를 통해 퍼지고 유지된다. 많은 연구 결과는 사람들이 인지하지 못하거나 겨우 인지하거나, 아니면 사소하게 여기는 자극제가 사고방식과 행동방식에 강한 영향을 미칠 수 있음을 보여준다. 우리의 신념과 행동은 우리가 보는 이미지의 색상과 유형, 우리가 듣는 소리, 우리가 맡는 냄새, 우리가 느끼는 맛, 우리가 만지는 대상에 의해 강화되거나 약화된다. 우리는 또한 상대방이 말을 할 때 그의 어조와 표정, 시선을 마주치는지 아닌지, 자세 등 그다시 중요치 않고 무관하게 보이는 더 많은 신호들에 영향을 받는다.
　　　　　　　　　　　－로버트 서튼, 허기 라오의 《성공을 퍼트려라》

직장 상사는 앞에 드러내놓고 평가하는 것을 자제하는 경우가 많다. 부하 직원에 대한 기본적인 믿음이 있다면 치명적인 실수를 반복적으로 하지 않는 한 판단을 유보한다. 그리고 오히려 조크로 대응할 때가 있다. 지각을 반복하는 신입 사원이 있다고 하자. 그에게 직장 상사가 카카오톡방에서 이런 말을 한다. "스케일이 다르시네요." 그런 그가 오후에 얼굴을 마주해서는 강경하게 말한다. "한 번 더 늦게 오시면, 퇴사에요." 아침에 카카오톡으로 에둘러 지적했다면, 얼굴을 보고 말할 때는 직접적으로 지적한 것이다. 하루 중에도 어떤 전달 수단을 이용하느냐에 따라 말하는 투가 달라진다. 글로 할 때와 말로 할 때가 다르다.

그러므로 서류로 피드백이 오는 때와 구두로 피드백이 오는 때를 종합적으로 살펴야 한다. 여러 일들을 벌이지 않는 한 그가 나에게 하고 싶은 말은 한두 개 안쪽이다. 피드백은 여러 군데에서 취하더라도 근본적으로 하고 싶은 말이 여러 개는 아니라는 뜻이다. "지각하지 마세요. 주의 깊게 보고 있습니다" 정도의 메시지를 전하는 것이다.

그런데 직장 상사들이 메시지를 흐리는 데에 기여하는 기법이 하나 더 있다. 그래서 그것을 캐치하는 데 애를 먹는다. 그 기법이란 유머를 섞는 것이다. '유머도 함께 판다'는 원칙으로 '펀 경영'을 지향해 온 사우스웨스트 항공은 "흡연을 원하시는 고객은 비행기 날개 위 스카이라운지를 이용해 주세요. 그곳에서는 '바람과 함께 사라지다'가 상영되고 있습니다"라고 기내에서 금연 안내 방송을 한다. 얼마나 위트 있는 돌려말하기인가. 이것은 마치 직장 상사가 부하 직원에게 하는 부드러운 지적과 같다. 약간의 유머를 겸비한 경고문구다. 이를 그냥 이대로 받아들인다면, 얼마나 무지한 것인가? 걸러 듣는 센스를 발휘해야 한다. 이와 같은 기내 금연 안내 방송의 취지는 흡연하지 말라는 것이다.

이와 같이 부드럽게 돌려서 말하는 경우도 속뜻을 캐치해서 받아들여야 한다. 말에 유머가 있다고 해서, 지금 상황이 그에게 용인 가능한 수준이라고 마음 놓아서는 안 된다. 말투가 친근하다고 '괜찮구나' 라고 생각했다가 나중에 예상치 못한 일침을 들으면 눈물이 나올 수도 있다.

종합적으로 직장 상사의 표정과 소리를 받아들이고, 언어 외적인 것에도 눈을 떼지 말자. 유머에 가려진 정수를 바라보자. 오늘, 내일이 다를 수 있으며 같은 내용을 다른 투로 전달할 수 있음을 아는 사람은 좀 더 열린 자세로 상황을 받아들인다. 직장 상사의 언어뿐 아니라 비언어, 시간적, 공간적 흐름에 따른 변화도 캐치할 수 있다면 당신에게 무기가 된다.

싫은 소리 잘 듣는 법,
좋은 소리 잘하는 법

　회사를 다니다 보면 낯뜨거운 순간이 온다. 지적을 받을 때다. 업무가 손에 안 익어서 잘 안 될 때, 결과값이 엉뚱할 때, 지각할 때 등 무수히 많은 타이밍에서 지적을 받는다. 나에 대한 공격처럼 들린다. 이런 게 켜켜이 쌓이면, "아, 날 자르겠다는 건가? 난 여기서 필요 없는 존재인가? 내가 여기서 뭘 하고 있는 거지? 그만둬야 할까?" 이런 식으로 생각이 치닫는다.

　"꾸중을 듣는데 기분이 좋을 수 있나요? 그것도 이상하지 않나요?" 맞다. 하지만 역으로 아무 꾸중도 듣지 않고, 아무 피드백이 없다고 해보자. 게다가 직장 상사가 칭찬도 안 해주면 섭섭하다. 하지만 어느 정도 스스로의 역량과 결과에 판단을 내릴 수 있어지면 다가오는 뾰족한 언어에 감사함을 느낀다. 이 말에 동의하는가? 안 좋은 감정을 느낀다는 건 아직 판단력이 흐려서다.

내 딴에는 할 도리를 다 해서 '이만하면 됐는데'라고 생각하던 찰나에 직장 상사는 "그것이 아닙니다. 이렇게 해보면 더 나아질 것 같습니다"라고 정중하게 말해주는 것이다. 말하는 행위는 누군가에게 에너지를 쏟는 일이다. 하나를 가르쳐주는 것도 참 쉽지 않다. 입을 열어서 누군가에게 설명하고 지적한다는 것은 에너지를 쓰는 어려운 행위다.

알고 있지 않는가? 팩트는 "희인 씨, 왜 이렇게 했어요? 잘못했네요"가 아님을. 무작정 타박하는 것이 아님을. "이렇게 했어야 하는 건데, 저렇게 했군요"로 받아들이라고 당신에게 그렇게 목놓아 지적질을 한 것이다. 결국 부하 직원 좋으라고 말해주는 것이다.

"아무리 들어도 그건 나에 대한 저격이고 모독적인 발언이었는데요? 말을 하더라도 포장을 잘해서, 사람 민망하지 않게 좋게 둥글둥글 말해줘야죠. 그래야 듣는 사람도 기분 안 나쁘죠." 하기야 겉 포장을 아름답고 순수하게 하면 얼마나 좋을까? 하지만 그렇게 높은 수준의 표현 교육을 안 받고 자란 어른도 많다. 눈감아 주자. 배려하느라 말을 안 하는 직장 상사일지라도, 그가 무엇을 전달하려고 했을까? 잘하라는 것이다. 잘되길 바란다는 것. 그 방법을 일러주고 싶어 했다.

'그건 나쁜 말이었어. 정말 모욕하는 말이었다고'라고 생각하면 진짜 그런 의미로 받아들여서 긍정적인 영향은 아예 배제된다. 하기 나름이다. 하기 나름이라 하더라도 나에게 긍정적일 수 있게 해야 한다. 중요한 말이다. 하기 나름. 참 좋다. 그런데 소위 싫은 소리를 들을 때 하기 나름이라는 의미는, '기분 나빠'라고 표면적, 일차원적으로 직장 상사의 말을 생각하지 말라는 뜻이다. 이때야말로 전방위적으로 오감을 다 곤두세워서 직장 상사에게 감사해야 한다. '나를 위해 이렇게 입을 열어주시다니요!'라고 생각하라. 묵묵부답, 피드백 없는 것이 제일 소름 끼치고 자존감 떨어지는 일이다. 칭찬받으면 더할 나위 없이 기분이 좋겠지만, 나의 위치에서 도리를 다 했고 오히려 그 도리를 넘었다고 생각했더라도 나보다 조금 더 객관적인 시야에서 내가 해낸 결과물과 과정을 보고 피드백해준 것이다. 그뿐이다. 그것을 내가 취해서 무언가를 바꾸면 회사에 이득이라는 소리다.

내가 더 잘해낼 때 회사가 더욱더 잘 굴러간다는 건 당연한 일 아닌가? 그것에 협조해준 직장 상사에게 경의를 표해야 한다. 직장 상사는 안 좋게 일을 처리한 부하 직원이 답답했을 것이다. 말로 꺼내지 않으면 평생 개선되지 않고 그 상태로 있을까 봐 두려워 제발 그렇지 않기를 바라는 마음과 부하 직원을 챙기는 마음, 회사를 생각하는 마음 때문에 지적질이 튀어 나온다. 포기한 상태면 입도 포기한다. 당신이 어느 정도의 개선의 여지가 있는 사람이라는 믿음이 있기 때문에 이 상황을 저버리지 않는 것이다. 그래서 당신에게 책임을 묻는 것이고 변화를 촉구하는 것이다. 다시 한 번 말하지만 얼마나 감사한 일인가.

아무도 말해주지 않았으면 자신이 잘한 줄 알고 있거나 아니면 이런 식으로 설렁설렁 실수해도 되는 줄 알고 정신상태가 해이해질 위험이 있었는데 곱씹어서 나를 생각해주는 행위가 아닌가. 싫은 소리란 바로 이런 것이다. 내가 어떻게 받아들이느냐에 따라 기분 나쁜 상태는 '핑퐁!' 하고 나의 표면을 치고 나간다. 상대가 말한 저의를 깨달아라. 그가 나에게 원하는 내용을 캐치하라. 그것이 업무의 핵심일 경우가 많아 앞으로 유사한 업무를 할 때 이정표가 된다. 따끔하게 혼이 난 기억과 함께 일 머리가 생기는 계기가 된다.

'그렇군요. 생각해보니 말씀하신 대로 하는 것이 좋을 것 같네요'라고 생각하기 시작하는 순간, 이 상황은 어느 것에도 쏠린 것이 아닌 평온한 상태가 된다. 지적을 한 상대의 뜻만 파악하면, 지금의 평온을 깨뜨리는 외부 세력이자 압력이 아니라는 것을 깨닫게 된다.

일, 상대, 나, 상태의 변화 이 네 가지 요소를 객관적 시야로 바라보면 바라볼수록 계속 평온한 상태를 유지할 수 있다. 그런 상태라야 입에서 좋은 소리가 나오기 시작한다. 남을 평온하게 바라보고 아무 감정이 일지 않을 때, 진정으로 사람이 보이기 시작한다. '직장 상사에게 잘 보여야지' 하는 마음을 갖고 있는 상태에서 직장 상사를 봤을 때보다 아무 상관없이 보았을 때 사람으로서의 매력, 그만이 갖고 있는 뭔가를 캐치할 수 있다. 그의 오늘 감정 상태가 어떤지도 그냥 무덤덤히 보았을 때 느낄 수 있다. 내 상태가 동요되지 않은 바다일 때 아무것에도 구애받지 않고 세상을 볼 수 있다.

예를 들어 화난 상태이거나 뭔가가 불만족스러운 상태일 경우 그것이 상대방 때문이 아닌데도 상대방을 비롯해 주위를 에워싼 환경에 쉽게 짜증이 나는 경험을 많이들 해보았을 것이다. 괜히 상대방에게 틱틱대는 말이 나온 경험, 삐딱선을 탄 경험 등. '난 내 상태가 어떤지를 말하고 싶지 않아서 말을 안 하고 있는 거야. 누가 내 마음을 다 알아줬으면 좋겠다'라고 생각한다. 그런데 알아주지 않아 슬프고 관심을 가져주지 않아 방치되는 듯한 기분이 들어 우울해한다. 화도 난다.

급기야 이 화남을 표현해서 나에게 관심을 갖게 하고, 신경 쓰게 하고, 내 상태가 왜 이런지를 누가 알아줬으면 하는 상태다. 온통 자기 자신에게 신경이 가 있는데 그 상태에서 무언을 바라본들 그 무엇이 오롯이 보이겠는가. 나만 좀 보듬어 달라고 아우성치는데 누가 눈에 보이겠는가 말이다. 그러므로 평정심이 중요하다. 평정심을 갖고 있으면 누군가가 나에게 한 말들에서 상처를 받지 않는다.

또한 평정심을 가질 때에만 주위 환경이 눈에 들어온다. 주위 환경에는 사람도 포함된다. 사람을 잘 관찰하려면 아무 감정 없이 그냥 맨마음으로 맨 얼굴을 들여다봐야 한다. 관상쟁이들이 자신의 기분 상태를 다스리지 않고 상대방 얼굴을 쳐다보는 것을 보았는가? 그저 봐야 하는 것이다. 그것이 관찰이다. 감정이 깊숙이 꼬여 있는 채로 바라보는 것은 관찰이 아니다. 사람을 자주 마주쳐야 하는 조직 생활에서 '관찰력이 있는 사람이다'라고 평가받는 사람이 있다면, 그는 적어도 CEO다. CEO급 마인드를 갖고 있다. 보편적으로 직급이 위일수록 평정심을 갖는다. 이는 선천적, 후천적 요인 모든 것에 기인하는데, 직급이 위일수록 산 위로 더 올라갔다고 보면 된다.

정상에 가면 기분이 탁 트이고 좋은 감정이 생긴다. 정상에 올라갔는데, "아 짜증나. 저런 풍경 따위 눈에 들어오지 않아"라고 투덜대는 사람을 보았는가? 올라가는 동안 힘들어도 꿋꿋이 혹은 약간의 볼멘소리를 하면서 올라간 사람들이 정상에서 하는 행위는 무엇인가? 산 아래 풍경을 바라다본다. 얼굴에 인자한 맑은 웃음을 띠면서 평정심을 갖는다. 거룩한 마음을 갖는다. 위에서 아래를 바라보았을 때, 아래에서 아래를 보았을 때보다 조금 더 시야가 넓어진다. 전에 안 보이던 것들이 덧붙여지는 식으로 확장하는 것과도 같다. 같은 세상을 보아도 더 풍요롭고 객관적으로 볼 수 있는 자료가 많아진다. 그래서 이렇게 시야가 넓어지는 것은 평정심을 갖는 데에 도움이 된다.

그저 아무 생각 없음의 평정심이 아니라 만면에 웃음이 지어질 정도의 긍정적인 느낌의 평정심을 가져라. 어느 상황에 가도 살짝 긍정적인 느낌의 평정심을 가지면 된다. 그러면 예전에 싫은 소리라 여기던 것들이 반복돼도 걸러져 살짝 긍정적인 느낌의 소리로 변화한다. 그리고 사람도 좀 더 잘 보이게 된다. '안 보고 싶어' 하고 애써 배제하지 않았다 하더라도, 어딘가 정직하지 않고 다소 의도가 있는 교활한 느낌으로 접근했던 방식을 벗어 던져보라. 그 순간 상대의 매력과 의도가 조금씩 보이게 된다. 산 정상에서 보이는 자그마한 마을의 자그마한 단지처럼. 그런 식으로 직장 상사를 알아갔으면 좋겠다.

예전에 비해 미처 알아채지 못한 점을 알아채는 순간이 온다. 그것을 굳이 말로 풀어 쓰자면 그 내용은 대부분 칭찬일 것이다. 역설적으로 그런 칭찬은 애쓰면 나오지 않는다. 상사를 보려 애쓰지 않아도 된다. 중국 텐센트TV 제작 무협드라마 〈의천도룡기 2019〉를 보면 태사부가 어린 장무기의 한독을 풀어주고자 갖은 고생을 하며 소림사에 도움을 청하러 간다. 소림사 사람들은 그들의 면전에 대고 박대를 하는데 분통 터져 하며 길길이 날뛰는 어린 장무기와는 달리 태사부는 고개를 숙이고 허리를 굽힌다. 장무기는 어머니가 본인에게 이야기해준 부모의 원한만 생각해서 의협심만 있었고 태사부는 친손자와도 같은 장무기의 건강을 생각했다. 한독을 풀지 못하면 죽음의 시기가 앞당겨진다. 곁에 사람이 없어지면 다 의미가 없다. 자신만의 시야를 통해 주위 사람을 본다는 것도 좋은 이야기이나 허울이다. 자신만의 시야가 아니라 사람의 존재 자체에 집중할 필요가 있다. 이를테면 겉으로 보이는 명함, 의복이 아니라 그것을 벗어내도 존재하는 전체적인 오리지널리티의 귀함을 애써 보아야 할 것이다. 상사의 귀한 부분이 당신의 그것과 다르지 않기 때문이다. 자연스럽게 상대에게 말해주고 싶은 것을 발견하는 순간을 꼭 경험하길 바란다. 이것이 바로 좋은 소리를 잘하는 비법이다.

Chapter 2

이럴 거면
회사 다니지 마!

직장 상사는
내 칭찬을 할까, 험담을 할까

1985년 이탈리아 생활용품 업체 알레시(ALESSI)는 건축가 마이클 그레이브스에게 디자인을 의뢰해 물이 끓으면 주둥이 앉은 작은 새가 새소리를 내는 '버드 케틀(Bird Kettle)'을 출시했다. 주전자 끝 주둥아리 쪽에 고무 소재로 보이는 작은 새가 붙어 있으며, 물이 끓을 때 픽픽픽 하고 새소리를 낸다. 우리도 누구 한 명이 남에 대한 이야기를 하기 시작하면, 버드 케틀의 새처럼 멈출 수 없다. 대부분 먼 곳에 있는 연예인, 나에게 월급을 주고 나를 채용해 준 사장, 오늘 휴무인 어느 대리가 대상이다. 누군가에 대한 평판과 흘려놓은 업무의 흔적 등을 가지고 운을 떼기 시작하면 사건에 사건은 꼬리를 물고 어느 순간 날개까지 돋쳐 흥미를 유발한다. 처음 누군가 말하기 시작하면 그저 시선을 자신이 일하는 앞의 컴퓨터에 두고 못 들은 체 하거나 혹은 어느 정도의 맞장구를 쳐주거나 자신의 생각까지 덧붙여 말하는 등 대응하는 유형도 다양하다. 아낙네 세 명이 모이면 접시가 깨진다는 말이 맞을 정도로 어느 때에는 남에 대한 칭찬 혹은 험담이 눈덩이처럼 불어난다. 당사자가 없는 데에서 그들끼리 칭찬을 하는 케이스를 보기 전에 험담 자체를 이야기하고자 한다.

부하 직원이자 말단 직원이자 신입 사원인 우리가 없는 장소에서 직장 상사끼리 우리에 대해 날개 돋친 듯 안 좋은 평가를 내리고 있는 경우를 상상해보자. 그런 경우가 종종 발생한다. 회사는 혼자 일하는 공간이 아니므로 어떻게든 상부에 보고해서 설득하는 활동을 해야 한다. 그런데 그 설득을 온전히 당하지 않은 직장 상사일수록 부하 직원에 관해 안 좋은 소리를 버드 케틀처럼 해댄다.

그 직장 상사가 지금 다른 사람의 험담을 하고 있더라도 부화뇌동하지 말아야 한다. 험담 속의 주인공이 당신이 아니어도 말이다. 당신이 아닌 게 더 위험하다. 내 앞에서 나를 지적해야 투명한 것인데 다른 직원의 이야기를 전하는 직장 상사가 있다면, 일단 리액션을 멈추는 게 좋다. 그 이야기 속 주인공에 대한 당신의 의견을 절대 드러내지 마라. 그 당사자가 정말 인격이 더러우며 심지어 업무적으로 누를 끼치는 상황일지라도.

우린 이 세상의 평가자 역할을 해야 하기 때문에 자신이 꽤 착하고 옳은 사람이라고 믿는다. 그런 자아상을 지키려고 작은 부정행위를 저질러도 '이 정도는 괜찮아'라고 스스로를 합리화한다. 이런 식의 합리화가 가능한 사람에게 사건을 덧붙여봤자 도움이 되는 일은 발생하지 않는다.

인사관리(HR)에 강한 컨설팅 펌의 대표들은 사람들에게 찍히는 직원에게는 공통적으로 '나쁜' 습관이 있다고 말한다. 그 습관은 정치적으로 행동하는 것이다. 타워스패린의 박광서 한국지사장은 "정치적으로 행동하는 것이 성공의 지름길인 줄 아는데 이것은 명백한 착각"이라고 단언했다. "한참 열정을 다해 역량을 계발해야 할 직원이 정치적인 꼼수만 부리는 것을 누가 탐탁하게 여기느냐"는 것이다.

직장 상사도 사람이다. 그가 자신의 시야에서 바라보는 외부 환경과 직원에 대한 견해는 다분히 주관적일 가능성이 높다. 그리고 그 견해는 업무적인 역량과 그로 인해 발생한 결과값에 대한 반성이 아닐 가능성이 아주 높다. '일'에 대한 부정적 피드백은 뒷담화가 아닌 앞담화로 하는 것이 일반적이다. 그 이유는 그 일을 실질적으로 진행한 직원 앞에서 말을 해줘야 업무 개선, 상황 해결이 된다는 것을 알고 있기 때문이다.

직장 상사에게 중요한 것은 자기를 대하는 직원의 태도다. 직원이 자기에게 하는 말, 자기에게 하는 행동이 업무와 결부된 건이 아니어도 그것에 촉각을 세운다. 자신과 직접 오피스 안에서 살을 맞대며 피부로 느끼는 현안이기 때문이다. 그래서 직장 상사에게 잘하라는 것이다. "어른에게 잘하세요. 부모님께 잘하세요." 이런 말들의 요는 물질적으로 잘하라는 이야기가 아니다. 마음에서 우러나와 진솔하게 정직하게 마음으로 사랑을 전하고 공경하고 위하라는 메시지다. 직장 상사도 마찬가지다. 우선 당신보다 나이가 많다. 어른이다. 어른을 공경해야 하는 이유는 많다. 그런데다 그냥 어른도 아니고 내가 하루의 반절 이상을 같이 보내는 회사에서의 어른이다. 업무를 대하는 것 이상으로 어른의 영역을 확보한 그들에게 정성을 다해야 한다. 그렇지 않을 때 화살로 되돌아오는 것이 바로 그들의 험담이기 때문이다.

험담의 소재는 일에 대한 내용이 아니라 부하 직원의 인격이 주를 이룬다. 직장 상사 입장에서는 다음 내용이 자신과 더 직접적으로 결부돼 있다고 생각한다. 인격, 복장, 인사, 말투, 점심시간의 행동, 일을 지시했을 때 처리하는 태도, 퇴근할 때 일을 마무리하는 태도 등이 그것이다.

CEO 급들이나 업무에 예민하다. 팀장급 직원은 창립 후 스스로 경영하는 오너만큼 예민하게 업무에 신경 쓰지 않는다. 팀장급은 자신과 일을 시켜서 완수해낸 부하 직원의 역량 정도까지만 관심이 있으며, 그 관심 또한 대부분 본인이 속한 팀, 자기가 끌고 가야 하는 팀의 영역까지만 확장한다. 물심양면을 다 바쳐 '이익을 더 내야 했는데 왜 못 냈을까, 못 냈다면 어떤 식으로 해야 더 이익이 생길까'라고 회사 전체의 이익까지 생각하지 않는다. 안타깝지만 총력을 기울이진 않는다.

팀장급은 자신이 의도한 바가 있고 목표에 반기를 드는 부하 직원이 있어도, 자신의 의도와 반한다는 이유만으로 험담하진 않는다. 하지만 험담의 주인공이 되었을 때는 스스로 인격과 태도를 돌아보아야 한다. 사실 험담의 주인공이 되었다고 해서 얼굴만 붉히고 말 문제가 아니다. 회사의 어른인 팀장급 직장 상사가 나에게 그런 말을 했다는 것에 대하여, 정말 반 발자국 멈춰 서서 나도 몰랐던 내 모습을 만나려고 노력해야 한다. 직면하면 그것을 변화시킬 수 있기 때문이다. 그리고 변화할 수 없는 성질의 것이라면 수긍하는 과정을 통해 순화하는 방향으로 발전할 수 있다. 다른 긍정적인 것으로 상쇄시키려 노력하는 과정은 좀 더 열린 자아를 만드는 과정과도 같다.

홀로 프리랜서로 일하면, 프로젝트를 완수하려고 만나는 외부 사람과 잠깐만 연결돼 업무를 수행한다. 물질적인 공간 안에서 거의 1년 중 300일 이상을 같이 부대끼며 연차를 쌓은 나의 팀원들이 주는 피드백만큼의 높은 퀄리티를 기대할 수 없다. 일시적, 한정적으로 만나는 외부 인원이 만약 나에게 인격적인 결함을 발견했다면 그것을 공중분해해 퍼트린다. 그래서 험담의 소리가 아주 멀리서 들려오게 되어 있다. 그 주인공이 나라는 것을 알았을 때는, 그 업계에서 나의 소문과 평판은 이미 손 쓸 수 없을 정도로 안 좋게 났다고 보면 된다.

이와 달리 회사 내에서 직장 상사가 하는 나에 대한 험담은 어느 정도 선을 지킨다. 태도, 의식 변화를 간절히 촉구하는 마음으로 나에 대해 안 좋은 소리를 하는 경우가 다반사다. 직장 상사는 나를 정말 퇴사하게 하려는 의도가 아닌 한, 본인이 챙겨야 하는 사람, 식구로 생각하는 경우가 많다.

조금 마음이 편해지지 않는가? 이것이 회사라는 조직의 아름다움이다. 혼자서 헤쳐나가는 세상이 아니다. 직장 상사라는 프레임, 회사라는 프레임은 이럴 때 작동한다. 평소에 일부러 인격적으로 잘못된 행동을 보이지 않아 왔는데 어쩌다가 직장 상사에게 거슬리는 행동을 해서 안 좋은 말이 나왔다면, 그 안에는 이율배반적으로 어느 정도 감싸주고 보듬어주려고 하는 마음이 있다. '회사원'이기에 가능한 이 상황에 감사하고 이를 계기로 얼른 행동을 바꾸어야 한다. 이를 두고 직장 상사에게 맞춰주려고 행동을 바꾼다는 식으로 단편적으로 생각하면

곤란하다. '직장 상사가 싫어하는 행동을 굳이 하지 않는다. 그래서 직장 상사의 마음을 편안하게 해준다. 위한다'는 마인드로 행동을 고치면 된다.

'깊은 산속 옹달샘, 누가 와서 먹나요' 동요로도 유명한 옹달샘의 이야기를 보자. 깊은 산속에 있는 옹달샘에 와서 목을 축이고 세수하는 토끼가 주체일까, 옹달샘 자체가 주체일까? 우리는 매일매일 사무실이라는 공간에 들어와서 일을 하고 기거하고 나를 드러내고 머문다. 이로써 나의 에너지가 자연스럽게 퍼지게 된다. 토끼가 옹달샘에서 세수할 때 물에 파장이 일듯이 말이다. 그 파장이 긍정적인 느낌일 때 사람들은 나에게 시선을 둔다.

긍정적인 느낌이라는 것은 인사를 크고 밝게 하는 등 행동 하나만 봐도 느껴지게 할 수 있다. 스스로 내면이 충만한 사람이라면 자연스럽게 칭찬도 들을 수 있다. "그 친구 참 괜찮아." 하지만 칭찬의 소리가 들려오더라도 드러내고 기뻐할 필요도 없다. 나는 원래부터 그런 좋은 소양과 인격을 지닌 사람이니 그것을 알아봐 주는 것에 감사하면 된다. 딱 그 수준 정도로 드러내는 게 좋다. 이 말의 의미는 앞서 언급한 직장 상사가 나에 대해 내리는 평가는 주관적이라는 것과 일맥상통한다. 바라보기만 해도 기분이 좋아지는 사람이 되면, 자연스레 퍼지는 나의 기운, 에너지에 의해 칭찬이 흘러나올 것이다. 그리고 그 칭찬은 어느 순간 어느 직장 상사에게 퍼져 나의 험담을 덮는다.

사람마다 거슬리는 것이 다르다. 그것이 치명적이거나 인격적인 것이 아닐 경우를 이야기하는 것이다. 인격적으로 모가 나서 험담이 나올 경우에는 겸허하게 나를 되돌아보는 계기로 삼으라고 했다. 그리고 아니 땐 굴뚝에 연기 나는 것처럼 모락모락 피어나오는 험담을 잠재울 수 있는 건 그대의 긍정적인 느낌들이다.

자세히 볼수록 사랑스럽다,
직장 상사도 그렇다

미국프로농구(NBA) '3점슛 도사' 스테픈 커리가 정규 골프 대회에 출전했다. 커리가 출전한 엘리 메이 클래식은 PGA 2부 투어인 웹닷컴 투어의 공식 대회로 스폰서 초청 선수 자격을 얻어 이 대회를 나선 것이다. 아마추어 신분이어서 상금은 없다. 고교 때까지 농구와 골프를 병행했던 커리는 안정적으로 싱글을 기록하는 실력파다. 2016년 세계적인 골프 매체인 GOLF.com 인터뷰에서 그는 "은퇴 후 골프 선수가 되는 것을 고려해봤다"고 말했다. 그는 박인비의 팬으로도 잘 알려져 있다. 그는 과거 인터뷰에서 "시간을 내서 박인비의 경기를 꼭 본다"며 "내가 꿈꾸는 스윙 템포를 박인비가 갖고 있다"고 했다.

그가 시간을 내서 박인비의 경기를 보는 것은, 박인비의 팬이기 때문이다. 누군가의 팬이기 때문이다. 내가 자주 만날 수 없는 TV 속 인물 누군가에 관심이 생기면 유투브에서 그를 검색하고 인터뷰를 보고 관련 영상을 본다. 가수를 좋아한다면 그 가수가 출연한 음악프로 영상, 매체 인터뷰 영상, 그가 찍은 다큐멘터리, 예능 등에 저절로 손이 가고 시간을 들여 듣고 보게 된다. 좋아하는 수준까지는 아니더라도 관심만 가지면 그것에 대해 알고 싶어진다. 모르는 것 없이 알고 싶다. 흥미가 생긴다.

하지만 거의 매일 마주하게 되는 우리의 직속 상사는 어떠한가. 솔직히 그에 대해서 모르는 것 없이 알고 싶을 정도의 흥미가 생기기는 좀처럼 힘들다. 직장 상사 스스로 흥미를 유발하는 유형이라면 더할 나위 없이 좋겠지만, 일과 사생활을 철저히 분리해서 "흥미를 갖지 마시오" 하고 바리게이트를 치는 타입일 수도 있다. 직장 상사의 유형은 이 두 가지 타입 외에도 따지고 들자면 헤아리기 힘들 정도로 무궁무진하다. 너무나도 다양하기 때문에 직장 상사의 유형별로 친밀해질 수 있게 만들어주는 방법론 따위는 없다. 안 그래도 할 일이 많고 배울 것이 많은 우리에게 명쾌한 솔루션이 되지 못한다.

직장 생활에서 나와 직장 상사의 관계가 팬과 가수만큼 관심도와, 일방적이지만 친밀도가 높은 것은 바라지 않는다. 오히려 지양한다. 하지만 직장 상사가 부하 직원과 말이 통한다고 생각하는 수준의 친밀도까지는 의도적으로 내가 만들어야 한다. 의도적이라고 한 이유는 내가 적극적이지 않으면 절대 직장 상사가 먼저 다가오지 않기 때문이다.

대부분 직장 상사와 친해지고 싶다는 마음의 소리를 가벼이 여긴다. 그러면서 직장 상사와 같은 공간, 같은 시간에 있는 것이 제발 불편하지 않기를 바란다. 불편하지 않음의 반대는 편함이고, 친밀함이다. 당신은 직장 상사와 친하기를 원한다.

직장 상사와 친하기를 원한다는 무의식적 희망을 충족해야만 당신이 하는 업무가 빛을 발한다. 하지만 이는 단순히 직장 상사와 친한 관계만 맺음으로써 나오는 자연스러운 결과가 아니며, 친한 것을 업무에 적극 활용해야 빛을 발할 수 있다. 노력 없이 빛을 발하진 않는다. 인적자원을 잘 활용할 줄 알아야 내 커리어가 쑥쑥 성장한다. 그런데 가장 가까운 인적자원인 직장 상사와 업무를 화제로 하는 이야기할 때마저 눈치를 보게 되는 것은 그에 대해 잘 알지 못하기 때문이다. 직장 상사에게 적절한 시기에 적합한 보고를 원하는 수준으로 할 수 없다면, 이는 업무적인 손실이다. 업무적인 이야기, 보고, 요청과 같은 일에도 영향을 미치는 것이 직장 상사와의 친밀도다.

평소에 직장 상사와 일상적인 대화를 자주 스스럼없이 해온 사람은 직장 상사의 일거수일투족에 들어 있는 의미를 어렴풋이 이해하는 단계에 이르게 된다. 예를 들어 오늘 하루 종일 피곤해 보이는 직장 상사가 있을 때 왜 피곤한지를 염려하고 관심을 가지면, 자연스럽게 "무슨 일 있으세요?"라고 묻게 되고 그러면 자연스럽게 그의 에피소드가 나온다. "아들이 몸살을 앓아서 간호를 해주느라 밤을 거의 샜다"라고 대답한다면 "그래요. 피곤하시겠어요"라고 맞장구를 쳐주는 것이 덜도 말고 더도 말고 일반적인 수준의 대답이다.

하지만 이것만으로는 그와 친밀해지려고 노력했다고 볼 수 없다. 무슨 일이 있느냐고 물어본 것 자체는 적극성이 아니다. 했어야 하는 인간적인 도리일 뿐이다. 맞장구를 한 후 그의 자식에 대한 질문을 하는 게 좋다. 그를 포함해, 그와 결부된 다른 연관어에 관심을 가지고 그 이미지로 시선을 향하는 단계를 거쳐야 한다.

더 묻지 않고 수동적으로 듣고만 있으면 그 아들이 어떤 얼굴, 어떤 키, 어떤 성격인지, 이미지를 대략적으로도 유추할 만한 그 어떤 정보도 가질 수 없다. 누군가에게 진정으로 관심의 레이더를 비춘다는 말은 그와 연관되어 있으며 파생된 관계 속에 있는 인물, 사물에 관심을 가진다는 뜻이다. 그의 자식이 나의 삶에 중요하기 때문에 그의 자식에 대해 물어보라는 것이 아니다. 그의 연관어에 대해 추상적인 추측이 아닌 어느 정도 구체성을 띤 이미지를 그릴 수 있느냐 아니냐에 따라 천지 차이가 난다.

관심을 보이며 "아드님이 몇 살이에요? 많이 어린가 봐요"라고 운을 띄워 나이에 대한 속성을 대답으로 얻어낸다. 그런 단 한 번의 물음만으로 직장 상사는 당신에게 역으로 관심을 보인다. 직장 상사는 '내가 사랑하는 나의 자식에 대해 말해주고 싶다'란 생각을 한다. 그리고 이야기한다. "천방지축 진짜 뛰어 놀기 선수인데, 감기에는 역시 취약한가 봐요. 시들시들 힘이 없는 모습을 보니, 안쓰럽고 그러더라고요"라면서. 그 정도로만 알면 됐다. 다섯 살 개구쟁이 아들. 사진까지 봤으니 이미지 형성은 이미 되고도 남았다.

이런 대화를 하고 나면 그뿐 아니라 그가 가정에 돌아가면 그의 세계에 존재할 아들의 실재까지 인식한 셈이다. 그를 머릿속에 떠올렸을 때 그의 자식, 즉 그의 또 다른 친밀한 영역까지 연상이 된다. 그의 자식을 통해 그를 이해하는 폭을 넓히게 된다. 어느 때는 굳이 말하지 않아도 자식 때문에 고뇌하는 모습을 캐치할 수도 있는 것이고, 자식을 아끼는 마음으로 헌신하면서 회사를 다니는 그의 마음도 헤아릴 수 있는 것이다.

그 사람에 대해 아는 정보가 많아져 직장 상사 본인 그리고 직장 상사가 관심 있어 하는 분야가 이미지로 머릿속에 떠오를 때에, 그가 내 머릿속에 구체성을 띠고 자리를 잡았다고 볼 수 있다. 구체성을 띠었다는 말은 그것이 나의 영역에 들어왔다는 의미와도 같다. 실질적으로 나와 연관이 있는 사람이라는 인식을 가지면 비로소 그를 나의 사람이라고 칭하게 된다. 직장 상사를 내 사람으로 만든다.

이는 관심의 씨앗을 조금만 퍼뜨려주면, 한 번만 물어봐 주면 자연스럽게 따라오는 수순이다. 누구나 할 수 있다. 그가 좋아하는 사물과 인물을 유추하고 말할 기회를 포착하여 응당 그러하리라고 생각하는 그것들에 대해 질문을 한 번만 하면 된다. 그러면 그는 입을 먼저 닫지 않을 것이다. 다른 외부적인 상황이 오지 않은 한, 그는 한껏 신나고 업된 모습으로 나에게 좋아하는 사물, 인물 등 여러 가지 주제로 이야기하면서 그것에 구체성을 부여할 것이다. 그리고 나는 그 구체성을 부여 받을 것이다. 그의 영역을 흡수하게 된다.

여러 직장 상사를 자세히 보면 성격이 다양하더라도 공통적으로 원하는 것이 있다. "이 조직을 오랫동안 살리고 싶다." 김광순 한국왓슨와이어트 대표가 한 말이다. 오랫동안 조직이 살아 있으려면 조직 구성원이 살아 있어야 함은 자명한 이치다. 살아 있다는 것을 느끼려면 교류해야 한다. 상대와 상대를 구성하는 외연적인 것들에 대한 이미지를 구체적으로 가지고 있어야 한다. 실제로 그것을 보면서 같이 경험하거나 혹은 그의 입을 통해 듣는 등 그 수단은 여러 가지다. 자신의 영역에 상대 영역을 추가하는 활동을 함으로써, 그대의 영역도 상대의 영역에 들어가게 된다.

상대 또한 나를 더 이해하게 되면, 업무를 할 때도 한층 더 수월해진다. 서울 돈암동에 있는 육조사의 선원장 현응 스님은 '선의 마음으로 본 성경 강의'를 앞두고 〈연합뉴스〉와 가진 2008년 인터뷰에서 강의를 개설한 목적을 다음과 같이 밝혔다. "불교든 기독교든 그 가르침을 제대로 알려면 다른 종교를 거울로 삼아 제 모습을 비춰봐야 합니다. 그래야 자신의 종교가 좋은 줄 알고 '구원'을 얻을 수 있기 때문입니다." 지피지기 백전백승. 직장 상사를 자세히 보는 것, 직장 상사의 영역을 구체적으로 머릿속에 그리는 것, 그래서 직장 상사를 전과 달리 알게 되는 것이다. 나의 영역만 고수하는 것이 아니라, 상대의 영역을 아는 것이다. 회사가 돌아가는 것을 제대로 알려면, 직장 상사의 영역을 알 필요가 있고 회사 구성원의 영역을 알아야 한다.

직장 상사를 자세히 봄으로써 세세히 알게 되는 과정 중에 직장 상사 역시 반대급부로 당신의 세계에 들어올 것이다. 이런 선순환적 관계가 꼬리에 꼬리를 물어 모든 회사 구성원에 적용된다면, 회사 구성원은 서로 모르는 것 없이 하나의 영역을 공유하게 된다. 모든 조직 구성원들이 한 자리에 있는 방이 생긴다. 각자의 머릿속에 그렇게 생성된 방은 서로에 대한 질문과 답을 통해 끊임없이 확장된다. 홀로 방에 기거하는 것이 아니고 누구나 들고날 수 있는 크고 쾌적한 공간을 공유하는 것과 같다.

회사라는 조직에서 조직 구성원이 하나의 방을 공유하여 계속 서로에 대한 영역이 업데이트가 되었을 때 회사는 더욱 발전한다. 회사의 발전이 곧 나의 발전이라는 말은 바로 여기에서 나온다. 일을 열심히 하는 것이 능사가 아니다. 내 업무의 진행과 성과를 돋보이게 하는 것은 내가 아니라, 회사의 조력자다. 조력자는 나의 사람이다. 그 사람이 당신의 직속 상사라면 든든한 날개 하나를 달게 된 것과 같다. 이 날개는 누구나 얻을 수 있다. 먼저 던진 관심 어린 단 하나의 질문으로.

그럼에도 불구하고,
나에게 회사의 의미

고깃덩어리를 물고 시냇가 다리를 건너던 어떤 개는 물에 비친 자기 그림자를 보고는 갑절이나 큰 덩어리를 물고 있는 다른 개로 착각했다. 큰 고깃덩어리가 탐이 난 개는 물고 있던 고깃덩어리를 냅다 팽개치고, 그 다른 개를 사납게 공격했다. 냇물에서 잡으려 했던 고깃덩어리는 자기 그림자였고 버린 고깃덩어리는 물에 떠내려가 버렸다.

우리는 행운의 고깃덩어리를 다들 물고 있다. 그러다가 누군가에 투영된 자기 모습을 보고 물고 있던 행복을 버린다. 그리고 밖을 향해 때로는 시기와 질투를 하고, 나를 향해 에너지를 깎아 내리고 기운을 떨어뜨린다. 그리고 다시 행운을 잡으려고 시냇가 다리를 달린다.

해외 디자이너와 바이어, 국내외 손님, 업체 등을 무수히 만나면서 느낀 점이 있다. 그들을 업무적으로 만나기 전에 나의 이미지는 그저 영어를 잘하는 재미교포이거나 뮬란을 닮은, 외국물 먹은 동양인 모델이었다. 무언가를 특별히 하지 않아도, 원래부터 갖고 있던 외모의 유니크한 개성을 언급해주시는 분들이 대부분이었다. 굳이 태닝하지 않아도 늘 까무잡잡한 구릿빛 피부, 묘하게 끝이 올라간 속쌍꺼풀, 수술했냐고 물어들 보지만 수술하지 않은 오똑한 코, 동양인 페이스를 완성해주고 입체성을 더해주는 광대, 큰 것 같으면서도 작은 것 같은 턱, 피부 관리 한 번 제대로 하지 않았지만 광채가 나는 얼굴, 까맣고 긴 머리카락, 글래머러스한 몸매, 170센티미터인 키, 풍채 등이 외형적 조건이다.

하지만 모델도 아니고 재미교포도 아니다. 사람을 마주하고, 그들에게 나의 외형, 지성, 에너지를 종합적으로 전달하는 가구 세일즈 우먼이자 마케터였다.

다수의 고객이 나의 가치를 알아봐줄 때 나만이 할 수 있는 일이라는 생각에 희열을 느끼곤 하였으나, 실로 밀접하게 나의 고깃덩어리에 관심을 가진 사람은 CEO와 직속 상사였다.

서울의 어느 하이엔드 라이프스타일샵에서 근무할 때 일이다. 대표는 묘한 옅은 웃음을 지으며 대뜸 물으셨다.

"희인이, 네가 몇 살이지?"

"스물여덟 살입니다."

"많이 젊구나. 지금부터 이 일을 할 수 있다는 게, 참 좋은 일이야. 기회야."

"네, 알고 있습니다. 감사하게 생각하고 있습니다."

"그래, 잘하고 있어. 어릴 때부터 이런 것들을 접하는 기회는 참 흔하지 않아. 이 인더스트리는 계속 커질 거야. 그 속에 네가 있는 거야."

그때는 감사하다는 말로 마무리했지만 시간이 흐른 뒤 다시 생각해 보니 큰 그림에서 자신의 위치를 파악하고, 그것에 감사하면서 일하라는 의미였다.

이 회사에 입사할 때 1, 2차 면접을 거친 후 최종적으로 대표와 처음 마주했다. 그는 몇 가지 사생활에 관련한 질문을 가벼이 던지신 후 나에 대해 총론적이고 함축적인 한 마디를 남기셨다.

"아트적이네. 디자인적이야. 여기 대리와 잘 조율해서 도와가면서 일하도록 해."

대표가 던진 한마디 덕분에 그 후부터 사회생활에서 중요한 나만의 개성을 알게 되었다. 그후 조금 더 객관화하여 나의 이미지를 설정하게 되었다. '내가 그렇게 비치는구나. 보이는구나' 하고 깨달았다. 그리고 후에 나의 직속 상사가 대표님이 면접 거의 끝날 즈음에 어떤 말씀을 하셨냐고 물어서 그 한마디를 하셨다고 대답하자 그녀는 이렇게 말씀했다.

"합격이네. 네가 좀 외모가 아트적, 디자인적이니까. 대표님은 그런 거 되게 따지시거든. 좋아하시는 얼굴이야."

내 얼굴을 좋아하시다니. 사실 그때는 그렇구나 하면서도 갸우뚱했다. 외모가 아트적이고 디자인적인 것은 뭐지? 나는 내가 어떤 공부를 했고 어떤 영감을 받아오고 살아왔는지 전혀 설명하지 않았는데 어떻게 아셨지? 예술을 대학 때 전공으로 삼은 것도 아니다. 시간이 지난 후 사회생활을 이어가면서, 당시 직장 상사와 CEO가 나에 대해 일차적으로 느끼는 바, 그리고 심층적으로 나에게 일컬어주는 말씀들에서 단서들을 더듬기 시작했다. 의미가 보이기 시작했다.

후에 입사한 수입가구회사 J사의 대표는 청담동 가구회사 대표와는 사뭇 다르게 더 깊숙하게 격려와 조언을 해주었다. 그는 면접 자리에서 나를 보자마자 이런 말씀을 하셨다. "키가 몇이지?" 그리고 면접을 보면서는 내가 쓰는 언어와 얼굴 표정만 읽으신 게 아니라, 나만의 장점이기도 한, 미국적이면서도 활달한 제스처 습관을 캐치하였다. '내가 손을 참 잘 쓰는 아이구나. 그것이 매력적으로 보이는구나'를 처음으로 알게 되었다.

그리고 멘토가 없었으며 일의 목표를 분명하게 두지 않은 점을 지적하며 멘토와 목표의 설정을 해낼 것을 틈틈이 검토해주시고 격려해주셨다. 사실 그 회사를 다니면서 하나의 전환기를 마련한 셈이다. 왜냐하면 그 이전까지 나의 외모적인 힘과 내가 설명하기도 전에 밖으로 뿜어져 나오는 에너지에 관심을 덜 기울였다. 누군가가 언급해주니 그것이 나만의 개성, 능력이라는 확신을 갖게 되었다.

회사를 다니지 않았다면 두 직장 상사를 못 만났을 것이다. 두 직장 상사는 나에게 맨투맨 식 관심을 보였고 일을 하는 원동력과 확신을 주었다. 그리고 장점을 다시 한 번 언급해줌으로써 스스로를 객관적으로 인식하는 데 도움이 되어 주었다. 그리고 단점 역시 부각해주신 덕분에 나에게 채찍질을 가할 수 있었다. 그런 점에서 직장 상사가 언급하는 모든 것은 의미가 있다.

직급이 올라갈수록 본연의 업무 외에 부하 직원을 교화하고 교육함으로써 따라오는 부수적인 만족감을 좋아한다. 그렇게 인력을 양성하는 즐거움을 아는 사람은 대부분 CEO다. 놀랍게도 나는 대부분 CEO와의 면담에서 이와 같은 점들을 취할 수 있었다. CEO를 어렵게 생각하지 않고, 그를 기꺼이 나의 반려자로 삼는 마인드만 갖고 있으면 CEO와 일대일로 편하게 마주할 수 있다.

CEO들은 부하 직원을 매우 궁금해한다. 부하 직원이 무슨 일을 하는지 알고 싶어 한다. 그리고 어제와 다른 오늘, 오늘과 다른 내일을 보내는 직원이길 바란다. 회사 안에서 성장하고 발전하는 모습을 보였으면 하는 바람을 공통적으로 갖고 있다. 자기 뜻대로 그렇게 커가는 직원을 보고 싶어 한다.

직원의 소중함을 아는 CEO일수록 회사는 매출액으로 그 성장세를 보여준다. 정량적인 것에만 목표를 두고 앞으로 내달리는 회사와, 정성적인 것에 정성을 쏟으면서 나아가는 회사는 다르다. 두 가지를 같이 보면서 업그레이드하는 회사가 가장 바람직하다. 사람과 사람이 일하는 곳인데도 사람의 마음을 읽지 못하고 사람이 떨어져나가는 회사의 말로는 정해져 있다.

CEO가 사람을 보는 혜안을 가졌으며, 그 눈으로 직원을 보고, 그리고 그것에 대한 감상과 평가를 해당 직원에게 직접 언급해줄 수 있는 회사. 매출액과 결부되기 이전에 회사를 설립한 오너들과 회사를 경영하는 바람직한 CEO들은 대부분 혜안을 가지고 있다. 그러기에 큰 가치를 공유하는 회사를 설립하고 경영하고 있다. 이와 같은 접근 방식을 통해 직원 개개인이 자기 자신을 올바르게 알게 되면 충분히 재능을 펼칠 수 있는 기회를 회사 안에서 잡게 되며, 더 나아가 인사이트를 발견하는 미라클을 경험하게 된다.

자신의 재능을 스스로 알지 못하는 사람이 더 많다. 그런 채 돈벌이를 하고 직업을 갖는다. 자신의 재능이 무엇일까 확신하지는 못해도 다행스럽게 흥미로워 하는 분야에 몸을 담고 있다면 감사할 일이다. 하지만 그런 상황이 오지 않을 수도 있다. 그저 돈을 버는 수단으로서 직업을 갖고 있거나, 그 안에서 희열을 느끼지 못하고 자아실현의 욕구를 충족시키지 못한다면 그것만큼 불행한 일은 없다.

하지만 걱정하지 마라. 지금 입사한 회사는 당신에게 도움의 손길을 내밀고 있다. 그동안은 내밀었지만 알아채지 못했다. 도움의 손길이란 금전적 직접적 구원의 수단이 아니라, CEO와의 면담, 직장 상사와의 면담, 혹은 면담까지는 아니더라도 툭 하고 당신에게로 직구처럼 던져주는 말들 속에 담겨 있다. 그들은 충분히 그럴 용의가 있는 사람들이며 그런 말씀을 용기 내서 해준 것이다.

열려 있는 자세로 직장 상사와 담담하게 일대일로 마주할 수 있는 능력만 있다면 내 앞에 앉아 있는 직장 상사를 나의 멘토로 설정할 수 있게 된다. 직장 상사들은, 특히 CEO들은 우리보다 열려 있는 정도가 대부분 크기 때문에 내가 그 안에 쏙 들어가면 그만이다. 준비물은 항상 열려 있는 자세다.

닫혀 있는 꽃봉오리처럼 어느 것도 수용하지 못한다는 자세로 그를 어렵게 대한다면, 그가 나에게 해주고 싶은 말이 있어도 쉽사리 못할 것이다. 설사 말을 던져주더라도 얼음처럼 꽁꽁 얼어 '나는 방황하기 위해서 이 회사를 다닌다'는 부정적인 마음을 계속 키운다면, 물고 갈 고깃덩어리 자체를 찾지 못하게 될 것이다. 그리고 내 재능을 캐치해주는 사람을 영영 만나지 못하게 된다. 그렇게 되면 재능을 드러낼 기회를 회사 안에서 갖지 못하게 된다. 개성적인 능력을 발휘하지 못하는 회사는 다녀도 의미가 없다.

자아가 발현되지 않은 채 다니는 회사는 무의미하다. 왜 무의미한지는 언급하지 않아도 가슴속으로 느낀다. "내키지 않아도 회사는 원래 이렇게 힘들게 다니는 거야. 돈 버는 건 쉬운 게 아냐. 힘들게 회사 다니는 게 어디 나쁜가?" 하는 합리화를 하게 된다. 내키지 않은데도 회사를 다니는 내 모습이 싫어지는 순간, 회사를 그만 다닐까 봐 두려운 것이다. 그러면 월급이 당장 안 나오니, 내가 지금까지 누리던 혜택, 먹는 것, 입는 것, 타는 것 등 생계를 유지한다는 쾌락을 박탈당하는 것이 두려워서 싫은 내 모습을 꺼내 보이지 않고 중무장한 채 회사를 다닌다.

대표가 나를 선택했듯이 나 역시 대표를 선택했다. 회사를 선택했다. 면접뿐 아니라 업무에 따라 마주하는 횟수에 편차가 있겠지만 회사에서 당연히 CEO와 직장 상사를 만난다. 회사를 다니는 동안 내가 마음을 먹으면 만날 수 있다. 우연이라도. 그럴 때 처신을 잘하고 있어야 한다. 열려 있는 처신이 있어야 한다. 그렇게 자연스럽게 회사라는 공간에 나를 풀어놓고 있으면 다가오는 건 그들이다. 그들의 직급상 높은 위치가 그저 나온 것이 아니다. 아래를 굽어다 보는 힘이 있기에 그 위치에 올라간 것이다. 그 아래에서 우리가 각자의 재능을 제발 제대로 쓰고 싶다는 열망을 갖고 있는다면 그들은 조언의 형태로 손을 건넬 것이다. 말 한마디를 해줄 것이다. 그것에 감사함을 느끼고 알아채야 한다. 멘토로 나서는 그들의 마음을. 그 길이 바로 행운을 물고 건너는 시냇가의 다리다. 우리는 그 길을 뛰지 말고, 걸으면 된다. 직장 상사의 조언은 그런 힘을 가진다.

생각의 플래트닝 vs
언플래트닝

이 세상은 다수의 의견과 소수의 의견으로 나뉜다. 하지만 자신이 소수의 의견을 가진다는 것을 알았을 때, 그것을 고수하지 않고 쉽게 다수의 의견 속으로 들어간다. 동조하는 척 하면서 일종의 편안함을 느낀다. 그러면서 불안해한다. 이것은 나의 선택이 아니라고 생각하면서. 그러다가 내가 그 선택을 능동적으로 한 것은 아니라는 결론을 낸다. 내가 아닌 사람들의 의견이니, 그 선택에 따른 결과값에 대한 책임을 그 사람들에게 전가한다. 그리고 한 발자국 뒤로 물러나서 그런 선택을 한 것이 사회 탓, 학교 탓, 부모님 때문이라고 생각한다.

그런 채, 그럭저럭 괜찮은 성적으로 그런대로 괜찮은 기업, 그런대로 흡족한 월급, 그런대로 윤택한 삶을 선택했다고, 난 그나마 운이 좋다고, 그나마 평균 정도의 삶을 산다고 자위한다. 그러지 않으면 견딜 수 없기 때문이다. 이 삶을 유지하지 못할 것 같아 겁이 나기도 한다. 하지만 원래 다 이런 것이라며 꿈을 이루는 사람이 몇이나 있겠냐며 꿈만 꾸면 다 이뤄지냐며 이 세상을 단정 짓고 어떠한 시도조차 하지 않는다. 더더군다나 지금 선택한 것 자체와 왜 그걸 내가 선택한 것인지에 대해서는 생각조차 하지 않는다.

지금 다수가 선택하는 추세라는 사실이 내가 선택하는 근거가 돼서는 안 된다. 그것은 그것이다. 이 세상 모든 선택은 다수의 선택안, 소수의 선택안으로 나뉜다. 하지만 어느 것 하나 옳고 그르다고 판단할 수 없다. 심지어 다수가 선택한다고 도덕적이라고 말할 수 없다. 소수의 안도 '그르다, 옳지 않다'고 말할 수 없다. 누구도 단정 지을 수 없다. 그저 사회의 규율 속에서 혼란이 적은 쪽으로 소수의 사람들이 다수의 선택안을 수용했을 뿐이다. 그리고 그것에 따를 뿐이다.

그렇다면 주위 사람들이 늘 해오던 방식대로 하는 것이, 그나마 오류를 제할 수 있는 확률 높은 안일까?

오롯이 나만의 사유에 근거하여 내가 내린 결론, 내가 선택한 선택안이 아닌 한 모든 경우를 의심해야 한다. 이른바 합리적인 의심이 필요하다. 남들이 떠들고 다니는 모든 것들에 대해 이런 질문을 해야 한다. 정말 내가 만질 수 있고, 볼 수 있는 것인가? 납득하는가?

이를 테면 회사가 새로운 사업에 착수해 신사업부에 발령을 받았는데 최적화된 매뉴얼이 없는 상태에서 영업관리 업무를 해야 한다고 하자. 우리 회사 입장에서는 전에 해본 바 없는 새로운 사업이지만, 이미 경쟁 업체나 유사 업체들이 엄연히 있다. 그들을 레퍼런스로 삼아 어떤 식으로 대리점들을 관리하는지 참고한다. 하지만 그대로 따라 하지 않는다. 따라 하더라도 어느 부분만 따라 하고 다른 부분은 각색한다. 상식 선에서 당연한 말이다. 회사마다 정해놓은 목표와 사업에 착수한 단계, 주위 여건 등을 종합한다. 아무리 우리 회사의 매뉴얼이 없고 유사한 기업의 매뉴얼이 있다 하더라도 경쟁 업체의 매뉴얼을 그대로 도입하는 바보는 없을 것이다. 모든 창조는 모방에서 나온다고 해도, 그대로 모방하는 건 생각하는 능력을 상실한 것과 같다. 생각하는 능력이 있더라도 그것을 아예 활용하지 않는 것과 같다.

다수의 의견을 모방하는 행위를 생각의 플래트닝(flattening, 닉 수재니스의 《언플래트닝, 생각의 형태》에서 차용)이라고 생각하면 된다. 아무 생각 없다는 말은 사실 거짓말이다. 생각하는 것이 귀찮으므로 '생각을 하여' 선택을 했으리라 믿고 다수가 내린 결론에 무임승차한다. 정말 심사숙고해 여러 방면에서 해결책을 모색한 후 선택한 안이라면 그나마 낫다. 정말 생각을 한 것이니까. 하지만 무서운 진실이 있다. 다수 중에 극소수만이 생각한다. 다수를 이루는 구성원 대부분은 생각을 하지 않고서 또 무임승차하여 다수 속에 있는 소수의 의견에 동조한다.

결국 생각을 하는 사람은 소수다. 회사 안에서도 생각하는 사람은 소수다. CEO, 투자자, 고위급 관료 등은 대부분 신중하게 판단하며, 다수의 의견에 동조하는 식의 선택은 하지 않으리라 기대되는 위치에 있다. 하지만 그들 역시 드러내놓고 보면 멍청하게 남들에게 결론을 내달라고 한다. 결국 우리 사회의 풍조는 생각을 안 하는 사람들이 90퍼센트를 이룬다는 것이다. 생각을 하는 사람을 찾기 드물다.

이 직무를 선택한 이유, 이런 식으로 업무를 진행하는 이유를 직장 상사가 물어봤을 때, 화자를 나로 하고 주위 상황과 레퍼런스를 선택하게 된 이유로써 설명하는 사람은 드물다. 종합적으로, 다각도로 근거를 확보하지 않는다. 막연히 '이렇게 남들이 주로 해왔으니, 잘될 것 같아서. 그냥, 괜찮아 보여서. 이 방법대로 많이 하는 것은 다 이유가 있지 않겠냐'면서 두리뭉실하게 이야기한다.

정말 잘된 것이라고 해도, 잘된 것인지 확인하지도 않고 단순히 좋아 보인다는 감정이 일기만 하면 선택한다. 직관이라 할 수 없는 편협한 시야에서 막연히 다수의 의견이라는 그 단 하나의 이유만으로 결정을 내려버린다. 그 이유를 단순하고 쉽게 믿어버린다. 직접 보지도 직접 느끼지도 직접 만지지도 않고 실체가 있는지 점검하지도 않고 응당 그러려니 하고 선택하는 것이다. '설사 잘못되기야 하겠어'라는 마인드로. 나도 선택했고, 나만 선택한 것이 아니니까. 근거 없는 자신감이 하늘을 치솟는다.

그렇게 선택한 결과는 늘 처참하다. 생각하던 것과 다르다. 이것이 바로 의외성이라는 것이다. '의외로, 생각했던 것처럼 안 되네'라고 생각한다. 당연한 말이다. 생각했던 것이, 정말 생각한 것이 아니기 때문이다. 선택하지 않았다. 남들이 선택한 것을 그저 고른 것이다. 남들은 나와 달리 심사숙고해서 결정했으리라 믿는다. 그러나 그 믿음의 근원은 근거가 없다. 내 안에서 형성된다. 그렇게 믿고 싶다. 그래야 내 마음이 편하다. 하지만 자유로운 마음이 들지 않는다. 그 믿음의 근원이 자신이 아니기 때문이다.

믿음의 근원을 나로 하고 그 근거를 다채로운 곳에서 다양하게 취한 다음, 내 안에서 종합적으로 그것의 맥락을 고려한 후 선택한 안이라면 당당하다. 책임감을 느낀다. 그리고 자유로움을 느낀다. 소신이 있다. 남들이 뭐라고 하건 간에 내가 나름대로 주위 것들을 받아들인 후 결정했다. 남들이 하란 대로 하지 않고 내가 하고 싶은 대로 했다. 다수가 좇는 것에 오히려 제동을 건다. '왜 다수는 그것을 선택했을까?' 하고 생각한다. 이렇게 생각할 수 있는 힘을 가진 사람은 소위 다음과 같은 말로 치환된다. '줏대 있는 사람.' 꼬장꼬장하고 고집 센 사람이 아니다. 주위에 열려 있는 자세이지만 막상 선택은 내가 한다는 마인드다.

잘되리라 느껴지는 감정, 다수가 선택했기 때문에 괜찮으리라 여겨 거기서 안정을 찾는 막연한 감정을 버려야 한다. 다수가 선택했다는 사실에서 얻는 아늑한 감정은 나로부터 나온다. 누가 심어준 것이 아니다. 그러기에 자신만이 그 감정을 제거할 수 있다. 제거해야만 선택의 근거를 주위 모든 것에서 객관적으로 취할 수 있다. 그래야 분석이 가능하다. 이것이 바로 생각을 언플래트닝(Unflattening)하는 방법이다.

생각은 누구나 다를 수밖에 없다. 똑같이 일치하는 생각은 있을 수 없다. 우리는 저마다 생각하는 것이 다르다. 다를 수밖에 없는 것은 모두 인정한다. 그런데 생각을 일치시키려고 내 생각을 버린다. 그 생각에 이르게 하는 데 사용된 세상의 근거까지 버린다.

"너는 왜 이런 선택을 했어?"라고 물어봤을 때 "난 이런 이유로 선택을 했어"라고 설명할 수 있는 사람이 되어야 한다. 너는 나, 나는 나. 소신 있고 줏대 있는 사람이야말로 직장 상사가 원하는 부하 직원의 모습이다. "이렇게 해도 될까요?"라고 묻는 사람보다 "이렇게 하겠습니다"라고 말하는 사람을 좋아한다.

직장 상사는 늘 궁금해한다. 그리고 확신을 얻고 싶어 한다. 우리 팀, 우리 회사가 당신의 선택에 동조해야 하는지 아니면 말아야 하는지 판단하는 사람이 직장 상사다. 어떤 업무든, 어떤 회의든, 어떤 기안이든, 이 안에 대해 "생각을 말해 보라"고 물을 것이다. 그리고 기대한다. 지금 현 상황을 업데이트하고 최적화해서 내린 선택이길 바란다. 입으로 직접 대답하거나 메일로 대답하는 식으로 자기를 설득해 달라고 할 것이다. 그들은 막연히 레퍼런스를 근거로 삼아 객관적인 힘이 없으며 그에 따라 줏대도 없고 확신까지도 없는 부하의 선택에 절대 회사 돈을 쓰지 않는다.

회사 업무는 설득의 과정이다. 혼자 기획하고 진행하고 피드백하는 1인 기업이 아닌 한 각 부서 사람들이 힘을 합해 전사적으로 일을 처리한다. 나 아닌 사람도 이 업무의 컨테이너 벨트에 앉아 일할 수 있도록 그들의 마음을 움직여야 한다. 이 일을 해야 하는 이유, 이 일을 진행하는 이유를 설득해야 한다. 이것을 매뉴얼대로, 그것도 남들이 하던 것을 그대로 베껴서 할 수 있을 것이라 생각하는가? 상대는 끊임없이 물어볼 것이다. 왜 이 기안을 받아들여야 하는지, 그리고 왜 이 방법으로 이 일을 처리해야 하는지에 대해 타당성 조사 요구를 끊임없이 받을 것이다. 그 질문에 어물쩍 '그냥 이렇게 하는 게 그냥 좋아요'라고 대답하며 '그냥'이라는 화법을 쓰는 순간 당신은 죽어 있는 플래티드(Unflatted) 직원이 된다. 회사에서 이끌어주고 싶지 않은 그저 그런 사원이 된다.

이렇듯 정말로 생각할 줄 아는 사람이라야 환영받는다. 문제를 해결해 주는 사람을 직장 상사는 가장 반긴다. 환호한다. 환영한다. 그 문제를 해결하는 힘은 남들이 하던 대로, 하라는 대로 일을 하지 않는 데에 있다. 비꼬아 생각하든 한 번 비틀어 생각하든 늘 하던 관행이든 그것에 대해 '왜 그럴까, 내가 지금 취해도 이득이 될까' 하고 반드시 사유해야 한다. 그런 다음 결론을 내야 한다. 선택해야 한다. 외부의 선택을 따르면 결과가 막연히 좋을 거라 기대하는 사람들이 있다. 그러나 현실에서는 기대했던 바가 반영되지 않는다. 생각하지 않았으므로 그렇다. 기대했던 낙천적인 성과는 멀찌감치 그 동선을 달리한다. 그들은 일찌감치 일을 못하는 사람으로 분류된다.

회사를 움직이는 문제 해결의 키는 스스로 생각하는 능력을 가졌을 때 의미 있게 쓸 수 있다.

여자라고 무시하지 마세요,
여자니까 봐주세요?

"이거 못 들겠어요."

"전 할 수 없어요."

"힘든 일이에요."

툭하면 여자같이 구는 여자직원들이 있다. 여자같이 군다는 표현은 고정관념이 들어간 말이다. 나는 지금 여기 현재 능력을 가지고 하나의 인격체로서 조직에서 일하는 사람인데, 말끝마다 말 첫마디마다 여자 여자 하는 사람이 있다.

직속 상사가 시킨 일을 웬만하면 다 소화하고 해결해보려는 의지가 있는 사람, 끙끙대면서 물어보든 서치를 하든 의지를 가지고 일을 해결하려는 사람이 있는가 하면, 말로 직접 드러내지 않지만 함축적 혹은 생략적 단어로 여자를 내포하는 말을 하는 사람이 있다.

그것은 내 능력으로는 정말 못하겠다는 말이 아니다. 여자로서의 핸디캡을 스스로 만들고 이 단어를 쓰면, 상대가 용인하고 관심을 비춰 이 상황이 개선되겠다는 혼자만의 믿음에 기인해서 말하는 것이다.

상대가 "괜찮으세요?" "할 만하세요?" "할 수 있겠어요?"라고 물어보지도 않는데 먼저 "(전 여자예요. 그러니까) 무시 안 하셨으면 좋겠어요. 이해해 주셨으면 좋겠어요. (그리고 여자니까) 이런 점들은 좀 봐주세요"라고 선수를 치는 신입 사원이 있다.

물론 힘에 부치는 일일 때는 시도를 그만 두고 도움을 요청하려고 힘든 점을 토로할 수 있다. 그리고 열심히 했음에도 불구하고 결과가 좋지 않을 때, 눈을 감아달라는 식으로 말을 할 수도 있다.

하지만 그런 말들은 애초에 입 밖으로 내지 않는 게 훨씬 이득이다. 잘 따져보면 이와 같은 징징거림은 남자라는 성별의 타인에게 작동한다. '여자니까 여자여서요.' 이 프레임을 여자에게 거는 사람은 거의 없다.

이와 같은 바이럴로 관심을 불러일으키는 행위 자체만 보면 유전자적 여자이기에 여자의 본능을 당연하게 좇은 것일 수도 있다. 그러나 그 이전에 하나의 고정된 관념에서 출발한다. 남자의 문제 해결 본능을 자극하는 말을 적재적소에서 잘 쓰면 필시 나에게 도움이 된다고 생각하는 고정관념이다.

어떤 때는 징징대듯이 말을 흐리면 남자들이 짐작해 지금 내 눈앞에 놓인 힘든 점을 해소해주리라 기대한다. '여자니까 신드롬'에 있는 사람은 누구도 먼저 여자라고 인정하지 않기에 나도 모르게 여자를 화두에 올리게 된다. 스스로를 여자로 온전히 인정하면 그만인 것을, 누군가가 나를 여자로 봐주는 행위를 해서 인정받아야 안정감을 느끼는 사람들이다. 인정받기 위해 관심을 환기시키고, 지금 불만족스러운 상태를 제거하고 싶은 심리를 지니고 있다. 나 자신으로 존재하는 것이 아니라 누군가의 액션을 통한 수식어로 존재한다.

여자마다 가지고 있는 여자로서의 프라이드가 기울어져 있기에 그것을 외부의 챙김, 외부의 헤아려주는 행위 등을 통해 채우고 싶어 한다. 의존의 끈을 던져보는 것이다. 이것이 먹히면 좋은 것이고, 먹히지 않더라도 이런 징징거리고 날 서 있는 말들을 함으로써 '나는 여자다'라는 것을 각인하는 효과가 있으므로 어느 정도 '여자니까' 신드롬은 여자로 대우 받지 못하는 상황에 대한 보상이 된다.

'여자로서의 성 역할이 제대로 작동하도록 하고 싶다'는 욕망이 내재되어 있고, 그 욕망은 나 스스로가 아닌 누군가의 말과 행동으로 충족된다는 인식을 가질 때 쓸데없는 말들을 내뱉게 된다. 나를 정의해버리는 말들을 해버린다. 여자라는 정의는 마음속 깊이 내가 인정하면서 나오는 것이지 누군가가 액션을 더하고 여자로 애써 봐줄 때 나오는 것이 아니다.

지금 현재 행복하다고 느낄 수 있는 사람은 남이 나의 행복을 채워주기를 요구하고 징징대지 않는다. 내가 지금 행복이란 감정을 취할 뿐이다. 내가 느끼는 것이다. '행복할 거야'라고 행복을 유보하는 듯한 말에는 에너지가 빠져 있다. 현재는 언제까지나 행복을 느낄 수 없는 사람이라는 것을 드러내는 말밖에 되지 않는다.

마찬가지다. '여자니까요'를 들먹거리는 여자는 지금은 여자로서의 성 역할을 해내고 있지 않음을 드러내고 있는 것과 같다. 늘 부족의 상태로 갈구하고 갈구한다. 이런 식이라면 풍요롭고 평안하게 만족하는 현재는 없고 내일을 위해 여성성의 인정을 갈구할 것이다.

'여자이기 때문에 돌봄, 관심, 도움, 배려를 필요로 하는 사람이에요'란 사상을 가지면 은연중에 그 불안정한 욕구가 말로 튀어나오게 되어 있다. "나는 나 스스로는 여자일 수 없어요. 누군가가 도움을 줘야 하고 사랑을 줘야지만 그제야 여자예요"라고 구걸하게 된다. 현재 그런 상태가 아님을 어필하는 것과 같다. 이는 회사 생활에서 악이다.

상황 변화를 원한다면 욕망을 실현하고자 상대에게 말로써 어필하는 것을 지양하길 바란다. 원하는 것은 그렇게 얻는 것이 아니다. 지금 어느 영역에서 결여된 상태라면, 굳이 그 상태를 내 입으로 말하지 않는 게 좋다. 왜냐하면 주위 사람들이 그 결여를 메워주고자 손발 걷어붙이고 도와주지 않기 때문이다. 그 기대감은 근거 없는 자신만의 생각이다. 다들 자기 할 일 바쁘다. 그들은 당신에게 그만큼의 관심을 갖고 있지 않다.

관심을 요청하는 행위를 언어로써가 아니라 자신에게 대화를 거는 것으로 대체하라. 혼잣말을 하라는 의미가 아니다. 누군가에게 관심, 동정, 도움을 요청하지 말고, '나는 지금 충분히 내적 평화를 이루고 있다. 그래서 외부적인 관심, 동정, 도움의 코칭은 그다지 필요하지 않다'는 바다 같고 근거 없는 당당함을 가져라.

스스로 온전하다고 인정하는 사람은 누군가에게 하소연하거나 징징대지 않는다. 바라는 것이 있으면 그 일에 대해서만 말하지, 무언가 바라는 것을 감추는 듯이 말하지 않는다. '여자니까 봐달라. 여자니까 이런 점을 감안해 달라', '여자니까 무시하지 말라'는 식으로 여자라는 내재적 단어를 붙여 비꼬아 생각하지도 않는다.

생각을 그런 쪽으로 안 하니, 말도 긍정적이고 객관적이게 된다. 자기 자신을 잘 브랜딩하고 긍정적인 아이콘으로 각인시킨 신입 사원을 분석하면, 그들은 하나같이 외부를 향하여 '힘들다, 봐달라, 무시하지 말라'는 식의 단언적인 말을 혼자 지어내고 내뱉지 않았다.

징징댐은 일시적으로 관심을 받고 상대의 배려심이 작동하는 가운데 보호받아 우월한 지위에 있다고 착각하게끔 하는 수단이다. 어떤 영역이든지 여자로서 지금 그러하지 못한다는 사실을 알리는 부정적 결과를 낳는다. 지금까지 상대에게 먹혔다고 생각해서 해온 말들은 실질적으로 그다지 효과 없는 자기만족과 자기기만을 낳을 뿐이다. 그러므로 차라리 말하지 않고 고즈넉이 그 자리를 지키고 묵묵히 일하는 여자가 되는 게 낫다.

그렇지 않다고 느낄지라도, 함부로 내뱉지 않는다. 말에는 힘이 있다고 했다. 에너지가 있다. 나는 현재 행복하지 않고 행복할 예정인 사람이라고 어필하는 꼴밖에 안 된다. 현재 여자로서의 역할을 충분히 수행하지 못하므로 여자임을 어필하고 싶은 은연중의 마음을 말로 드러내시 마라. 담대하게 내가 말하는 내용을 주워담아라. 아예 꺼내서 좋을 것이 없다. 나를 깎아 내리는 결과를 초래하는 부정적인 에너지의 말은 쓰지 않는다.

말을 내뱉는 순간, 결여의 상태라는 것을 나 스스로 인정해버리고 외부에 알리게 되는 것이다. 자기 할 일 바쁘고 남에게 관심을 쏟기 힘든 사람에게 '나는 결여된 사람이에요. 부정적인 언어를 쓰는 사람이에요'라고 알리는 셈이다. 결여의 상태는 부끄러운 게 아니다.

부끄러워 감춰야 하기 때문에 말을 하지 말라는 것이 아니다. 나의 현재 상태를 외부에 알리는 것이 좋을지를 생각하고 말을 내뱉어야 한다는 것이다. 은은하게 상대가 알아챌 수 있도록 행동으로 보여주는 것이 낫다.

좋아하는 남자가 있을 때, 좋아한다고 말을 하면, 그 남자는 당황한다. '나보고 어쩌라고?' 하는 마음이 든다. 그 전까지 그 남자는 나란 사람을 관심의 범주에 들여놓고 있지 않았다. 먼저 상대에게 환기하는 것이 중요하다. 그 남자를 가까이 하면서 관심을 은은하게 표현해 알아채게 하는 것이 스킬이다. 이때는 스킬을 부려도 된다. 정직하게 일방적으로 '좋아한다'고 말하는 것보다 '좋아하게끔' 행동을 보여서 그가 능동적으로 나에게 관심의 손길을 내밀도록 하는 것이 좋다.

회사 생활도 마찬가지다. 말이 현재 상태를 정의해버리는 것은 자명하다. 그 현재 상태가 외부에 알려짐으로써 개선의 여지를 보이는 등 운용의 묘가 있고 상대의 액션을 불러일으키는 행위라면, 그런 종류의 언어라면, 해도 좋다.

하지만 나를 알아줬으면 좋겠다는 마음에서 나온 말이라면, 그 말은 주워 담는 것이 좋다. 말을 함으로써 당신은 그런 사람이 돼 버린다. 그런 여자가 돼 버린다. 지금 상황의 변화를 촉구하려고 뱉은 말이, 지금의 상황을 그대로 고착화한다. 나를 바꾸고 싶고 둘러싼 상황을 나의 것으로 끌어들이고 싶다면 말을 삼가라.

내 안의 돌봄 욕구를 잘 살펴보고 그 욕구를 은은하게 행동으로 내비치는 편을 선택하길 바란다.

직장 상사를 조종할 줄 아는 신입이
존경받는 직장 상사가 된다

세계 구석구석을 잇는 온라인의 거대 마을, '페이스북'. 안 하는 사람을 찾기 힘들다. 지금도 그 상승세는 멈출 줄 모르며, 중국을 제외한 거의 모든 세계인을 한자리에 모이게 한다. 페이스북은 마크 주크버그가 설립한 가상 공간이다. 일차적인 정보의 집약, 정보가 만들어낸 또 다른 정보의 공유, 생산의 장이 된다. 너 나 할 것 없이 말하고, 들을 수 있는 공간이다. 이 세상에 존재하는 사람이라면, 인터넷이 되는 공간이라면.

정보 순환의 불평등을 호소하던 밀레니엄 이전 시대와는 달리, '세계는 하나'라고 당당히 외칠 수 있을 정도로 항상 모든 것을 오픈한 마을이다. "오픈함으로써 살기 좋은 세상을 만든다. 내가 가진 것은 가치를 얻어 돌려준다"라는 개념으로 자신이 가진 정보를 공유하는데, 이것이

이 세상을 인간답고 즐겁게 살 수 있도록 하는 초석이 된다. 그런 의미에서 페이스북 안에 기거하고 있는 우리들은 매 순간 사람 간의 연결을 느끼며 이 세계를 구성하고 호흡한다.

이렇게 생명력을 내뿜는 페이스북은 어떤 식으로 회사를 운영할까? 운영의 주체인 사람 관리 면을 살펴보자. 페이스북에는 부트캠프라는 것이 있다. 신입 사원이라면 반드시 거치는 신입 사원 양성소다. 신입 사원에는 멘토가 붙는다. 그 멘토들은 엔지니어들이다. 엔지니어들이 인사 관리자 급의 업무를 수행하면서, 신입 사원을 교육한다. 보통 기업의 엔지니어는 자기 파트에 관련한 업무만 숙달한다. 기술이라는 한 가지 영역에 파고들어 성장하는 전문가다. 하지만 페이스북의 관리자는 엔지니어다. 엔지니어도 관리력을 가지고 있어야 한다.

페이스북에서는 엔지니어들도 처음 입사했을 때부터 엔지니어로만 일을 하지 않는다. 그들의 초반 베이스가 아무리 출중한 엔지니어라고 할지라도, 여러 직무를 경험할 수 있도록 하며 장기간 한정된 파트의 일을 주지 않는다. 우리나라 서울대학교에서 도입한 자유전공처럼, 여러 영역에서 업무하리라는 것을 암시하면서 교육한다. 이렇듯 간부가 아닌 엔지니어를 멘토로 지정해 부트캠프 과정을 거치도록 돕는다.

그런 관점에서 신입 사원 각자는 자기가 고유하게 잘한다고 여기는 전문 분야는 잠시 제쳐두고 넓은 업무의 영역을 받아들인다. 그렇기 때문에 '내가 고칠 수 없는 문제는 없다'는 마인드를 갖게 된다. 예전 같으면, "그 분야는 제가 잘 아는 분야가 아니니, 다른 분에게 해결을 맡기겠습니다"라고 말하던 사람이라 할지라도, 페이스북에 입사하면, 그리고 부트캠프를 거치면, "그 문제를 제가 고쳤습니다. 보이시나요?"라고 대답한다.

먼저 문제를 거의 고친다. 그리고 고치는 과정을 공유한다. 스스로 그 분야의 전문가는 아니라는 인식이 있더라도 손을 댄다는 소리다. 완벽하게 해결해놓고 보여줄 필요를 못 느낀다. 그 과정에서 여러 신입사원, 혹은 엔지니어와 같은 멘토의 도움을 받아 해결을 완료했다면 그 완료 시점에 이르러 뿌듯해 하면서 문제를 해결했다고 외부에 알린다. 사이트를 개발할 때 신사숙고하면서 완벽하게 하려고 애쓰는 것은 페이스북에서 금기 사항이다.

잘한다고 생각하는 분야만 잡고 일을 지시받아 수행하는 것이 아니라, 빠르게 문제를 인식하고 빠르게 문제를 바로잡는 사람이 되어 가는 과정을 거친다. 전문가는 전문가이되 회사 전반적인 영역에서 놀 수 있는 문제 해결사들이 모인 집단이 페이스북이다.

우리나라 회사 역시 대부분 위와 유사한 커리큘럼의 인사 교육이 진행되고 있다. 전사적, 공식적으로 시행하는 회사가 있는가 하면, 문서화하지는 않았으나 비공식적으로 실행하는 회사가 있다. 신입 사원 육성, 인사 지침, 교육 매뉴얼, 교육 사조가 없는 회사는 논외 대상으로 하자. 신입 사원을 육성해 회사의 큰 인물로 만드는 것은 모든 회사의 바람이다. 쓸모 없는 사람은 애초에 고용을 유지하기 힘들다는 것이 그들의 방침이다. 이미 어느 정도 완성된 사람을 경력으로 뽑든, 조금 수준 미달이어도 가능성을 보고 채용하든 모두 4대6의 역량을 요한다. 4는 전문성, 6은 협업성이다.

전문성은 회사에서 키워주지 않는다. 따로 교육비와 관련된 바우처를 제공하여 외국어 교육, 외부 강의 수강, 문화생활 등의 비용을 대주는 것은 전문성을 키우는 지원일 뿐이다. 아무리 좋은 수단이 있어도 잘 이용하여 전문성을 높이는 것은 스스로의 몫이다. 직장 상사에게 끊임없이 물어보고 회사 밖에서 공부해서 사원 자신이 해결하고 성장해야 하는 문제다. 공부하라고 귀에 못이 박히도록 말해도, 펜을 쥐고 책을 읽는 자세가 되어 있는 사람만 공부한다.

그래서 회사는 직원들의 협업성을 키우는 데 직접 돈을 들이고 힘을 쓴다. 돈을 들여 엠티를 가고 야유회를 하고 회식을 하는 이유다. '우리 회사는 잘 협업하고 있는가, 잘 소통하면서 일하고 있는가'를 계속 상기시킨다. 몸담고 있는 부서 영역만 공부하는 것이 아니라, 회사에 존재하는 각 부서, 각 팀들이 어떻게 돌아가는지 알 기회를 준다. 단순한 친교 활동을 하려고 회사 사람들을 한데 모이게 하고 이야기할 수 있는 장을 만드는 게 아니다. 회사는 쓸데없는 데에 돈을 안 쓴다. 직원 교육의 일환이다. 페이스북의 부트 캠프처럼 업무 범위를 한정하지 않고 일에 덤벼들 수 있는 인재를 만들고 싶어 한다. 앞에 놓인 일만 하는 전문가를 회사의 직원으로 고용하지 않는다. 차라리 외부 인력으로 단기 고용을 하지 회사의 인력으로 한 울타리 안에 놓지 않는다.

줄타기 곡예사인 칼 왈렌다는 60년 동안 줄 위에서 갖은 곡예를 부렸다. 그런데 결국 줄에서 떨어져 사망했다. 예순일곱 살 때, 여느 때와 같이 줄타기를 하다가 줄 아래로 떨어졌는데 균형봉을 그대로 쥔 채 떨어졌다고 한다. 자기가 잘하는 분야이고, 누구보다도 오랫동안 했기 때문에 손에 익은 그 균형봉에만 의지했다. 떨어질 때 균형봉을 잡을 것이 아니라 줄을 잡았어야 했다. 줄은 회사 기반 그 자체를 말한다. 줄 안에서 실컷 놀아온 사람은 자체적으로 업무적인 역량에 위기가 발생했을 때, 균형봉을 놓고 회사 자체에 도움을 구한다. 회사 자체는 팀원 그 자체다.

나 아닌 조직원과 협업하는 자세로 회사에서 팀워크를 다지는 식으로 일을 해왔다면, 전체적인 시야에서 줄의 팽팽한 정도의 오차, 그 위에서 놀고 있는 니 자신의 위험과 오만을 감지할 수 있다. 줄을 타고 있는 나를 멀리서 바라보는 경영의 시선을 꼭 경영자만 가지라는 법은 없다. 줄에서 떨어질 때, 경영자로부터 "얼른 줄을 잡아!"라는 소리를 듣는 순간은 손 쓸 수 없이 바닥에 떨어지고 난 후다. 전체적인 업무에 열려 있는 사람은 이렇게 생각한다. '어느 것이든 해낼 수 있지만, 나 혼자 하는 것이 아닙니다.' 그녀는 경영자의 자질을 갖고 있다고 말할 수 있다. 자신만의 전문 역량을 드러내는 일에만 몰두하지 않는다.

고위직으로 올라갈수록 섬세하고 치밀하게 요구되는 역량인 경영자의 눈을 신입 사원 때부터 기르자. 경영자적 마인드는 경영 전문 지식의 유무와 상관없다. 페이스북이 한계를 모르고 끝없이 성장하는 비결은 신입 사원이 엔지니어 멘토가 되어 가는 그 과정에 있다. 그 과정을 우리는 벤치마킹할 필요가 있다. 전문적인 역량 공부에만 매몰돼 줄타기만 하고 있지 마라. 그러면 회사를 다니다 위기가 왔을 때나 치명적인 문제점이 발생했을 때 줄 자체에 손을 내밀지 못한다. 줄을 타는 이 행위에만 집중했기 때문이다. 눈앞의 줄만 보지 말고, 줄 전체를 보아

라. 그것은 바로 내가 지금까지 협업을 통해 닦아놓은 활동의 주 무대다. 회사는 그런 공간이다.

구글의 쇼나 브라운은 2003년부터 2011년까지 운영 담당 수석 부사장을 지냈다. 직원을 채용할 때마다 지금 바로 일할 수 있는 따끈따끈한 인력을 해외에서 데려오자는 유혹이 언제나 존재했다. 하지만 구글은 '현재' 직무를 할 수 있는 사람만 채용하는 우를 범하지 않으려고 노력했다. 전체를 볼 줄 아는 인력을 구하고자 했다. 지금 당장 투입될 전문가 10이 아니라, 전문성 4, 협업성 6의 인재를 구했다고도 볼 수 있다. 이 인재들 덕분에 구글은 지금도 여전히 건실하고 혁신 주도적인 기업이라는 평판을 받는다.

전체를 기꺼이 보고자 하는 인재는 문제를 해결하려 든다. 손댈 수 있는 문제만 건들지 않는다. 이들은 분명히 빠른 시간 내에 회사에서 붙잡고 싶은 경영자로 도약한다. 이런 사람들은 직장 상사를 조종하고도 남는다. 실력으로 직장 상사를 조종하는 것은 한계가 있다. 직장 상사가 되었다고 해서 모두가 경영의 눈을 가지고 있진 않기 때문이다. 직장 상사보다 더 위인 경영의 눈을 가지면 그 자체로 무기가 된다. 직장 상사가 가지고 있지 않은 경영자 마인드를 탑재하라. 그러면 직장 상사가 당신을 이끄는 것이 아니게 된다. CEO가 당신을 이끌게 된다. CEO의 눈에 들게 된다. 경영자의 눈에는 경영자가 보이게 마련이다.

물론 직속 상사가 경영자의 눈을 가졌다면, 그 직속 상사는 부하 직원이 높은 위치로 올라가도록 도와줄 것이다. 경영자의 눈은 직급을 막론한다. 그럼에도 불구하고 직급의 프레임에 걸려 '내가 무슨 경영자의 마인드를 가져야 하나요. 나는 내 전문적인 일을 하는 것에 만족해요'라고 생각한다면, 경영자 입장에서 오래 두고 싶은 사람이 아니다. 전문가는 프로젝트 단위로라도 언제든지 외부에서 영입할 수 있다. 오래도록 회사에 둔다는 것은 결국 경영자가 되는 자질 검사와 같다. 우리는 전문성만 가진 전문가일 필요가 없다. 회사는 사원이 전방위적으로 협업의 중요성까지 캐치할 수 있는, 4대6 역량을 모두 가진 사람이길 원한다. 오너들은 외부로부터 영입한 경력자보다 신입 사원이 경영자가 되는 것을 반긴다.

이것은 '경영자의 마인드로 문제를 바라본다'라는 자신감에서 출발한다. 직급이 당장 직장 상사 밑인 것은 상관없다. 언젠가 직장에서 상사가 될 테니까. 경영인의 자세를 필수로 요하는 임원의 세계에서 당신은 직장 상사의 상사가 될 것이다. 오너의 눈으로 회사의 문제들을 보고 전문성 4, 협업성 6의 밸런스를 계속 유지하며 전진하라.

그렇게 해서 해결된 문제는 그대만의 자산이자 포트폴리오가 돼 회사에 기록될 것이다. 회사는 그것을 절대 가벼이 여기지 않을 것이다. 중요하게 여길 것이다. 지금 당장 전문성을 펼칠 수 있는 장을 만들어주지 않는 것에 감사해야 하는 이유도 바로 이것이다. 전문성을 펼칠 수 없는 상태는 협업성을 높일 수 있는 좋은 기회다. 이 둘은 항상 상보 관계다. 저울질하며 이번 일에는 협업성, 다음 일에는 전문성. 이런 식으로 둘 다 발전시킬 수 있다.

어느 회사가 이 둘을 다 가진 인재를 마다하겠는가. 연봉을 더 높여서라도 회사에 남게 할 것이다. 연봉이 높아진다는 것은 직급이 높아진다는 것을 의미한다. 곧 직장 상사가 된다는 말이다. 협업력을 증대하는 경험을 즐거이 수행하면, 돌아오는 것은 연봉 상승, 직급 상승이다. 그러므로 내 전문 분야가 아닌 문제를 취해보자. 할 수 없는 일은 없다. 완벽하게 일할 필요도 없다.

그래서 이때에는 나만의 특색 있는 전문성을 놓아주는 게 현명하며 전문성을 발휘 못 했다고 시무룩해하고 억울해할 필요가 없다. 되려 협업력을 높이는 일이다. 그리고 협업력만 높이면 그 성과가 어찌 됐든 그 문제 해결 과정에서 충분히 경영자의 시야를 가지는 연습을 잘했다고 볼 수 있다.

회사에서 인정받고 직장 상사에게 존경받는 사람이 되는 길은 경영자의 시야를 가졌는지 유무가 결정한다. 어느 한구석에 매몰된 인재는 결코 조직 내에서 높은 직급에 오를 수 없다. 경영자의 시야를 장착하고 나만의 전문성과 협업력을 늘 저울질하면서 상승시킬 수 있도록 노력하자. 이 노력을 하는 사람과 안 하는 사람의 차이는 승급 심사에서 결과로 나타날 것이다. 두 번 말해 입 아플 정도다. 당연히 우리는 이 노력을 해야 한다. 신입 사원으로 영원히 남고 싶은 사람은 없을 테니.

내키는 대로 하면서도 회사에서
인정받는 여자만의 능력

매력적인 여자의
직장 상사 보존 법칙

천재 중의 천재 미켈란젤로에게도 여자가 있었을까? 신에 대한 봉사와 사명을 인생의 제1원칙으로 삼았기에 존경과 사랑의 대상은 오로지 성모 마리아였다. 이런 미켈란젤로에게도 평생에 걸쳐 정신적 교류를 했던 여성이 단 한 명 존재했다. 비토리아 콜론나란 시인이다. 1536~1541년 미켈란젤로가 시스티나 예배당의 〈최후의 심판〉을 제작하고 있을 때 만났는데, 가톨릭 교회가 개혁의 시기를 맞은 시기로 대내외적으로 많은 어려움에 처해 있었다. 이때 교회 개혁에 대한 동의와 순수한 신앙관을 서로 공유하며 친밀한 사이가 된다. 뮤즈와도 같이 그의 작품에도 영향을 미친다.

사람들은 자기에게 긍정적인 영향을 미치리라 기대되는 사람 그리고 이미 영향을 미치고 있는 사람을 가까이하고 싶어 한다. 그리고 본능적으로 그런 사람을 곁에 두고 있다. 회사 생활에서도 마찬가지이다. 그 것은 직급을 구분하지 않는다. CEO일수록 윗사람일수록 긍정적인 영향을 더 취하고 싶어 한다. 부정적인 느낌을 풍기는 사람을 곁에 두지 않는다. 그들은 상승하는 부의 기운을 가진 사람들이다. 그들 곁을 면밀히 살펴보면 예쁜 여자라기보다는 매력적인 여자가 늘 함께한다.

회사 공간에서 매력적인 여자란 다음과 같은 여자를 일컫는다.

첫째, 대표를 어려워하지 않는 여자

둘째, 눈빛과 피부가 좋은 여자

셋째, 풍채가 좋은 여자

넷째, 자연스럽게 화장해서 기품이 우러나는 여자

"대표를 어려워하지 않는 사람이 있기나 하나요? 어려워해야 정상 아닌가요?"라고 말할지도 모른다. 왜 우리가 대표를 어려워해야 하는가. 왜 대표가 보고 있다고 생각하면 긴장하고, 대표가 업무 공간에 있는 상황이라는 이유로 일하는 척 자세를 고쳐 잡는가. 대표에게 깍듯이 인사하고 예의를 차리는 것과는 별개다. 그런 긴장감은 어려움과는 다른 차원이다. 대표가 갑자기 사무실에 오기만 하면, 대표가 회의를 주관하기만 하면, 태도를 고쳐 잡아 얼음 땡 하는 것처럼 얼어 있는 사람이 많다. 그를 어려워해야 하는 존재로 인식하기 때문이다. 하지만 왜 어려워하느냐고 물어보면 대답을 못 한다.

딱히 이유가 없다. 윗사람이라서? 잘 보여야 돼서? 월급을 주는 사람이라서? 나를 평가하는 사람이라서? 이와 같은 이유를 이유라고 대답한다면 지금부터 그것을 뒤바꿔 생각해보자. 윗사람이며 나를 평가

하는 사람이고 월급을 주는 사람이기 때문에 잘 보여야 하는 것은 맞다. 하지만 얼어 있는 모습, 평상 시 내가 일하는 모습과 다른 모습으로 그에게 비춰진들 그것이 그에게 좋은 평가를 내리게 하는 요소가 될까? 만났을 때는 인사성이 바르면 된다. 업무적으로 보고를 드리고 의견을 물을 때는 공손하면서도 다부진 태도로 말하고 들으면 된다. 그것을 바탕으로 그는 당신을 평가한다.

자연스러운 모습으로 일하고 있을 때를 포착해 평가한다. 자신과 함께 있을 때, 얼어 있고, 어딘가 불편하고 부자연스러운 모습을 하는 사원은 아주 기가 막히게도 잘 잡아낸다. 사람을 한두 번 겪어본 사람이 아니다. 직장 상사와 CEO들은 수없이 많은 신입 사원들을 대했다. 자연스러운 태도로 힘을 빼고 일하고 있는지, 어떤 느낌으로 자신을 대하는지 고스란히 느낀다. 불편하고 부정적인 기운은 상대에게 전해지기 마련이다.

이렇듯 대표를 어려워하지 않는 여자는 대표가 눈앞에 있건 없건 늘 일관된 자세로 힘을 빼고 자리를 지킨다. 대표가 갑자기 다가와 업무 지시를 하거나 아는 체를 해도 화들짝 놀라지 않는다. 대표는 그런 사원을 눈여겨본다. '어라? 애는 힘을 빼고 있네.' 회사라는 장소, 대표라는 존재 앞에서도 자연스럽고 의연하게 있다는 점 자체가 그들에게 흔치 않은 모습이다. 그들은 자신과 말을 섞을 사람을 찾고 있다. 그들은 회사의 비전과 자신의 비전을 공유하고 발전시켜 나갈 직원을 애타게 찾는다. 그런 직원이 있다면 한 배를 타고 있다고 생각해 기꺼이 기회를 제공하려 할 것이다.

둘째, 눈빛과 피부가 좋은 사람. 노화와 선천적으로 피부가 좋지 않아 피부과의 처방을 각별히 요하는 케이스는 제외한다. 눈빛, 피부 모두 컨트롤이 가능한 요소다. 성형 기술이 발달했다고 하지만 눈빛을 바꿔 주진 못한다. 고도의 박피 시술을 하더라도 피부를 완전히 매끈하고 아름답게 해주진 못한다. 이 둘은, 나의 자연스러운 아름다움을 대변한다. 자신만이 개선하고 바꿀 수 있는 얼굴 모습이다.

눈빛과 피부는 내적인 힘이 나오는 매개체다. 피부 결이 좋으려면 평상시 먹는 것이 좋아야 하고 잠도 충분히 규칙적으로 자야 한다. 피부는 매일 세안하면서 거울을 보고 상태를 점검함으로써 피부에 생긴 변화를 감지해 스몰스텝(small step)으로 관리해야 하는 도화지다. 지금 피부에 뾰루지가 난 것은 그냥 난 것이 아니다. 전날 과음을 했다거나 며칠에 걸쳐 식이에 문제가 있었다거나 피곤을 관리하지 못했을 때 발현되는 것이 피부 변화다. 이것을 매일 체크하는 사람은 조금 얼굴이 칙칙할 때는 팩을 한다. 피곤이 누적된 것이 원인이라고 생각하면 잠을 자려고 노력한다. 노력의 결과로 피부는 급격한 부정적 변화를 피할 수 있으며, 어릴 때부터 갖고 태어난 피부를 어른이 되어서도 유지할 수 있다.

스트레스를 안 받으려 노력만 해도, 피부가 일반적으로 좋다. 원래부터 피부가 탁월하게 좋은 사람은 논외로 한다. 어느 정도 괜찮은 피부를 가진 여자는 매일매일 피부 점검과 노력으로 충분히 아름다운 톤과 결을 유지할 수 있다. 이것이 평상시 성실하게 기본을 잘 지키고 있는지 알 수 있는 파라미터가 된다. 화장을 했다면 잠을 자기 전에 세안을 정확히 꼼꼼히 하는지, 식습관과 수면 습관이 잘 잡혀 있는지, 스트레스를 어떻게 관리하고 있는지 다 보이는 것이 피부다.

눈빛도 성형으로 바꿀 수 없다. 당당함과 또렷함이 눈의 빛깔로 나온다. 흐리멍덩하고 목표를 갖고 있지 않으며 매일매일 의욕을 느끼지 못하고 살아가는 사람의 눈은 죽어 있다. 살아 있는 눈매, 그것을 가졌느냐 안 가졌느냐는 온전히 자신의 몫이다. 무엇을 마음속에 갖고 있는지가 그대로 눈으로 투영된다. 죽어 있는 눈을 가까이하는 사람은 없다. 윗사람일수록 매 시간 매 분 매 초 살아 있는 얼굴과 살아 있는 눈빛을 가진 자를 좋아한다. 그것이 향하는 길이 회사의 이윤 추구 목표와 일치하는지 점검하는 것은 그 이후다. 눈빛에 생기를 장착하라. 살아 있는 눈을 가진 직원에게 일을 안겨다 준다.

셋째, 풍채가 좋은 사람. 키가 크고 작은 문제를 말하는 것이 아니다. 모델같이 몸매가 좋아야 한다는 말도 아니다. 풍채의 80퍼센트는 기운, 에너지다. 과거만 붙잡고 있거나 미래만 바라보는 사람은 현재의 눈빛이 좋지 않다. 기운이 현재에서 비껴나 있다. 단단한 에너지의 크기가 느껴져야 하는데 자기 자신에 대해 확고한 자신감과 '누가 뭐래도 난 괜찮고 멋있고 예쁜 사람'이라는 인식이 없으면 몸에 반짝거림이 없다. 연예인의 형상을 그대로 본뜬 실물 크기의 피규어에서 연예인을 실제 마주했을 때의 기운을 느낄 수 없듯이 말이다. 껍데기의 모양새가 아무리 좋아도 자기 자신이 썩 괜찮은 사람이라는 인식을 하지 못하는 사람에게서는 생명력을 느낄 수 없다. 이 생명력의 정수를 머릿속에 지니고 있는 사람의 몸은 풍채가 좋다. 어깨를 펴고 허리를 세우고 배에 힘을 쥐서 만드는 정자세로도 풍채를 완성하지 못한다. 생명력의 근원인 내 안의 버튼을 누른 사람만 지닐 수 있는 신체적 매력이다. 기운을 풍기는 일이다.

넷째, 기품 있고 아름답게 화장하는 여자가 매력적이다. (화장은 선택이다. 화장을 하려는 이들에게 전하는 말이다.) 사회에 나온 여자는 누구나 화장을 할 줄 안다. 잘하고 못하고의 편차가 있을 뿐이지, 어떤 화장 도구가 있으며 어떤 화장을 해야 괜찮게 보이는지 정도는 알고 있다. 하지만 괜찮게 보이는 정도에서 멈추면 안 된다. 어느 여자나 할 수 있는 선에서 멈추면 윗선의 눈에 들지 못한다.

지금은 스모키화장을 하지 않지만 처음 수입가구 회사를 다니던 때, 나는 1년 내내 회사를 나가는 날이면 무조건 스모키 화장을 했다. 두세 가지 이상의 펄과 아이라인을 레이어드하여 속쌍꺼풀을 메웠다. 그리고 눈매를 길게 잡고 끝은 살짝 위로 올려서 최대한 내 눈을 예뻐 보이게 화장했다. 한 대표는 너처럼 화장을 하는 걸 뭐라고 하느냐며 나에게 물어보았다. 어느 날은 너처럼 화장하는 사람이 손님으로 올 예정이라며 그 손님이 오면 잘 부탁한다고 하셨다. 부장은 눈 화장을 어떻게 하는 건지 궁금해하며, 눈을 한번 감아 보라고 하더니 화장을 참 잘 한다고 했다. 회사 사무실에서 마주친 조명 기사는 내 눈을 가만히 보면서 "남자들이 좋아하는 눈, 매력적이다"라고 했다. 손님들은 하나같이 눈을 보면서 나를 기억했다.

나를 기억하고 이미지를 형성하는 데 기여한 셈이다. 회사를 나가는 내내 화장법에 조금 변화를 주었지만 스모키 기법은 동일했다. 당시의 나에게 가장 적합하고 어울리는 화장법이었다. 속쌍꺼풀에 눈 가로 길이가 다소 짧고 광대가 나온 동양인 얼굴이지만 세세히 뜯어보면 얼굴이 조목조목 예쁘다는 소리를 듣곤 했다. 얼굴의 단점을 보완하고 장점을 드러내는 수단으로 화장만큼 안전하고 비용적으로도 효율적인 게 없다. 성형을 하란 소리가 아니다. 성형을 해서 나름대로 아름답고 좋은 얼굴로 변화하는 것에 반대하는 것도 아니다. 하지만 화장으로 칭찬을 듣는 쪽이 낫다.

자신의 맨 얼굴, 자연스러운 얼굴을 아는 사람이 화장을 잘한다. 자신에게 어울리는 화장법을 안다는 것은 자신의 맨 얼굴을 분석한 사람이다. 본인이 가지고 있는 맨 것을 바로 볼 줄 아는 능력도 지녔다는 것을 증명하라. 이것이 화장을 잘하는 여자의 매력이다. 기품은 여기에서 나온다. 자연에서 무한한 평화를 느끼듯 자연스럽게 화장한 얼굴에서 기품이 나온다. 나의 맨 것에 대한 분석, 그것에 기반한 적절한 화장법. 이것들이 얼굴에서 당당함을 품어낸다. 당당함은 기품이다.

얼굴은 모두 다르다. 그러므로 화장법도 달라져야 한다. 무조건 21호 파운데이션, 틴트를 할 것이 아니다. 유행을 어느 정도 좇으면서, 화장에 대한 정보를 늘 수집하고 있어라. 그리고 자신의 얼굴이 가장 매력적으로 보이도록 화장을 하자. 그 과정에서 실패도 있을 것이다. 실패하더라도 안일하게 누구나 보편적으로 하는 화장법을 따르지 않고 여러 화장 도구와 기법을 활용해보았다는 점을 높게 산다.

이 넷의 공통점은 인위적인 것이 아닌 자연스러움의 극대화를 통해 가능하다는 점이다. 불가능하지 않다. 이것들이 나만의 매력으로 발동해 사람들의 눈에 띄게 하는 요소가 될 것이다. 인위적인 것으로 눈에 드는 것이 아니다. 원래 가지고 있는 것을 최대한 포장해 드러내는 것이다. 이는 한순간에 뚝딱 하고 나오는 매력이 아니다. 늘 준비하는 자세로 있어야 한다.

대표가 갑자기 등장해도 나의 태도를 바꾸지 않고, 평소처럼 일하고, 인사를 하는 사람. 대표를 어려워 하지 않는 여자다. 얼굴로는 원래 고유하게 갖고 있는 눈빛과 피부를 잘 살리는 사람. 갖고 있는 기운이 긍정적이어서 가까이 하고 싶은 느낌이 드는 여자. 자신의 맨 얼굴을 드러내놓고 본 다음, 그 개선책으로 성형 아닌 화장법을 택한 여자. 남들이 하는 대로 화장하지 않고 자신의 맨 얼굴을 바탕으로 외모 칭찬을 받을 수 있는 사람. 이 네 가지 매력을 최우선으로 갖추도록 노력하자. 이것이 직장 상사가 당신을 항상 곁에 두고 싶어 하게 만드는 직장 상사 보존 법칙이다.

회사에 직급이
존재하는 이유

하버드 대학교가 신생아 집중 치료실에서 연구한 결과가 있다. 23개의 치료실을 대상으로, 치료실에 근무하는 사람들에게 추가적인 업무를 하게 했다. 그리고 그 효율을 조사했다. 간호사, 의사, 호흡법사를 비롯한 일선 직원에게 정보를 공유하고 지시 내리는 일에 많이 참여하도록 요청했다. 이른바 관리 업무다. 관리자를 두지 않고 일선의 직원이 채용, 실적 평가, 예산 수립, 결정에 참여하자 어떤 결과가 나왔는지 아는가. 더 많은 아기들이 사망해버렸다. 그 후로도 사망률이 높아지는 현상이 3년 내내 지속되었다. 감염을 통제하고 그 방법을 가르치며 치료 방법을 개선하는 등 치료의 본 업무에 관한 일을 할 때는 신생아 사망률이 낮아졌다. 하버드 대학교의 아니타 터커는 이를 이렇게 설명했다. "병실 외적인 업무가 간호사들을 침상에서 끌어내고 임상치료에서 주의를 돌리게 했기 때문입니다."

위 사례는 일선 직원과는 다른 별도의 직급이 존재해야 하는 이유를 여실히 보여준다. 관리자가 있어야 한다는 말이다. 인사 담당자가 따로 있고 예산을 수립하는 사람이 따로 있어야 하며 경영 결단을 내리는 결정자가 따로 있어야 한다. 일선 직원들이 고유 업무뿐 아니라 조직 관리 업무까지 하게 되면 고유 업무의 질이 낮아진다. 신생아를 집중 치료하는 실무 외에 치료실 환경 관리, 직원 관리, 재무 회계까지 하게 되자 자연히 실무를 멀리 하게 되었고 그것이 신생아를 죽게 하였다. 일에 직접 액션을 가하는 사람과 그 일을 지원하는 사람은 구분되어야 한다. 그렇지 않으면 일의 효율이 낮아진다. 효율이 낮아지면 회사는 손해를 본다. 이것이 위계 구조를 두는 이유다. 일선 직원과 관리 직원은 각자 파트가 있어야 한다. 여기서 관리 직원은 중간 관리자라고 통칭한다. 조직이 커감에 따라 과장급 이상의 관리자를 두거나 중간 관리자를 외부에서 영입하는 이유는 다름 아닌 일선 직원의 업무 효율을 위해서다.

2009년 아메리칸 럭셔리 차 브랜드인 크라이슬러는 미국 자동차 빅 3 기업 중 사정이 가장 어려웠다. 이 시기 피아트가 크라이슬러의 과반 지분을 획득했는데 CEO로 마르치오네가 영입된 때이기도 하다. 그는 회사에서 직원 사이에 감도는 불안의 냄새를 감지했다. 회사가 망해 일자리를 잃을까 봐 두려워하는 분위기였다. 이에 그는 공장 노동자에게 유급으로 청소와 수리 업무를 맡겼다. 일거리를 구해오거나 공장을 휴업하는 식의 일반적인 조치를 취하지 않았다. 순전히 관리자 모드로서 내린 그의 역량이자 결단이었다.

직원들은 페인트칠을 하고 새로운 탈의실을 설치하고 휴게실을 만들었으며, 부품과 완성차를 옮기는 수송 시스템도 손을 봤다. 그 다음 이탈리아에서 20여 명의 피아트 노동자를 데려와서 세계적 수준의 생산 방법론을 가르치게 했다. 노동자에게 맡긴 임무는 노하우를 받아들이는 데 필요한 책임 의식을 고취하기에 제격이었다. 자신들이 근무하는 환경에 직접 손을 대 청소하고 가꾸는 의식을 통해, 올바른 일을 해야 한다는 의무감뿐 아니라 감사의 마음을 갖게 된다. 그에 대한 신뢰도 더해져 회사를 믿게 된다. 마음가짐을 바꾸게 한 것이다. 직원들의 불안감을 해소하고 일에 정진할 수 있도록 책임 의식을 갖게 했다. CEO의 직원 관리, 교육, 경영에 대한 올바른 가치관과 결정이 직원들을 편안하게 본인의 일에 전념할 수 있도록 한다.

직원을 관리하는 위치의 간부들은 위와 같이 교화하는 방식으로 직원의 마음가짐을 긍정적으로 변화시키며 이에 따라 회사 전반의 분위기를 바꾸는 역할을 한다. 인사담당 실장, 팀장, 부서장 등은 이와 같은 이유로 소속되어 있는 직원들이 자기 할 일을 열심히 하도록 독려한다.

이 과정에서 그들은 목표를 재설정하고 분위기를 환기시키고자 어느 때에는 강력하게 드라이브 정책을 걸고, 인사 평가 방식을 새롭게 도입하며, 연간 홍보 예산을 줄이기도 하고, 회의 규칙을 전과 달리 규정하기도 한다. 이런 변화에 기꺼이 따를 사람을 선택하고 교육하여 하나의 뜻으로 모이게 하는 사람도 직장 상사다. 이런 새로운 마음가짐에 저항하는 사람을 제쳐두거나 해고하는 일도 그들의 몫이다. 인사 담당이라는 업무 포지션이 따로 있는 이유이기도 하다. 곁에 부정적인 영향을 끼치는 암 같은 존재가 있어도 당신은 그들을 해고할 권한이 없다. 그런 권한이 있는 사람들에게 그 업무를 맡겨야 함은 먼저 언급한 사례의 결말을 보면 확실히 이해가 될 것이다.

이것이 직장 상사를 존중해야 하는 이유다. 우리가 봤을 때 일단 그들은 우리만큼 엉덩이를 붙이고 책상에 앉아 있지 않는다. 일선을 감시하고 피드백을 주며 일을 하게끔 하는 존재들이다. 솔직히 말하면 우리만큼 일을 하고 있지 않다는 생각에 억울한 느낌이 들기도 한다. 노력한 만큼 돈을 번다는 고정관념 때문이기도 한데 그들이 일을 많이 하지 않아 보이는 것은 우리에게 신경이 쓰이는 이슈다. 결정을 내리고 직원 평가 업무를 별도로 해야 하는 이유는 우리가 업무를 편하게 하는 데 필요한 일이기 때문에 충분히 납득이 간다.

그런데 그들은 노력도 우리보다 덜 하는 것 같고, 일하는 시간도 짧아 보이는데도 불구하고 연봉이 높다. 자, 이것은 우리의 추측이다. 사실인지 검증해보자. 그들의 노력 여부는 모른다. 우리와 같은 책상을 쓰지 않는 사람인데 무슨 일을 어디서 어떻게 다 아는가? 그는 당신과 연관되어 있는 업무만 하는 사람이 아니다. 그들은 우리보다 위에서 다른 부서와의 협업, 다른 회사와의 협업 등을 준비하고 있을지도 모른다.

일하는 시간이 짧아 보이는 것도 생각해보자. 일하는 시간이 짧아도, 그 가치에 비례해 연봉이 매겨져야 함은 인정해야 하는 사실이다. 우리는 시급제, 주급제가 아니다. 연봉이라는 개념은 일하는 시간으로 매기는 게 아니라 업무 역량을 책정하여 연간 단위로 매긴다 .

회사는 그들 각자가 성과를 내놓을 수 있는지 평가하고 그만큼의 연봉을 제시했다. 그리고 그들은 그것에 동의했기 때문에 그 자리에 있다. 회사와 직장 상사가 계약을 통해 우리보다 더 면밀하게 계약의 타당성, 연봉의 적정성을 논의했다. 그런 과정을 우리가 다 헤아릴 수 없다. 현재 내 눈앞에 보이는 것이 직장 상사가 일하는 전부가 아니다. 전 회사에서 어떤 일을 해왔으며, 어떤 성과를 내놓았는지 다 알고 있는가? 자신과 관련된 업무를 처리하고 지시하는 모습만이 전부가 아니다. 들려오는 소문으로 그의 경력을 인식하고 그를 평가하는 것도 잘못이다. 편협한 시각에서 사람을 판단하는 오류를 범하고 있다.

그들은 그들의 역할을 수행하고 있으며 우리가 다 헤아리기 힘든 영역에서 본인의 경력을 쌓고 있는 중이다. 직장 상사는 직장 상사고 나는 나다. 직장 상사를 존중하는 마음부터 가지는 게 중요하다. 직장 상사의 역할과 역량을 의심하는 것은 회사 인사 담당자가 할 일이며 CEO가 최종 승인을 낼 문제다.

조직이 커지면 단순하던 상황이 복잡하게 변질된다. 이 복잡하고 혼란스러운 상황을 단순하게 만들고자 직장 상사가 존재한다. 조직이 작은 규모일 때 생긴 탁월한 성과와 모범적인 사례를 조직 규모가 커졌을 때도 적용하려고 그들은 머리를 굴린다. 애초의 참신함이 사라지거나 뒷걸음치는 양상을 보일 때도 같은 고민을 한다.

이렇듯 그들은 차원이 다른 고민을 한다. 구성원 전원에게 책임 의식을 불어넣는 방법을 강구한다. 뉴욕 시장을 오랫동안 지낸 마이클 블룸버그는 이를 위해 획기적인 근무 환경을 만든 사람으로 유명하다. 한 공간에 직원들을 빽빽하게 몰아 넣어 마주치면서 일을 하게 하고, 그런 직원들이 훤히 볼 수 있는 장소에서 고위급 회의를 주재했다. 직원들은 처음에는 낯설어 했으나, 마이클 블룸버그가 주창한 개방적 의사소통 모델이 가식이 아님을 이해하게 된다. 이런 식으로 직원들의 머릿속을 조종하고 조정한다.

사원급이 관리 문제들을 인식한다 할지라도 이것은 그들이 고뇌해서 해결할 수 있는 사안이 아니다. 이 문제만 잡고 늘어져서 조직의 긍정적인 확산을 위해 부단히 노력해야 하는 또 다른 직원이 필요하다. 중간 관리자가 있기에 위계 구조가 만들어진다. 이들은 쓸데없는 존재들이 아니라, 조직이라면 반드시 필요한 구성원이다. 그리고 당신에게도 직접적으로 필요한 사람들이다. 이들은 회사를 구성하는 한 직원으로서 온전히 본연의 업무에 집중할 수 있도록 조력하는 관리 전문가들이다.

하이힐 신어야 다리가
예뻐 보인단 말이에요!

　대부분 직급이 높아질수록 사람들을 많이 접한다고 생각한다. 그들은 팀이나 부서를 대표해서 간부 회의에 참석하고 외부 미팅을 주관하며 새로운 프로젝트를 핸들링한다. 하지만 그에 못지 않게 사람들과 많이 접하는 곳이 최전방 일선이다. 회사 사람은 적게 만날지 몰라도 일반 고객은 그들보다 훨씬 더 많이 만난다. 일선에서 판매하고, 일선에서 고객을 상대하고, 일선에서 비서일과 의전 일을 해내는 사람들이 우리들이다. 직장 상사의 업무도 이에 포함되는 경우가 많지만, 대개 우리가 일하는 환경은 사람들에게 나의 모습을 여실히 내비치는 공간이다. 그리고 처음이다.

　신입으로 입사하고 대리급이 되기 전까지 적으면 1년, 길면 4년 내외의 기간을 회사에서 보낸다. 직장 상사는 경력직으로 채용된 경우를 제외하고는 회사에서 적어도 3년 이상, 길게는 10년 이상을 지냈기 때문에 올드 페이스이다. 신입일수록 기존의 회사 사람들에게는 뉴페이스이다. 새로운 얼굴들, 새로운 몸들이다. 그렇기에 주목도가 높다. 늘 보아 오던 사람들의 범주 중에서 우리들은 신선한 비주얼이다.

회사 사람에게는 신선한 사람으로서 주목도가 높으며, 회사 사람이 아닌 고객에게는 회사와의 접점으로서 주목도가 높다. 그러므로 우리의 외양은 회사 안팎으로 주목도가 높은 상태에 항상 노출돼 있다고 봐도 무방하다.

노출된 상태에서 일한다는 것이 부담스러울 수 있다. 하지만 역으로 그 시선을 즐길 줄 알아야 한다. 맡은 바 소임을 다해 일을 성실히 하는 태도는 기본이다. 많은 사람들이 보고 있는 위치이므로, 업무를 성실히 하고 보고하며 성과를 평가받아 일을 진척시키는 일적인 측면에서만 나를 보여준다고 생각하면 오산이다. 일 외적인 요소인 외모로 상승 효과를 볼 수도 있다.

사실 외모는 업무적 역량과는 상관없다. 하이힐을 신고도 불편함 없이 잘 뛰어다니며 생산 현장, 미팅 현장 등을 소화할 수 있다. 짧은 치마를 입고도 바르게 앉으며 불편함 없이 오피스 근무를 볼 수 있다. 옷과는 상관없이 나 자체가 그 옷에 익숙하고 요령이 있어서 전혀 불편함을 못 느낄 수 있다. 옷이 업무 수행에 지장을 주지 않을 수 있다. 그럼에도 불구하고 우리는 아주 높은 하이힐과 짧은 치마를 자제해야 한다. 모델이나 연예인 등 몸을 드러내는 일을 하지 않는다면, 우리가 복장을 선택할 때는 남의 시선을 지극히 신경 써야 한다. 내가 불편함을 느끼지 않아도 혹은 정말 좋아하는 옷이라서 입고 다니고 싶을지라도 나의 착장이 외부 사람들이 나에 대한 업무적 역량 판단을 내리는 데 마이너스 요소가 될 수 있음을 자각해야 한다.

남들이 이미 가지고 있는 여러 고정관념은 없앨 수 없다. 그렇기 때문에 이미 그들이 가지고 있는 고정관념 속의 회사 복장 프레임에 어긋날 것 같은 옷은 입고 다니지 않는 게 좋다. 그들은 은연중에 자기들이 마음대로 느껴버리고 생각해버린다. 11센티미터가 넘는 하이힐, 자칫하면 속옷이 보일 정도로 짧디짧은 치마를 입고 다니면 나는 아니라고 해도 사람들은 우리를 이렇게 규정한다. '일에는 관심 없고 몸 치장에 관심 있는 사람. 일을 잘 못할 것 같은 느낌. 남자에 정신이 가 있는 사람. 성적으로 섹시함을 추구하는 여자.' 워낙 많은 사람들에게 노출돼 있는지라 다양한 생각이 나온다. 그 다양한 생각 중 태반은 보수적이다. 사람들의 일반적인 통념을 무시할 수 없다.

모두가 보고 있는, 회사와 고객 사이의 접점에서 일할 때는 나의 이미지를 최대한 보편적으로 일 잘하는 이미지로 만들 필요가 있다. 조금 직급이 오른 후에야, 나의 명성을 회사와 고객이 인정할 무렵에 개성을 맘껏 펼쳐도 좋다. 이것이 소위 말하는 면접 복장이 존재하는 이유다. 투피스, 원피스, 정장 바지, 블라우스, 3센티미터 구두, 단정히 올린 머리 등 일정하게 요하는 조건이 있다. 사실 그렇게 입고 다닌다고 해서, 특출 나게 일을 잘하는 것도 아니다. 그럼에도 불구하고 면접관을 처음 보는 자리에서는 일종의 통념에 부합하는 '일 잘하고 성실해 보이는' 룩을 완성하고 앞에 나선다. 누가 하라고 하지 않아도 어느 정도 격식을 차린 정장을 입는다. 평소에 입지도 않는 정장을.

매일매일을 이렇게 굳은 복장을 할 필요는 없다. 그렇다고 매일매일 내가 좋아하는 옷만을 입을 이유도 없다! 적절히 섞어가면서 은근한 줄타기를 해야 한다. 통념과 나만의 개성을 믹스앤매치 하라는 의미다. 5센티미터 굽의 활동성이 있으면서도 내가 좋아하는 스타일의 힐을 신으면, 그 위에 입는 복장은 조금은 정숙하게 보수적인 느낌으로 입으면 된다.

통으로 보수적, 통으로 개성적인 것을 의도적으로 피하면 된다. 사람의 눈이라는 것은 설명하기에 어려운 오묘한 부분이 있어서, 적절히 믹스앤매치한 것에서 오히려 개성을 읽는다. 온몸을 개성으로 무장한 사람은 많은 사람들의 눈과 마음에서 벗어나기 쉽다. 아예 개성을 찾으려는 노력을 하지 않게 한다. 하지만 소지품, 화장기법, 매니큐어 색깔, 헤어끈, 머리 컬러 등의 다양한 요소에서 숨어 있는 그녀만의 엣지를 발견했을 때, 사람들은 그녀를 두고 멋이 있다고 한다. '회사원이면서도 멋을 낼 줄 아는 사람이네'라는 인식을 심어 주는 게 더 좋다.

게다가 정말 편하게 개발된 하이힐이라 하더라도 가슴에 손을 얹고 하루 종일 신고 돌아다녔는데 발이 붓지 않는 경우는 거의 없다. 집에 돌아가면 필시 다리를 한 시간 이상은 올려 놓거나, 붓기 제거를 위한 마사지를 하는 등 갖은 수를 써야 할 것이다. 내일 하이힐을 또 신기 위해서. 그리고 다리가 붓는 것은 살 찌는 것만큼이나 싫으니까. 퇴근 후 시간을 그렇게 소모하고 있다. 자기 관리, 뷰티 케어라는 명목으로. 하지만 이는 악순환이다.

하이힐은 원래 고상하게 싣는 목적에서 나온 신발이다. 걸어 다니기 편하게 디자인되었다기보다, 디자인을 위한 디자인이 많다. 에스코트를 받으며 걷고, 적어도 승용차라는 이동수단을 이용해야 하며, 최대한 조금 걸으라고 나온 것이 하이힐이다. 그리고 그 목적성은 나의 다리를 길게 보이게 하고 몸 전체의 맵시를 좋게 해 전체적인 비주얼을 조금 더 훌륭하고 멋있게 하려는 데 있다.

하지만 회사를 다니는 목적성을 생각해보자. 고상하게 앉아만 있거나 걷지 않고 차로만 이동하는 그런 활동을 하고 있는가? 다른 위치의 직원보다 활동성을 요하는 위치에 있는데도, 하이힐을 신고 있다면 어딘지 모르게 불편하다. 본인도 느끼고 있을 것이다. 누구보다 빠르게 현장에서 움직여야 하는데 신발이 발목을 잡는다.

몸을 충분히 자유롭게 움직일 수 있어야 생각도 자유롭다. 다리가 어딘가 모르게 불편하다고 느낀다면, 불편함이 머릿속을 장악해 움직일 때마다 불편하다는 생각을 지울 수 없게 된다. 일과 사람으로 머릿속이 가득 차도 시원찮을 판에, 발이 신경 쓰이고 몸이 신경 쓰인다면 정말 억울하지 않은가. 최대의 아웃풋을 낼 수 있는 복장으로 발에 여유를 주고 몸에 자유를 주어라. 그러면 생각도 그게 맞게 여유 있어지고 자유로워진다. 생각이 그럴수록 아이디어도 잘 나오고 일을 효율적으로 할 수 있다.

행동하기 위한 복장이 준비돼 있는 사람은 현장에서 깨어 있다. 현장에 나가 있는 사람이 멍 때리고 있으면 할 일은 아무것도 없다. 컨베이어 벨트가 끊임없이 흘러가는데, 가만히 보고 있는 사람이 되기 일쑤다. 입사 면접 때는 면접관을 향해 "무슨 일이든 시켜만 주십시오. 감사합니다. 열심히 하겠습니다"라고 인사한다. 입사 후에는 이 포부를 왜 망각하는가. 면접관들은 그 포부의 진심 어린 정도를 느낌과 기운으로 전해 받고, 채용을 결정한다. 능력, 스펙, 외모에 기대는 것이 아니라, 포부와 상응하는 바른 근무 태도를 기대한다. 무엇이든 씹어먹겠다는 그런 자세 말이다.

입사 후 결재를 요청하는 사람 입장에서는 현장에서 어떤 문제가 발생하는지 그리고 어떤 개선책이 필요한지를 능동적으로 찾고 말할 수 있어야 한다. 그런 인재를 신입 사원으로 들인다. 가장 낮은 직급의 사원은 이런 자세여야 한다. 그것이 회사가 당신에게 바라는 모습이다. 그리고 그 모습을 구현하기에 적합한 준비를 늘 하고 있어야 한다. 그 첫 번째 준비물은 플랫과 정장이다. 다리가 예뻐 보이고 좋아하는 물건이라는 이유만으로 하이힐과 짧은 치마를 고수한다면 사회생활을 할 준비 자세부터 안 된 것이다. 그리고 면접 시에 가졌던 포부와 배반되는 행동을 하기 쉽게 된다. 아무리 근무할 준비되어 있다고 외쳐도 외양이 준비되어 있지 않다면 필연적으로 근무 태도와 행동력에도 영향을 미치게 된다. 이 때문에 본의 아니게 역량은 평가절하된다.

자, 보수와 개성을 넘나드는 복장으로 플랫과 세미 정장을 선택하여 행동할 준비를 할 것인가, 아니면 높은 굽의 하이힐과 짧은 치마로 각선미를 드러내는 것에만 만족할 것인가. 선택은 그대의 몫이다.

무심코 흘릴 만한 것은
아무것도 없다

무심코 했던 행동과 생각은 나중에 필연적으로 영향을 미친다. 과거에 했던 것들이 지금에서야 하나의 결과로 발현되기도 하는 것이며, 지금의 것이 미래에 새로운 현상으로 나타날 수도 있다. 모든 게 원인과 결과로 연결돼 있다. 여기서 말하는 지금의 것은 현재 내 눈으로 보는 것만을 이야기하지 않는다. 오감으로써 느끼는 것을 포함한다. 오감은 청각, 후각, 시각, 촉각, 미각의 다섯 가지 감각을 일컫는다. 이 중 몇 가지를 예로 들어 취할 수 있는 정보의 영역을 넓혀보자.

첫째, 청각. 영국의 한 슈퍼마켓에서 프랑스 음악과 독일 음악을 들려줄 때 어떤 일이 생기는지 조사한 적이 있다. 프랑스풍 아코디언 음악이 연주될 때 고객들은 어떤 반응을 보였을까. 그들은 독일산 와인보다 프랑스 와인을 다섯 배나 더 많이 샀다. 고객들은 깨닫지 못했지만 음악에 영향을 받은 것이다.

둘째, 후각. 냄새도 비슷한 영향을 사람들에게 미친다. 네덜란드의 심리학자들은 두 시간이 걸리는 기차 여행을 하는 동안 18회에 걸쳐 객차 안에 세제의 감귤 향을 풍기는 별난 실험을 했다. 그들은 승객이 남긴 쓰레기를 모아서 무게를 달았다. 같은 객차에서 그 향기를 풍기지 않았을 때의 쓰레기 무게와 비교했다. 승객들은 향기를 풍기지 않았을 때 약 세 배나 많은 쓰레기를 남겼다. 이 연구 결과는 사람들이 세제의 감귤 향을 맡으면 무의식적으로 청소와 관련한 활동 계획을 세우고, 이에 걸맞은 행동을 한다는 인과관계를 보여준다.

셋째. 시각. 시각에 노출되는 물건 자체도 우리의 생각, 의식, 무의식에 영향을 준다. 심리학자인 캐스린 버스와 동료들이 한 실험을 예로 들어보자. 그들은 가짜 돈을 쌓아두고 돈 사진을 보여주어서 피실험자들의 주의가 온통 돈으로 향하도록 의도했다. 이런 자극제에 노출된 채로, 연구자들은 그들에게 몹시 어려운 문제를 내고 이를 풀게 했다. 그들이 문제를 풀려고 애쓰면서 누군가에게 도움을 청하는지, 또는 곤란한 상황에 처한 누군가를 도와주려 하는지 알아보는 실험이었다. 그 결과는 다소 오싹했다. 돈이라는 자극제는 피실험자들이 도움을 덜 요청하게 했다. 다른 사람에게 도움을 덜 주게 했다. 혼자 일하고, 새로 알게 된 사람 사이에 물리적 거리를 더 두게 했다. 가짜 돈, 돈 사진과 같은 시각적 자극제가 바쁨, 부, 자본주의에 대한 연상을 촉발하였다. 그 때문에 도움을 덜 주고 자기에게 더 몰두하며, 전보다 더 자기 위주로 행동하도록 만들었다.

뉴욕의 사진 전문가 아드레아스 오로즈코는 서울에 올 기회가 생겨 들뜬 마음으로 사진기를 들고 방문했다. 그는 서울의 치안이 좋다는 것을 알고 한밤에 대도시의 다리 밑에서 사진을 찍고자 했다. 하지만 실제 다리 밑에 가니 무서운 마음을 감출 수 없었다. 처음에는 사진을 찍고 싶은 순간에도 망설이며 계속 걷기만 했다. 그러다가 새벽 2시에 낚시하고 있는 부자를 발견했다. 그때부터 마음을 놓고 찍기 시작했다. 아무도 없는 한밤중의 텅 빈 공간이 갑자기 편안해질 수 있다니, 그 적막함이 좋았다고 한다. 여기에서 부자를 발견할 수 있었던 것은 두려움에도 불구하고 최대한 자신의 눈을 열어 주위 환경을 탐색했기 때문이다.

아마 당신은 이와 유사한 경험이 없을 수도 있다. 더군다나 평상시에 오감만으로 느낀 것이 전부가 아니라는 말을 처음 들었다면 의아할 수 있다. 하지만 살짝 조금 더 주위 환경에 관심을 가지고 오감의 실효성, 기감(기의 감각)의 존재를 믿으면 된다. 그리고 나는 그것들을 충분히 알고 있으며 활용할 수 있다는 마음가짐을 가지는 게 중요하다. 그것뿐이다. 그런 자세를 가지는 순간 보이지 않던 게 보이고 느끼지 못했던 걸 느끼게 된다.

능동적으로 주위 상황을 읽고 정보를 남들보다 많이 취하게 된다면, 얼마나 이득인가. 그리고 외부 활동을 하며 나의 영역을 확장할 때도, 감각을 여는 것은 무척 도움이 된다. 보고 싶은 것만 보는 것은 나의 의지다. 내가 필요하다고 인지하고 있는 것만 본다면, 이 세상에 존재하는 모든 것을 다 볼 수 없다. 보고 싶은 부분 이외의 영역을 보다 넓게 확장해 보려면 보고 싶은 것 자체를 규정하는 것부터 멈춰야 한다.

모든 영역을 열어놓았을 때 비로소 거기에서 영감을 선택해 취할 수 있게 된다. 볼 수 있는 영역이 넓어지면 정보도 그만큼 많아진다. 그러면 인과관계를 설명할 보다 합리적인 내용, 혹은 비합리적으로 여기던 부분까지 궤가 맞아 설명이 된다. 비합리적이고 비인과적으로 여기던 것도 보이지 않고 느껴지지 않아서 그렇게 여겼을 가능성이 높다. 시각적인 것에서도 영역을 최대한 넓혀야 하며 최대한 넓혔을지라도 놓칠 수 있는 부분이 있다. 이를 시각 외의 감각으로 보완하여 정보를 획득할 수 있다면 이 세상에 이해 못 할 현상, 이해 못 하는 사건, 사람은 애초에 존재하지 않게 된다.

보이는 대로만 보지 않고 느끼는 대로만 느끼지 않게 되는 경지가 바로 모든 것을 보고 모든 것을 느끼는 경지다. 그럴 때 일반적인 사람보다 세상을 이해하는 폭이 상상할 수 없을 만큼 크게 늘어나며, 그렇게 이해력이 높은 사람일수록 인간관계가 좋다. 이해가 안 되는 사람이 없기 때문이다. 회사 내 인간관계력을 높이는 방법은 당신의 오감과 육감을 모두 다 살려서 상황을 인지하는 데에 있다. 비범한 능력이라고 치부하여 오감의 확장과 기감의 활용을 시도조차 하지 않는다면 당신은 모든 상황을 이해하려고 평생 의식적으로 시간과 노력을 들여야 할 것이다.

매사에 열려 있는 자세로 무의식까지 관찰하고 탐한다면 애써 의식적으로 보려고 노력할 필요가 없게 된다. 그저 이 세상을 받아들이는 것으로 충분히 이해가 되니 말이다.

우리는 신생아 시절을 기억하지 못한다. 하지만 분명한 사실이 하나 있다. 그 시절 아무것도 기대하지 않았기 때문에, 모든 것을 그대로 받아들였다는 사실이다. 우리는 원래 그렇게 태어났다. 현실 속을 살아가면서 그 감이 서서히 무뎌진 것이다. 학교의 가르침, 책 속의 가르침, 경험에서 느낀 바, 부모님이 알려 주신 내용 등에서 서서히 그러하리라고 기대되는 만물의 인과관계를 배우게 된다. 그렇게 유아기, 청소년기를 거쳐서 우리는 성장했다. 하지만 정말 검증이 되었는가? 그것들을 직접 보고 느끼지 않았음에도 불구하고, 우리는 우리의 감각을 쓰지 않고 간접적으로 획득된 정보에 의심의 여지를 두지 않았다. 하지만 앞으로는 직접 감각에 인지하는 현실을 가지고 의심해야 할 것이다. 직접 우리가 정보를 취해야 할 것이다.

물론 정보의 공유를 통해 인식을 넓히는 것도 하나의 방법이므로 무시해서는 안 된다. 하지만 누군가에 의존해서 혹은 자신의 한정된 감각만을 통해 세상을 보는 일은 이제 멈춰야 할 것이다. 회사 생활에서 이를 적용한다면 누구도 갖고 있지 않은 무기를 갖고 있는 것과 같다. 이 필요성을 느끼는 자만 오감과 기감을 발휘할 수 있을 것이다. 쓰고자 하면 쓸 수 있다. 신생아 때처럼 세상을 보기 시작하면, 불가능한 것은 없으며 정보를 무한대로 느낄 수 있다. 그 덕분에 세상을 좀 더 관대하게 이해하게 된다. 이해하는 능력이 높아지면 회사 생활이 수월해짐은 이루 말할 것도 없다. "저 대리는 왜 저러고 다니지?" "왜 이 사람은 나를 화나게 하지?"와 같은 질문을 멈추게 될 것이다. 이미 나는 이 상황을 관찰했고 이해했으니까.

표면적으로 어떤 일이 벌어지지 않아서 '무'의 상태로 보이는 때도, 공간과 공간 사이를 메우는 에너지를 기감으로써 느끼면 몇 가지 의미를 도출할 수 있다. 관찰되는 직장 상사의 표정 변화를 통해, 앞으로 발생할 일을 짐작할 수 있다. 그리고 직장 상사가 확연히 말과 행동으로 직접적으로 보여주는 일면도 있다. 아무것도 없는 상태로 보여도 의미를 찾자고 들면 찾을 수 있는데, 누군가가 먼저 직접 입을 연 부분이 있다면 그것에 대해서는 확실히 인지해야 할 것이다. 이것이 누군가가 하는 말을 잘 들으라는 보편적인 가르침의 속뜻이다.

일본 최고의 심리학자이자 상담가로 꼽히는 에토 노부유키 선생은 "자기 분야에서 최고가 되고 싶다면, 말할 준비보다 들을 준비를 먼저 해야 한다"고 했다. 높은 직급의 직장 상사나 CEO같이 여섯 가지 감각을 비교적 더 쓰는 사람들이 하는 '말'이 그저 생각 없이 내뱉은 말일 리가 없다. 그들이 은연중에 내비치는 것을 먼저 캐치하라고는 하지 않는다. 대놓고 말하는 것을 캐치하는 게 먼저다. 그것에 더해 안 보이는 것까지 캐치할 수 있으면 더할 나위 없이 당신에게 도움이 된다는 말이다. 열린 마음가짐 하나가 관찰력의 증대를 낳고, 이해력의 수준을 변화시킨다. 활용하느냐 마느냐는 이 또한 자유 의지다.

아는 체는 금물,
징징인 듯 아닌 듯 도움을 요청하라

최근 전 세계를 통틀어 이상 기후가 포착되고 있다. 여름에는 잇단 태풍 상륙, 계속 길어지는 폭우, 겨울에는 한파와 폭설이 계속된다. 중국 베이징에는 59년 만의 폭설과 한파가 몰아쳤고, 영국에도 100년 만의 한파와 17년 만의 폭설이 있었다. 많은 기후학자들은 이와 같은 현상의 원인을 지구온난화에서 찾고 있다. 비단 이런 현상뿐 아니라 지구상에서 발생하는 다른 기상 이변도 모두 지구온난화와 관련 있다는 기사가 있다. 그러나 급작스런 기후 변화는 지구온난화 현상과 상관없다. 아예 관련이 없다는 말이 아니라 상관관계가 없다. 다른 요인들과 함께 복합적으로 현상을 만들어내며, 그 현상도 방정식처럼 미지수에 어떤 값을 대입했을 때 일정한 결과값이 나오는 식이 아니다. 어떤 자연현상과 만나느냐에 따라 기후 현상은 전혀 다른 양상으로 나타날 수 있다. 지구온난화 현상으로는 모든 이상 기후의 원인을 규명할 수 없다. 이에 우리는 이상 기후에 대처할 어떤 대책을 애초에 제시할 수 없다. 흔히 전문가들이 제시한 원인인 지구온난화가 의미하는 바는 다른 데에 있다. 그 현상 때문에 자연을 점점 더 예측하기 어렵게 되었다는 뜻이다.

이상 기후에 영향을 가장 크게 미치는 요인이 지구온난화 현상이라고 알고 있는 사람들이 많을 것이다. 인터넷 기사나 뉴스를 통해 일파만파 퍼진 내용이다. 전문가들이 이구동성으로 말했고 이에 반박하는 기사가 나와도 묻히기 일쑤였기 때문에 그대로 받아들였다. 하지만 그것이 오로지 참된 정보이며 100퍼센트 맞는 학설이라 보기에는 무리가 있다.

구글을 통해 심층적으로 검색해보거나 혹은 기상학을 연구하는 사람에게 학계 동향, 논문, 기사 등록 루트 등을 물어보았다면 훨씬 더 다양한 견해를 습득하여 위 견해가 편향된 것임을 알 것이다. 그 견해의 한 예로 2019년 4월 2일 국제학술지 〈네이처 기후변화(Nature Climate Change)〉 온라인 판에 게재된 기초과학연구원(IBS)의 연구 결과에 의하면 적도 태평양 대기 순환 강화의 원인이 지구온난화가 아닌 자연 변동성 때문이라는 사실을 들 수 있다.

떠도는 사실 혹은 은연중에 그러하리라고 판단되는 것을 의심하지 않고 다양한 사례를 취하려는 노력 자체를 하지 않으면 들리는 대로 듣고 보는 대로 보게 된다.

사회 초년생 시절에 나는 부서 사람들에게 도움을 요청하는 것을 부끄러워하지 않았다. 가구 사업부에서 일하던 때, 마케팅을 가르쳐주던 대리가 퇴사했다. 같은 팀에서 수입 업무를 담당하는 과장에게 도움을 요청했다. 어떻게 해야 하는지 알려달라고 했다. 본사의 마케팅 팀에도 도움을 요청했다. 상대의 나이가 적건 많건, 직급이 높건 낮건 배울 건 배워야 한다. 하고 싶은 대로 할 수 있도록 해야 한다. 하고 싶은 대로 한다는 말이, "일이 힘들면 일을 안 할래" 하는 식으로 행동한다는 뜻이 아니다. 힘들게 느껴지는 이유를 분석해보면 내 역량이 아직 거기에 못 미치기 때문이다. 역으로 역량을 거기에 미치게끔 하면 그 일은 할 수 있는 일이 된다. 역량을 높일 수 있는 방법에, 온 소스를 동원하는 것이 바람직하다.

이와는 달리 나름대로 준비를 완벽하게 했음에도 실전에서 실패하는 사람은 어디가 잘못된 것일까? 완벽할 정도로 준비를 다 했다고 하지만 과연 그러했을까? 먼저 혹시라도 심각한 사태로 발전할지도 모를 사소한 누락을 간과하지는 않았는지 생각해야 한다. 비즈니스에서도 스포츠에서도 실전에는 상대가 있기 마련이다 그렇다면 자신만의 시각에서 준비해서는 안 된다. 상대의 시각에서 전체를 봐야 빠짐없이 준비할 수 있다. 그러므로 상대를 파악하려는 목적으로 정보를 최대한 주위에서 취하는 게 좋다. 거래처와의 협의나 교섭, 사내외의 프리젠테이션, 고객에 대한 영업 활동 등 비즈니스에서 준비란 상대방을 위한 경우가 적지 않다. 그때 상대의 시각에서 이해하고 준비하는 사람이 비즈니스맨으로서 우수하다고 할 수 있다.

모를 때는 끙끙 앓는다고 해결되지 않는다. 혼자만 알고 혼자만 두려

위하고 도움을 주고 받는 행위를 하지 않는 것은 절대 업무적으로도 완성도 있는 성과를 내기 힘들다. 상대를 상상할 수 있는 힘, 상대를 배려하는 힘, 여유를 가져야 일을 잘 수행할 수 있다. 이를 위한 훌륭한 조력자는 내가 찾아나서야 할 바운더리, 인터넷에 있는 누군가가 아니라 바로 옆에 있는 팀원과 직장 상사다. 그들은 경쟁 업체와 결재 라인에 따라 승인을 잘 받는 방법, 업무에 관한 전문적인 지식 등 본인이 아는 모든 것을 알려주려 노력한다. 모르는 사람에게 건네 받은 정보보다 이들의 정보를 더 신뢰하라고 권한다.

그들은 충분히 알려주려는 용의가 있는 조력자임을 명심하라. 절망한 나머지 혹은 기쁜 나머지, 검증 없이 일을 할 때의 어려움과 위험을 알기 때문에 직장 상사는 도움의 손길을 뻗을 것이다! 내가 아는 한 CEO는 이렇게 말했다. "세상에는 두 부류의 사람이 존재한다. 기회를 주고 싶어 하는 사람, 그리고 기회를 얻고 싶어 하는 사람이다. 성공하는 사람은 이 둘 사이에 다리를 놓아주는 사람이다." 신입 사원이 해야 할 일은 연봉 걱정이 아니라 자신을 발탁하고 끌어줄 사람을 찾는 것이다. 그러니 도움을 오픈하여 요청하는 식으로 그들과 연결 고리를 맺는 방식을 추천하는 것이다.

매뉴얼이 없다는 이유로 주위에서 레퍼런스와 도움을 받아도 헤매는 사람이 많다. "아니, 이 회사는 아직도 매뉴얼이 없어? 게다가 내가 하는 업무도 매뉴얼이 없어?" 이렇게 불평하는 데 에너지를 쏟는 사람도 많다. 이럴 때는 전환점을 마련하자. 규칙이 없어서 카오스일 때는 자발적으로 규칙을 만들면 된다. 프로젝트 컨설턴트인 리처드 피츠패트

릭은 8개 지역에서 KP헬스커넥트를 책임질 40명의 의사를 대상으로 수련회를 할 때 목격한 전환점을 이렇게 묘사했다. "한 의사가 일어나 이런 말을 했어요. '지금까지는 표준화를 해야 한다는 설득력 있는 근거가 없으며 모든 것을 다르게 한다는 것이 규칙이었고, 그렇게 해도 괜찮았습니다. 지금까지는 말이죠. 하지만 지금부터는 다르게 해야 한다는 설득력 있는 근거가 없으면, 모든 것을 표준화해야 한다는 것이 규칙입니다.' 그때가 바로 전환점이었습니다."

표본에 손을 대겠다고 하라. 매뉴얼을 만들겠다고 하라. 상황별로 맞춤화할 때는 적극성이 크게 고려되지 않는다. 그러나 사람들에게 표본에 손댈 수 있는 힘을 주면 팀이나 조직 전체에 걸쳐 자신이 하는 일을 깊이 이해한다. 맞춤화 덕분에 상승한 적극성은 일 자체에 몰입하는 자세도 심어준다.

홈디포는 미국에 본사를 둔 건축자재 및 인테리어 도구 판매 업체다. 2006년 중국에도 12개의 매장을 오픈했다. 그때 그들이 내세운 구호는 "당신은 할 수 있습니다. 우리는 도울 수 있습니다"였다. 이 스스로 하라는 식의 접근법은 미국에서는 통했지만, 중국의 '대신 해달라'는 태도와 충돌했다. 대다수의 중국 사람은 집에 수리할 공간이나 연장을 갖추고 있지 않으며, 스스로 하는 태도도 배우지 않았다. 또한 인건비가 무척 저렴해서 홈디포에서 구매할 수 있는 고객은 대개 일할 사람을 고용할 수 있었다.

업무에서 성공하려면 전략을 상황에 맞춰 새로 짜야 한다. 그러므로 자신이 이 상황을 읽고 초이스할 전략을 가늠할 수 없거나, 그 대안이

적을 때는 도움을 요청해야 한다. 예컨대, KFC는 홈디포와는 달리 전략을 중국에 맞춰 새로 짜서 성공한 사례로 꼽힌다. KFC 중국 매장에서는 다른 곳에서 제공되지 않는 에그 타르트와 두유 그리고 몇 가지 독특한 메뉴를 판매한다.

일을 하다 보면 복제의 함정에 빠질 수 있다. 선배가 남긴 인수인계서와 그전 사례를 보고 내가 알아서 재조합하고 전략을 선택하거나 답습하는 것은, 그 일을 충분히 반복하여 습득 단계에 이를 때에 할 수 있는 것이다. 복제의 함정에 빠지지 않으려면 스스로의 직관적 의견에 전문적인 주위 동료 및 직장 상사의 의견을 보탤 필요가 있다. 그래서 처음의 직관적 선택을 덜 직관적이도록 만들 필요가 있다. 아예 새로운 안을 짜는 것이 효과가 있을 수 있기 때문이다. 그 새로운 안은, 내 머릿속으로 혹은 내가 갖고 있는 재료와 근거만으로 도출하기에는 무리가 있다. 그러므로 열린 태도가 필요하다. 아는 것의 외연을 확대하려는 의지와 그것을 최대한 내 주변 팀원에게서 도움을 구하려는 마음가짐 그리고 매뉴얼이 없다면 직접 규칙에 손을 대겠다는 주인의식을 가져야 한다.

업무 수행 시에 갈팡질팡하며 고민하는 이유는 한정된 루트에서 알게 된 좁은 정보로 인한 두려움 때문이다. 직접 관계를 맺고 있는 조직 구성원이 알려 주는 정보가 진짜 고급 정보이며 쓸모가 있다. 그들을 믿고 나의 무지를 오픈하라. 그래야 그들에게 기꺼이 발탁하고 끌어 주고픈 직원으로 인식될 것이다.

여자의 적은
여자일까 남자일까

'쉐이크쉑 버거'(일명 쉑쉑버거)와 양대산맥을 이루는 미국 토종 햄버거 프랜차이즈 인앤아웃은 쉑쉑버거와는 달리 미국 서부에서만 맛볼 수 있다. 해외 매장은 단 한 군데도 없으며, 캘리포니아를 비롯해 네바다, 유타, 애리조나 주에서만 맛볼 수 있다. 문전성시를 이룰 정도로 성공한 비결은 바로 신선함에 있다. LA지역에만 40여 개 매장이 있으며, 신선한 재료를 유통하고자 주로 고속도로 인근에 많이 위치한다. 그런 가운데 인앤아웃은 수년간 다른 곳에 매장을 내지 않는다는 원칙을 고수하고 있다.

미국의 다른 지역이나 해외에 매장을 두면 뛰어난 아이디어가 유입되는 측면이 확실히 있을 것이다. 하지만 통제하기가 그만큼 어려워진다. 통제력을 잃으면 기존에 갖고 있던 탁월한 인앤아웃만의 메뉴와 신선함, 맛, 매장 분위기, 콘셉트 등이 저해되리라고 생각하는 것이다. 분명 창의적이고 지역색에 잘 맞는 아이디어가 나온다고 할지라도. 인앤아웃이 협력을 꺼리는 이유는 통제력을 잃으면 탁월성을 잃는 측면이 크다고 믿기 때문이다.

〈토이 스토리〉 3부작, 〈벅스 라이프〉 등을 제작한 픽사도 인앤아웃과 비슷한 이유로 협력을 꺼린다. 픽사 직원 톰 포터는 그때까지 모든 픽사 영화는 캘리포니아 에머리빌 본사에서 근무하는 정규 직원이 만들었다는 점을 강조한다. 영화에 관해서는 모든 것을 직접 제작하고 통제했다.

여자 직장 상사는 본인이 당신을 통제 못 하겠다는 생각이 들 때 적대심을 갖는다. 부하 직원을 컨트롤해야 하는 위치에 있음에도 불구하고 그러하지 못하면 본인에게 큰 스트레스다. 그것이 흔들리면 다 흔들리는 것이기 때문이다. 회사 내에서 자신의 역량이 맨투맨으로 저격당하는 느낌을 받는다. 이와 같이 부하 직원의 탁월성은 통제 역량에 위협이 된다.

직장 상사가 부하 직원과 협력하는 정도를 결정하는 요소는 두 가지다. 바로 통제력과 탁월성이다. 통제력은 직장 상사가 부하 직원의 역량을 어느만큼 통제할 수 있느냐를 말하고, 탁월성은 부하 직원의 생각이나 아이디어가 참신해 회사 성과를 올리는 면에서 두각을 나타내게 할 수 있느냐를 말한다. 협력하겠다고 선언하는 때와 협력에 기여하는 정도를 결정하는 이 평가 요소는 회사 생활 전반에 걸쳐 늘 작용한다. 그런데 안타깝게도 그 정도에 민감한 쪽은 여자 직장 상사다.

남자 직장 상사와는 달리 그녀는 자신과 말을 섞을 때는 물론이고, 말을 섞지 않을 때도 환경 전반에 관심을 가지는 그런 존재다. 남자 직장 상사는 대개 업무적으로 충돌할 때만 위기 의식을 느낀다. 회의할 때나 보고를 올릴 때 섬광처럼 부하 직원의 탁월성이 느껴지면 도전 받는다고 생각한다. 불편한 감정을 느낀다. 그런 상황에서 '이에는 이'라는 식의 사고를 가진 사람이 직장 상사일 경우 회사 생활이 골치 아파진다. 기안을 올리는 족족 평가절하하거나 가로채거나 아예 무시하는 식이 될 수도 있다. 부하의 능력을 포용 가능하다고 여길 때는 자신에게도 이득이기 때문에 팀 차원에서 협력 모드를 구축한다. 그러므로 도드라지고 비협력적인 아이디어의 소유자라면 그 칼날을 잠시 숨길 필요가 있다. 자칫하면 윗사람을 설득하지 못하는 참신한 아이디어로만 남을 가능성이 있다. 실현이 돼야 의미가 있다. 직장 상사를 포함한 팀원의 협력을 구할 수 있을 때에만 그 아이디어는 의미가 있다.

말도 안 되는 상황에서 부하의 행동거지를 가지고 꼬투리를 잡는 직장 상사는 왜 존재하는 것일까. 그들은 무엇 때문에 그렇게 예민해 있을까. 무슨 잘못을 했기에 직장 상사의 눈밖으로 벗어난 걸까.

어느 정도 괜찮은 수준이 아니라 극한 정도의 탁월성을 보였기 때문이다. 극한 무언가를 했기 때문에 그들의 신경을 건드린 것이다.

첫째, 극한 여성성을 보였기 때문이다.

둘째, 극한 남성성을 보였기 때문이다.

셋째, 선언 투로 말을 했기 때문이다.

여성은 대부분 자기가 속한 그룹과 그렇지 않은 그룹 간 전체적인 화합을 도모하지 않는다. 반면 남자는 도모한다. 그들은 대부분 스포츠, 컴퓨터 게임이라는 취미를 다같이 함으로써 언제든지 친해질 수 있는 루트를 열어놓는다. 모든 이들이 다 그렇다는 말이 아니다. 남자들만이 그렇다는 말도 아니다. 여자에 비해 전체적인 화합에 적극적이라는 말이다. 이에 비해 이미 친한 사람이 있으면 그것으로 만족하고 외연을 넓히려는 행위를 하지 않는 사람은 대부분 여자다. (아닌 경우도 얼마든지 있다. 어떤 상황, 어떤 사람이냐에 따라 성별 가름은 적용되지 않는다.)

직장 상사는 지금도 학교에서 하던 대로 여자 그룹핑, 여자만의 커뮤니티를 형성하려는 버릇을 유지하는 부하 직원을 보는 순간 외면한다. 교화를 통해 그러지 않도록 유도하는 것이 아니다. 친절한 직장 상사라면 그룹핑에 몸담지 않으면서 전체적으로 화합하는 사람이 되도록 당신을 인도할 것이다. 하지만 보편적으로 특정인에게 애정을 쉬이 쏟지 않기 때문에 이를 기대하면 안 된다.

회사는 학교보다 성숙된 공간이다. (그런 공간이길 바란다.) 시행착오를 거쳐 인간관계 분야에서도 경지에 오른 어른이 직장 상사다. 그들의 눈으로 봤을 때 나는 성숙한 그룹핑을 하고 있는 것인가. 그룹핑을 하더라도 다른 그룹을 존중하고 그 그룹과 친해지려고 의도적으로 노력해야 한다. 그런 식으로 내가 속해 있지 않는 친교 집단까지 아우를 줄 알아야 한다. 이것이 적극적으로 화합하려는 태도다. 그런 모습이야말로 직장 상사가 바라고, 온 회사가 바라는 모습이다. 전체를 화합하려고 노력하는 사람을 예뻐하겠는가, 친한 사람들하고만 계속 친하려고 애를 쓰는 사람을 예뻐하겠는가.

둘째, 극한 남성성을 보였기 때문이다. 여기서 남성성이란 누군가를 지배하고 누군가를 이끌려 하고 바깥으로 나도는 성향을 말한다. 요즘 회사는 수평적 팀제를 기본 단위로 팀별 운영을 하고 있긴 하지만 적어도 하나의 팀에는 한 명 이상의 팀장이 있으며, 팀을 관리하는 매니저급의 팀장이 있기 마련이다. 그리고 그 위에 모든 결재의 마지막 단계인 사장이 있다. 위계 구조가 적어도 한 개 이상은 된다. 팀장 없이 바로 자신의 위가 사장인 경우까지 포함하더라도 수직 구조는 반드시 존재한다. 겉으로는 수평 구조를 외쳐도 수직 구조가 존재하는 회사에서 직장 상사가 아닌 부하 직원이 별도로 형성하는 위계질서는 그들에게 당연히 위협일 수밖에 없다. 자신도 모르게 똘마니를 만들고 있지는 않는지 점검해 봐야 한다.

동료 간에도 타이틀은 직원이지만 주임 이상의 통제력을 발휘하는 사람이 있다. 사원급으로 일하는 가운데 적재적소에서 자연스럽게 나오는 리더십은 괜찮다. 하지만 나도 모르게 동료를 향해 지시 투로 말한다거나 직장 상사가 보는 앞에서 누군가를 말로 다그치거나 분위기를 휘어잡는 등의 행위를 하고 있지는 않은지 점검해 봐야 한다. 나는 만족할지 몰라도 그 위에서 보는 직장 상사는 그 모습이 불편하다.

셋째, 당신이 택한 것을 극한 투로 이야기했기 때문이다. 극한 표현법은 회사에서 수용되기 어렵다. 회사는 하나의 사회다. 회사가 갖고 있는 법이 있으며 규칙이 있다. 회사마다 회사 내규가 있다. 이 이유가 무엇인지 생각해보았는가. 극한 인자가 회사에 대해 가져야 하는 태도, 회사 안에서 생활할 때 해야 하는 행동을 규정한 것이 회사의 규칙이다. 마음에 안 드는 구석이 있을 수 있다. 하지만 그것이 단순히 나와 안 맞는 것뿐이지 남들은 그렇지 않을 수 있다. 원래부터 회사 밖의 모든 이들까지 지키라고 만든 것이 아니다. 그렇기 때문에 내가 아직 회사에 온전히 시간을 들이지 않고 있다면 미묘하게 그것들과 이질감을 느낄 수밖에 없다. 그런 이질감의 느끼는 것은 자유다. 하지만 그것을 극한 어투로 표현하는 것은 당신의 선택이다.

말을 한다는 것은 상대의 인정과 긍정을 구하는 것이다. 내규와 대치되는 말을 할 때는 이게 과연 가치가 있는 말인가를 생각하고 해야 한다. 내규를 만든 사람 앞에 가서 기회를 엿보다 정중히 말하는 것이 아니라 그것과 직접 연관이 없는 직장 상사에게 말하면 불평으로밖에 들리지 않을 것이다. 그렇게 되면 회사의 사회화를 거부하는 사람으로 보이고 더 윗선의 귀에 들어가면 그들은 가장 먼저 이렇게 생각할 것이다. "얘 뭐지?"

회사 내규뿐 아니라 어떤 건에 대한 개선을 요청할 때는 정확히 말을 전해야 할 직장 상사에게 평범한 어조로 담담히 이야기해야 한다. 그렇지 않고 툭툭 내뱉는 식으로 극한 내용을 극단적으로 말하면 그것은 다른 사람의 관심을 끌고 다른 사람에게 찬사를 얻기 위한 쇼맨십으로밖에 비치지 않는다.

직장 상사는 탄원서가 일정한 서식과 일련의 결재 라인 승인을 거쳐 상부에 보고되기를 원한다. 엄연히 존재하는 회사 시스템을 이용하지 않고 말을 나도 모르게 해대고 있지는 않는지 생각해보라. 그러고 있었다면 회사 입장에서는 참으로 불편한 존재인 것이다. 제 아무리 번뜩이는 아이디어를 갖고 있더라도 포장을 잘하지 않고 내키는 대로 말하는 것은 바위 위에 깨진 달걀의 모습과도 같다. 한 번쯤 회사 내에서 자신이 어떤 식으로 생각하고 표현하고 있는지 검토해봐야 한다. 어떤 내용이든 단언하지 마라. 말투를 특히 조심해라. 당신의 생각이 정말 상부에서 인정받기를 원한다면 실로 그런 노력이 필요하다.

극한은 탁월성의 한 속성이기에 업무적인 면에는 때에 따라 적용할 필요가 있다. 하지만 극한 여성성, 극한 남성성, 극한 어투 등은 회사의 시회회에 어긋나는 태도이기 때문에 심사숙고해 말과 행동을 조절할 줄 알아야 한다. 이것이 바로 내 주위 직장 상사를 조종하는 키다. 회사가 봤을 때 불편한 존재가 되진 않는 것, 전체적인 화합을 도모하고 성숙한 인간관계력을 보이는 것, 나의 생각을 잘 포장해 회사 시스템을 이용하여 표현하는 습관을 들여 스스로를 컨트롤하는 것이 먼저다. 그런 태도를 가진 자에게 적은 없다. 타파해야 하는 사람은 내 눈앞의 직장 상사가 아니라 바로 '나'다.

이메일만 봐도
여자의 능력이 보인다

요즘 면접관들 사이에서 블라인드 면접 방식이 인기를 얻고 있다. 직접 대면하여 진행되는 최종 면접에서 어느 회사는 젓가락으로 콩을 집어 보라고 시킨다고 한다. 젓가락 잡는 방법을 보기 위함이다. 며칠 전만난 한 CEO는 이렇게 말했다. "직원이 결국 회사를 대표하는 사장이되는데 젓가락질을 잘하지 못하면 창피할 것 같다." 과장된 말이 아니다. 그리고 직원이 대표의 말에 "네"라고 맞장구 치는 것이 아니라 "음"이라고 추임새를 과도하게 넣는 태도도 지적했다.

무수한 면접관과 CEO들이 아주 예민하게 직원의 일거수일투족을 관찰한다. 그리고 이를 통해 이 사람이 기본이 되어 있는 사람인지를 체크한다. 업무에 투입하기 전에 면접 차원에서 젓가락질 테스트를 해서라도 기본 매너가 잡혀 있는 사람을 채용하길 원한다. 그리고 진행하고 있는 각자의 업무 수행도를 체크하는 것은 팀장이나 직속 상사가 하는 일이다. CEO를 포함한 간부급 이상의 사람에게는 세세한 업무 역량을 평가하는 것은 2차적인 일이라 그들의 하부 직원이자 우리들의 직속 상사에게 일임한다. 그들이 보는 것은 기본적으로 영근 사람인가, 누구나 교양으로 갖춰야 하는 것을 지니고 있는가 등의 내용이다. 이를 통칭해서 기본 매너라고 한다.

하지만 우리는 평가하는 사람들과 직접 마주칠 일이 없다. 대표가 솔선수범하여 직원과의 일대일 미팅을 자처하지 않는 한 그들과는 다소 소원한 거리가 있을 수밖에 없다. 일대일로 식사 자리를 가질 일은 더더욱 없다. 게다가 업무적으로 어필하려 해도 대표 주관 회의에 팀을 대표해서 나갈 일도 거의 없다. 외적인 미팅 자리에서 의전을 하거나 발표할 때도 그들의 관심사는 미팅의 상대방이지 개별 직원 한 명이 아니다.

그들이 직원 개인의 기본 매너와 업무 능력을 무슨 수로 파악할 수 있을까? 바로 메일을 통해서다. 메일은 대면하지 않아도 두고두고 볼 수 있는 기록이다. 그리고 가장 클래식하지만 반드시 사용하는 커뮤니케이션 도구다. 즉각적인 회신을 바랄 때는 카카오톡, 스카이프, 하이웍스메신저 같은 메신저를 이용해서 담당자와 연락한다. 하지만 그렇지 않은 상황에서는 공통된 하나의 툴, 바로 메일을 통해 업무를 처리한다. 메일에서 간부급 이상의 직장 상사들이 우리를 체킹할 수 있는 요소는 세 가지다. 신속성, 정확성, 교섭력이 그것이다

업무 메일은 메일함에 자동 저장되므로 임의로 삭제하지 않은 한 반

영구적 기록으로 남는다. 텍스트로 남기 때문에 일을 지시하는 입장에서도, 수행하는 입장에서도 업무 사안을 명확히 하는 데에 도움이 된다. 회의를 마치고 간략하게 회의록 작성 후 이것을 전체 메일로 공유하는 것도 이와 같은 이유에서다. 공유라는 차원도 있지만, 그 회의에 참석한 사람 간에 구두로 말한 것들을 놓치지 않고 업무 사안으로 올려 일을 진척시키기 위함이다.

아이러니하게도 메일링의 주체들은 신속한 답변을 요한다. 직장 상사든 외부 협력 업체든 기자든 그들은 우리에게 느긋하게 판단하고 재고할 시간을 주려고 메일을 보내는 것이 아니다.

업무 속도 조절은 윗선에서 한다. 하지만 대부분 빠른 화답을 원한다. 메일에 답변을 빨리 해달라는 문장이 없더라도 빨리 답변하라는 뜻이 내포돼 있기 때문에 얼른 해결해야 한다. 이것은 누구도 가르쳐 주지 않는 이메일 업무의 속성이다. 신속하게 처리하지 않았거나 의도적 혹은 무심결에 화답을 하지 않은 메일이 있다 해도 메일을 보낸 주체는 그것을 잊어버리지 않는다. 오히려 더 기억하고 직원의 전반적인 업무 태도가 태만하다고 여길 것이다. 기록으로 언제 누구에게, 심지어 누구를 참조했는지까지 데이터로 남는 것이 메일이다. 포워드해야 한다면 화급히 다른 담당자에게 포워드를 해야 할 것이며, 답변을 해야 한다면 화급히 자료를 취합하거나 부서 회의를 통해 답변을 도출해서 답장을 보내야 할 것이다. 회사는 학교 같은 곳이 아니다. 쓸 내용이 마련되어 있다. 이메일 하나를 작성하려고 머리 굴리고 시간을 오랫동안 할애할 일이 아니다.

위로 올라갈수록 결정을 빨리 해야 한다. 신속하게. 그런 패턴에 맞게 해결책을 빨리 도출해 빨리 보낸 이메일이 환영을 받는다. 직장 상사의 속도에 맞춰 보낼 줄 알아야 한다. "학교 같다는 뜻은 오랫동안 의자에 앉아서 쓰고 생각하며 많은 문제지를 푼다는 겁니다. 만들고, 일어서서 돌아다니고, 의견을 발표하는 일이 많지 않다는 거죠." 얼른 SEND 버튼을 눌러라. 그래서 일이 신속하게 진척돼 순환되도록 하라.

신속하게 답변을 하다 보면 콘텐츠를 어느 한 부분 빠뜨리는 실수를 한다. 이것을 신가한 오류로 여겨야 한다. 예를 들어 상대가 넘버링을 하여 1부터 5에 이르는 업무 진행을 요청했을 경우 각 담당자는 자신이 해결할 수 있는 부분과 해결할 수 없는 부분을 나눠 답변한다. 그러다 유실되는 포인트들이 있는데, 그것에 대해서는 첨언을 해줘야 한다. 이 부분은 다른 부서에 맡기는 게 좋다거나 다음 번 회의에서 조금더 논의하자는 식으로 반드시 언급해야 한다. 그런 사람과 그렇지 않은 사람은 차이가 난다.

역으로 메일을 쓰는 주체가 될 경우, 그 상대가 이미 알리라 짐작하는 것까지 간단하게 언급하는 것이 좋다. 예를 들어 물류 담당자에게 특정 상품의 물류 창고 예상 입고일을 물어볼 때에 이미 전 직원에게 고지된 입고관리리스트가 있음에도 불구하고 해당 담당자에게 확인 차 물어보고 있는 것이라는 뉘앙스를 풍겨야 한다. 수입 담당자로부터 전달받았으나 향후 창고 입고일은 대략 어느 날이 될지 여쭤본다는 식으로 물어봐야 한다.

목적도 물어봐야 한다. 본인이 영업 사원이라면 해당 제품을 구매하고자 하는 고객에게 알려 주기 위함이라는 내용도 언급하면 좋다. 유비무환의 자세로 모든 허점에 대비하라. 메일을 쓰는 목적과 이 메일을 쓰기까지 내가 얻은 정보, 그 정보의 루트 등을 한 번만 언급해 보라. 불필요한 내용을 언급했다고 생각 안 할 것이다. 오히려 그렇게 알려주는 것이 메일 한 통을 보내는 위력이다.

전화나 얼굴을 보고 말하면 기록으로 남지 않는다. 기록성을 이렇게 이용함으로써 세밀한 부분까지 신경 쓸 줄 아는 사람임을 어필하라. 작은 부분까지 놓치지 않고 성실히 임팩트 있게 '잘' 해내는 것이 직장 상사가 능력을 높이 사는 길로 터주는 물꼬가 된다.

셋째, 교섭력이다. 외부 업체가 단체로 보내는 업무 메일의 내용은 똑같다. 그런 유의 메일은 어떤 업체든지 똑같이 온다. 하지만 어떤 회사는 그 외부 업체와 우호적 관계를 맺는데 어떤 회사는 그러지 못한다. 그 이유는 해당 메일을 받는 담당자의 교섭력이 회사마다 상이하기 때문이다.

교섭의 키포인트는 정보의 주고받음이다. 유용한 정보를 얻으려면 유용한 정보를 먼저 주어야 한다. 직장 상사나 외부 업체는 뜻밖에 몰랐던 정보, 알고 싶어 하던 정보를 선물로 받으면 상대를 달리 볼 것이다. 그리고 그가 요구하는 사항에 귀를 기울일 것이다. '상대에게 꼭 필요한 정보가 무엇일까?' '상대가 미처 체크하지 못한 위험과 꼭 체크해야 할 대비책은 무엇일까?' 이 두 개의 질문을 반드시 한 후에 메일을 작성하라.

메일을 주고받으면서 일을 진행하다가 얼굴을 보고 계약해야 한다거나 회의를 해야 하는 순간이 온다. 대외 홍보 업무를 맡은 J씨는 주로 기자와 메일을 주고받는 업무를 하는데 회사에 대대적으로 홍보해야 하는 콘텐츠가 생겼다. 이것을 직접 기자에게 보여줘야만 기사로 타진되기 때문에 시간을 다투는 타이밍 문제가 화두였다. 이때 기자에게 초대 메일을 보내는 것으로 자신의 소임을 다했다고 생각하면 오산이다. 화급히 기자에게 알려, 방문 날짜와 시간을 잡을 수 있는 사람이 능력 있는 사람이다.

메일의 효과에 전적으로 기대지 말고 전화하거나 문자를 남기는 식으로 오프라인 미팅을 주선할 줄도 알아야 한다. 가만히 의자에 앉아 키보드를 두들기고 메일을 주고받는 것을 소임으로 여기면 안 된다. 수입 업무에서도, 문제가 발생했을 때는 해외 전화를 걸어 해당 업체의 수출 담당자와 교섭한다. 이럴 때도 메일을 붙잡고 있는 신입이 더러 있다. 메일이 주는 신속성, 정확성에 기대지 않고 실질적으로 사람과 대화해 원하는 것을 이끌어내는 능력이 교섭력이다. 온라인 메일 업무가 주는 안정성을 버리고 두려움이 있더라도 실제 담당자와 커뮤니케이션을 할 수 있는 능력이 요구된다.

커뮤니케이션 수단으로 사용하고 있는 이메일을 분석해보면 상당히 높은 레벨의 업무 역량을 요함을 알 수 있다. 의자에 앉아 일하더라도 엉덩이를 떼고 현장에서 일하는 것처럼 빠르게 메일을 주고받을 수 있어야 한다. 그리고 그렇게 빨리 함에도 불구하고 놓치는 요소들이 없는 꼼꼼함 역시 필수다.

마지막으로 메일을 최종 수단으로 보지 않고 하나의 커뮤니케이션 도구로 보는 자세가 필요하다. 메일 업무만 업무가 아니다. 어느 때는 실질적인 교섭을 하고 계약 확정을 위해 미팅을 주선해야 하며 담당자를 우리 회사의 사무실로 부를 줄도 알아야 한다.

이 삼박자를 갖춘 메일은 눈에 띄게 마련이다. 그리고 한 달 전, 지난주, 어제의 메일까지 업무의 행적은 윗선이 언제든지 평가할 수 있는 자료로 남는다. 이것이 말하지 않고도 메일로 능력을 도드라지게 보이게 하는 방법이다.

4

Chapter

당신을 '호감녀'로 만들어줄
직장 상사 조종 스킬 6가지

직장 상사와 나 사이의
빗장을 제거하라

레니게이드는 미국 자동차 제조사 크라이슬러의 지프 브랜드로 2014년부터 생산하는 컴팩트 스포츠유틸리티차량(SUV)이다. 줄여서 '레니'라고 부르는데 지프의 대표 차량인 랭글러보다 하이엔드 한정판 버전이라고 생각하면 된다. 오프로드의 명장 지프 브랜드의 자동차답게 정통 SUV의 본질 중 하나인 오프로드 주파 능력을 상당히 충실히 담아냈다. 동급의 모든 경쟁 차량이 실상 키 큰 승용차에 불과한 크로스오버 형태의 도심형 SUV를 표방하는 것에 비해 확실히 오프로드에서 재미있게 탈 수 있는 차량으로 평가받고 있다.

회사 내에도 업무를 성실히 하고 사고를 치지 않아 팀에 해를 끼치지 않는 표준형 지프 스타일이 있는가 하면 주행 시는 물론이고 오프로드에서도 다이내믹함을 선사하는 재미 유발형 레니 스타일이 있다. 당신은 어느 쪽에 속하는가. "회사가 나의 개그 능력을 보고 뽑은 건 아니 잖아요. 유머가 있으면 좋지만 없어도 크게 문제가 되진 않잖아요"라고 말하는 소리가 들린다. 일을 할 때도 퍼펙트해야 하고, 일을 안 할 때도 재미있는 사람이 되라니, 요구하는 것이 너무 많다고 생각할 수 있다. 하지만 회사에서 부름을 받고 높은 위치에 오르고자 하는 야망이 있는 신입이라면 지금부터 70퍼센트는 업무 스킬, 30퍼센트는 유머 스킬에 비중을 두고 자신을 업그레이드해야 한다.

평생 일을 한다고 쳤을 때 하루 중 회사에서 보내는 시간은 평균 8시간으로 하루 24시간의 3분의 1에 해당한다. 3분의 1은 잠을 잔다고 쳤을 때 깨어 있는 시간의 반절은 회사에서 사람들과 부대끼며 보낸다. 일중 독자가 아닌 한 대부분 시간을 내서라도 재미라는 요소를 좇으려고 회사 밖의 시간을 열심히 보낸다. 연극을 보고 영화를 보고 수다를 떨며 새로운 공간에 가서 새로운 음식을 먹는 등 재미라는 자극을 늘 갈구한다. 그런데 회사 안에 충분히 재미있는 사람이 존재해 회사에 있는 것만으로도 그 욕구가 충족된다면 어떨까. 그 사람은 나의 문제점을 해결해주는 해결사가 된 셈이다. 업무 자체에 큰 흥미를 못 느끼고 생계형 직장인으로 살아가는 직장 상사 앞에 나타난 나란 존재는 비타민인 것이다.

업무를 잘하고 실수를 안 하는 것만으로는 크게 각인되지 못한다. 사고를 안 냈기 때문에 무던하게 넘어가고 있는 것 그 이상 그 이하도 아니다. 그런데 하나의 이야기를 하더라도 재미있게 한다거나 이야기 자체가 재밌다면 보는 눈이 달라진다. 이 직원은 곁에 두고 회사에서 오래 보아야 할 재미 충전소가 되는 것이다.

한 사람에 대해 유머러스하고 쾌활하고 긍정적인 사람이라는 평가를 하기까지의 과정을 자세히 보면 중요한 시사점이 있다. 누군가를 '재미있다'고 판단하려면 쌍방 커뮤니케이션이 활발하게 일어나야 한다. 한 사람의 일방적인 재미 전달만으로는 성사되지 않는다. 그것을 재미있게 받아주는 사람이 있기에 가능하다.

유머는 누구나 갈망하지만 모두 갖고 있지는 않은 인성 요소다. 그리고 유머가 있는 사람은 한 명의 직장 상사가 아니라 곧 여러 사람이 공공연히 그 가치를 인정해준다. 웃음은 파급효과가 어마어마하다. 그래서 70퍼센트를 투자했던 업무 스킬과 함께 빛을 발한다. 업무 자체를 탁구대 위의 탁구공처럼 핑퐁핑퐁 주고받는 데에서도 희열과 행복감을 느낄 수 있다. 이때 나오는 호르몬이 도파민인데, "아, 재미있다" 하고 박장대소를 할 때 나오는 호르몬이기도 하다. 업무 성과를 높이는 커뮤니케이션을 할 때와 시시껄렁한 잡담임에도 불구하고 재미있는 이야기를 주고받을 때는 동일한 호르몬이 나온다. 그래서 그 강도는 미묘하게 다르지만 일정한 방향의 긍정 효과를 불러온다. 이 호르몬을 자주 느끼게 해준다면 당신은 직장 상사에게 언제나 유머러스한 사람이 된다. 누군가에게 재미를 안겨다 주는 사람일수록 일을 잘할 확률이 높아지는 것은 이 때문이다.

그렇다면 어떻게 해야 나는 유머러스한 사람으로 각인될 수 있을까. 회사 군집의 가장 작은 단위인 사람을 움직이는 키워드가 유머다. 이것은 쌍방 커뮤니케이션의 가장 좋은 결과다. 쌍방 커뮤니케이션의 핵심은 연결성의 극대화다. 서로 연결돼 있다는 감정을 일으키는 데에 중점을 두어야 한다.

첫째, 터부시되는 부분을 이야기하라.

둘째, 나는 바쁜 사람이 아님을 인식시켜라.

셋째, 저녁을 먹자고 제안하라.

넷째, 최근 개인적인 관심사를 오픈하라.

소설, 드라마나 영화, 연극의 소재로 비범치 않게 끊임없이 등장하는 화두는 불륜이다. 불륜을 하라고 조장하는 것이 아니다. 여자는 아름다운 남자나 매력적인 사람과 사랑을 나누고 싶다는 사랑 욕구가 있다. 남자에게 매력적이고 아름다운 여자와 사랑에 빠지고 싶다는 욕구가 늘 있듯이 말이다. 이 상상을 말로써 풀어내면 극적인 호기심을 유발하는 데 도움이 될 것이다. 너무 파격적으로 생각할 것 없이 이와 같은 일탈 욕구를 다룬 영화를 두고 감상을 나누는 시간 정도로 족하다.

둘째, 연결성의 고리를 풀려면 나에게 둘러진 '바쁨 장막'을 걷어야 한다. 이 회사에 말단부터 CEO까지 안 바쁜 사람은 한 명도 없다. 굳이 바쁘다고 말할 필요가 없다. 바쁘다는 말을 입버릇처럼 달고 사는 사람에게는 아무도 뭔가를 의뢰하지 않는다. 다가가지 않는다. 그에게 부탁하는 일을 하고 싶지 않다. 결국 인연이 단절되고 만다. 당신은 주어진 일만 하는 로봇이 아니다. 누군가가 도움을 요청할 수도 있는데 계속 바쁘다고 말하고 다니면 새로운 어떤 기회도 찾아가지 않는다. 그 도움이 나에게 하나의 기회로 작용할 수도 있는데도 불구하고 원천 봉쇄하는 꼴이다.

성공하는 사람들을 보면 연결의 고리를 늘 열어놓고 다닌다. 크고 작은 모임에 꾸준히 나간다. 아침에도 점심에도 저녁에도 주말에도 모임을 갖는다. 나 역시 하루에 세 개의 모임, 한 달에는 열 개의 모임에 나간 적이 있다. 그토록 바쁜 사람들이 이처럼 잦은 모임을 갖는 이유가 뭘까? 간단하다. 서로 연결하고 또 연결하기 위해서다. 그 연결이 자신에게 돌아온다는 것을 아는 사람들이다. 직장 상사와 나 사이의 연결 가능성을 높이지는 못할망정 차단하는 말을 해서는 안 될 것이다.

셋째, 먹는 것을 하찮게 여기면 안 된다. 직장 상사나 당신이나 모든 이들에게 먹는 일은 가장 중요한 것이다. 가슴에 손을 얹고 생각해 보자. 봉급을 제아무리 많이 준다 한들 그 안에서 식비를 한 달에 10만 원만 쓰라고 강요한다면 수긍할 수 있는가. 먹을 때는 개도 안 건드린다고 했다.

지금 밥 먹을 시간 따위 없다는 식으로 매섭게 퇴근 시간을 넘어서고 있다. 처리해야 하는 일이 산더미다. 야근해야 하는 날임을 직감한다. 직장 상사들은 저녁 먹는 것은 안중에 없고 일에만 몰두한다. 하지만 이때에 신입들이 해주면 좋은 말이 있다. "많이 배고프시죠? 잠시 샌드위치라도 사올까요?" 이것을 부정하는 직장 상사는 없다. "지금은 많이 바쁘니 한 시간 뒤에 얼른 일 마치고 저녁을 먹자"라고 말한다거나 샌드위치 말고 김밥을 사오라고 지시할 수는 있다.

이것을 논리로 설명할 수는 없다. 사람들은 누구나 때가 되면 배가 고프고, 배가 고프지 않더라도 맛있는 음식으로 힐링하기를 원한다. 야근을 밥 먹듯이 하는 회사라면 이와 같은 처세의 말은 큰 효과가 없다.

하지만 어쩌다 예기치 않게 야근을 하게 된다면 이와 같이 저녁 먹는 시간을 벌어주는 말을 반드시 하라. 이는 회사 생활 자체에 여유가 있음을 보여주는 것이며, 상대를 배려하는 행위다.

이 같은 제안을 할 때는 웃음을 띠고 말해야 한다. 왜 밥도 안 먹고 일을 하냐는 식으로 불평하는 투는 안 된다. 무언가를 같은 시간대에 같이 먹는 행위는 사람과 사람 사이를 가까이 하는 데 아주 큰 도움이 된다. 연결 고리는 딴 데서 찾는 게 아니다. 인간이라면 필수적으로 갖고 있는 욕구를 '나도 갖고 있고 너도 갖고 있구나' 하고 공감하고 배려하는 마음가짐을 가지면 쉬이 해결된다.

넷째, 가장 최신의 관심사를 오픈하라. 회사 사무실에 커피 머신 기계가 있었지만 에스프레소 잔이 없어서 따로 구매하려 한 적이 있었다. 아메리카노를 먹지 않고 주로 에스프레소를 먹었는데 잔이 없어서 종이컵에 담아 먹는 일이 잦았다. 그런 이야기를 자연스럽게 하게 되었다. 내 지금 관심사가 '어떤 에스프레소잔을 사야 좋은 것인가'에 있었으니까. 이 이야기를 들은 한 이사는 이태리 거주 시절 주로 사용하던 식기류와 주방용품에 대해 이야기하시면서 엘리쎄라는 브랜드를 소개해주셨다. 먼저 관심사를 오픈하니 자연스럽게 그녀의 관심사를 말할 기회도 열린 것이다.

누군가가 어떤 관심사를 알리고 해결책을 요청하면, 듣는 사람은 자신이 잘 안다고 생각하는 것을 위주로 대답한다. 잘 안다고 여기는 것에 대부분 관심을 가지고 있기 마련이다. 이렇듯 순환 구조로 나의 관심사 오픈이 상대의 관심사 오픈에 영향을 준다. 자신이 좋아하는 것을 말하는 것을 안 좋아하는 사람은 없다. 과묵한 사람마저 자신의 취미, 특기, 애정을 쏟는 것, 관심을 두고 있는 영역에 대해 말할 기회를 열어주면 봇물 터지듯이 이야기하기도 한다.

사람들은 지금 관심 있는 것에 대해 듣는 것을 좋아한다. 지금 관심 있는 것일수록 희소가치가 있기 때문이다. 여러 번 말하는 내용이 아니라는 점이 상대에게 감동을 준다. 일종의 대접을 받는 느낌도 받는다. 최신 관심사일수록 정말 절친을 제외하고서는 여러 명의 사람에게 말하지 않았을 가능성이 높다. 그런 이야기를 직장 상사에게 하라. 직장 상사는 대접받고 있다고 은연중에 느낄 것이다. 자신을 소중하게 생각하는 사람에게 마음을 연다. 그리고 그 보이지 않는 연결 고리 덕분에 나의 편안한 유머도 전달된다. 장막이 쳐져 있는 사람에게는 말도 얼게 된다. 최대한 가식 없이 재미있게 말을 꺼낼 수 있는 경지에 이르기까지는 초반의 이런 노력이 필요하다.

사람들은 누구나 다른 사람이 어떻게 지내는지에 관심이 있다. 주위에 관심이 없는 사람은 일찍이 사회생활을 하지도 않는다. 일종의 관음증이라고도 할 수 있는데 병적 증상을 이야기하는 것이 아니다. 경미한 정도의 관음증은 누구나 갖고 있다는 말을 하고 있다. 나의 현재 생활과 주변 사람의 생활에서 궁금증을 유발하는 요소들을 적극 활용해 이야기의 소재로 삼으라. 먼저 관심사와 욕구를 풀어내 직장 상사에게 자신들의 욕구가 배려받는다는 느낌이 들도록 말하라. 이러한 노력을 꾸준히 한다면 직장 상사와 유희적인 담화를 나누게 되고 당신에게 필요한 30퍼센트의 유머가 장착된다.

함부로 할 수 없는
매력적인 바디를 가져라

다이어트에 대한 관심, 아름다운 몸을 만들기 위한 노력을 한 번 시작을 한 사람은 멈출 수 없다. 여성에게 매력적인 바디는 권력이라는 말도 있을 정도다. 원래 마르면서 탄탄한 S자형 몸을 가지고 태어난 사람도 있지만, 안 그런 사람들이 대부분이다. 이 말인즉슨, 반드시 노력이 필요하다는 말이다. 운동을 하든 먹는 것을 조절하든 의식적으로 몸을 가꾸는 행위를 한다고 보면 된다.

하지만 물리적으로 먹고 움직이는 것만으로 매력적인 바디를 누구나 가질 수 있는 것은 아니다. 단박에 몸이 예뻐지는 비법을 말하고자 하는 것도 아니다. 일례로 나는 타고난 체형이 서구적이고 밸런스가 좋은 편이었으나 44사이즈는 아니다. 하지만 사회생활을 하면서 늘 듣는 소리가 있다. "모델 같아요." "모델일 하셨어요?" "되게 동양인 모델 같아요."

오히려 34-24-36의 인치 수였던 대학생 때는 그런 말을 듣지 못했다. 얼굴에서 생기가 돌지 않을 정도로 극도의 식이를 하며 몸매 관리에 한창 열을 올렸음에도 불구하고 말이다. 자신감이 없었다. 지나치게 이상적으로 변하려고 노력하다가 원래 갖고 있던 고유의 볼륨을 제거했다. 그때가 가장 말랐지만 제일 볼품없었다. 키가 크고 쭉정이 같은 느낌이었다. 주위에서는 말랐다는 말만 할 뿐, 그 위에 평판을 얹어 모델 같다거나 포카혼타스, 뮬란 같다는 말을 해주지 않았다.

미디어 속에 노출된 이상적인 바디는, 거의 근접해본 사람으로서 말하자면 허상이다. 그런 몸을 유지하려는 노력은 몸을 가지고 일을 하는 직업군만 해야 한다. 그렇지 않은 직장인이라면 뼈를 깎는 고통으로 볼품 없는 마른 쭉정이로 가는 길을 멈춰야 한다.

자신만 옳다고 믿는 다이어트 방법, 운동 방법을 고수하고 있지 않은지 점검해야 한다. 나는 서른 살이 되기 전까지 한 번도 다이어트에 돈을 들인 적이 없었다. 하지만 EMS트레이닝 전문가를 만나 혹독하게 체질을 변화시켰다. 기초대사량을 높여 많이 먹어도 살이 덜 찌는 몸을 만들었으며, 코어 근육량을 지대하게 높였다. 그리고 자주 건강한 음식을 먹는 습관을 길렀다. 이런 식으로 전문가의 조언을 통해 몸을 아예 변화시키는 시간을 가지는 것에는 찬성한다.

완벽한 몸을 향해 달려나갈 때 위와 같은 외부적인 자극 말고 꼭 필요한 정수가 있다. 나를 '그러하다고 여기는 일'이다. 경험을 빗대어 말하자면 다음과 같은 생각을 늘 의식적으로 했다는 점을 말해주고 싶다. 나는 나를 모델이라고 생각했다. 모델은 어떤 옷이든 척 걸치면 잘 소화하게끔 몸매 관리를 해야 한다. 그리고 자신에게 어울리는 스타일의 옷을 능동적으로 고를 줄도 알아야 한다. 모델은 자신이 먹는 것, 입는 것, 자는 것, 생각하는 것이 무대 위나 화보 위에 반영된다는 생각을 하고 몸에 좋은 에너지가 순환하도록 좋은 것만을 취한다. 그리고 모델 역시 연예인에 준하게 미디어에 노출되므로, 늘 어느 정도 긴장된 상태로 하루를 보낸다. 집밖에 나서는 순간 시선이 자신에게 온다고 생각하고 행동한다.

원하는 몸매가 있다면, '나는 이미 그런 몸매를 가진 사람이다'라고 생각하는 것이 중요하다. 나는 그런 몸매를 가질 만한 가치가 있는 사람, 몸매 칭찬을 받을 만한 사람이라는 인식을 스스로 해야 한다. 누가 뭐라 하든 간에 그런 몸매를 나는 가질 수 있고 평생 유지할 수 있다고 인지하고 있으면 행동으로 반드시 나타난다. 이것이 변화의 시작이다.

운동도 마찬가지다. 현재 상태를 인바디를 통해 객관적으로 체크한 다음 목표를 향해 운동하고 식이조절을 할 때도 마인드 컨트롤이 가장 중요하다. 설령 오늘 운동한 만큼 바로 변화가 오지 않겠지만 내가 바라는 몸매를 향해 근접해가고 있다고 끊임없이 암시해야 한다.

그렇다고 강력하게 늘 주시하며 그것만 생각할 필요는 없다. '종종 나는 좋은 몸매라는 소리도 들어봤던 사람이야. 나는 충분히 내 몸을 변화시킬 수 있어'라고 인지하면서 자신감을 가져야 한다. 운동을 하면서 몸에 변화를 주려면 마인드에 신경을 써야 한다. 운동을 하며 의식적으로 신경을 쓰는 사람은 거의 없다. 런닝머신 위에서 한 시간 뛴 것만으로 오늘 운동을 다 했다고 여기며 내일의 변화를 기대한다. 이들은 마인드에 신경을 쓰지 않는 사람들이다. 뛰면서도 출렁이는 뱃살을 의식적으로 생각하는 사람은 구체적으로 상상도 같이 한다. "유용하게 내 지방을 태우며 동시에 효율적으로 근육을 늘리면서 오늘 하루 2킬로그램 감량하고, 이틀 뒤에 운동을 하기 전까지 식이조절을 이런 방식으로 하면, 다음 번 운동할 때는 반드시 더 나아진, 그리고 내가 바라던 몸매가 완성된다." 이런 생각을 머릿속으로 얕게나마 끊임없이 하면서 런닝머신 위를 달리는 사람은 그 생각이 그대로 현실로 구현된다. 바라던 몸매를 깆게 된다.

몸 관리를 할 때 신체적인 것뿐 아니라 멘탈 관리까지 하는 그녀는 회사에 어떤 식으로 비칠까. 그럴 줄 아는 그녀는 몸 관리만이 아니라 모든 것을 컨트롤할 수 있는 사람이다. 그러기에 함부로 대할 수 없다. 그녀의 자신감 넘치는 바디는 매일매일 의식적으로 몸을 가꾸고 외부적인 영향을 가함으로써 나온 것이다. 몸에 대해 할 수 있는 모든 관심과 노력을 하고 있으니, 결과는 개의치는 않으리라 생각한다. 태릉선수촌에서 열심히 연마하고 세계무대로 출전하러 나가는 국가대표 선수의 마음가짐과도 같다. 그럴 정도로 경건하고 의연하며 당당한 애티튜드는 제아무리 직장 상사일지라도 손상을 가하지 못한다. 그렇게 노력해온 결과 지금의 단단한 상태를 만든 것이니 오히려 주위에서 몸매뿐 아니라 그녀의 멘탈까지 칭찬하게 된다.

호텔 체인점 주아 드 비브르 호텔은 새로 체인을 낼 때 다음과 같은 방법을 취한다. 우선 타깃 고객을 선정한 후 그들의 욕구를 가장 잘 정의하는 잡지를 고른다. 그런 다음 다섯 개의 단어로 호텔의 핵심을 묘사한다. 실제로 피닉스에 호텔을 새로 열 때 그 호텔의 잡지는 롤링스 톤이었다. 다섯 개의 형용사는 '파격적인, 불손한, 모험적인, 멋진, 젊은'이었다. 이 형용사들은 호텔을 새로 단장하는 일을 넘어서 서비스, 직원 채용의 문제까지 모든 것을 좌우했다. 피닉스 호텔은 로비에 기타를 연주하는 개구리 조각상을 전시했으며, 로큰롤 음악가들을 초청해 정기적으로 연주를 하게 했다.

피닉스 호텔을 대표하는 이미지가 로큰롤이듯 우리를 대표하는 이미지는 몸이다. 단순히 정형화된 퍼펙트한 수치를 향해 정진하고 있다면 그 노력은 높게 산다. 하지만 그렇게 일률적으로 마른 몸매가 되는 것은 추천하지 않는다. 각자 몸은 일부러 나쁜 쪽으로 해치지 않은 한, 예쁜 구석이 다 있다. 허리라인이 유독 예쁘다거나, 목선이 예쁘거나, 종아리가 얇고 길다거나 하는 식으로 말이다. 하지만 퍼펙트한 신체 부위의 치수에 집착하면 표준화된 예쁜 몸매가 되고 만다. 원래 더 예쁘게 드러났어야 하는 개성은 사라지고 만다.

표준화된 예쁜 몸매를 가지면서도 개성을 잃지 않으려면, 개성을 의식적으로 존중해야 한다. 지금의 것을 부정하지 않고 온전히 인정한 후 더 나은 몸매를 향해 나아가야 한다.

5성급 호텔에는 각각 하이엔드 서비스라고 규정된 일련의 서비스가 있다. 모든 호텔이 다 같은 서비스를 제공한다고 가정해보라. 얼마나 개성 없는가. 다시 찾아가고 싶은 마음이 안 들 것이다. 피닉스 호텔처럼 대표하는 형용사를 염두에 두고 몸을 디자인하면 얼마나 개성 있으면서 예쁜 몸이 탄생할 것인가. 나만이 가지고 있는 형용사는 내가 안다. 내가 찾아야지 남들이 찾아주지 않는다. 누군가가 특별히 눈썰미가 좋고 당신에게 관심을 가져서 '이런 저런 부분이 당신의 매력이다'라고 말해주는 경우도 있지만, 안 그럴 때는 내가 찾아야 한다. 운이 좋게도 나는 모델 같다는 말을 들었기에 그것을 하나의 이미지로 삼았다. 그리고 그런 이미지를 유지하려고 걸음걸이, 먹는 것, 생활 태도를 모델스럽게 바꾸었다.

차량 마니아들은 포르쉐의 911 디자인을 수준이 높고 아름답다고 평가한다. 911은 매력적인 유선형의 몸체를 가졌는데, 내부 역시 매끈하게 디자인되었다. 우리 몸도 그래야 한다. 내외부가 일치해야 한다. 고가의 수입차들은 제작 시에 내관, 외관 모두에 신경을 쓴다. 하나같이 좋은 자재로 럭셔리하게 마감돼 있다. 내장재와 소프트웨어에 신경 쓰는 것은 물론이다. 이 차들을 함부로 대하는 사람은 없다. 오히려 경외한다. 우리의 몸도 그러하다. 우리를 포장하는 외관과 우리의 의식을 장악하는 내관 모두 컨트롤하기 나름이다. 그리고 컨트롤한 자의 몸은 하루 아침에 만들어지지 않기 때문에 진귀하다. 그 값어치를 인정받으면서 회사를 다니는 쪽을 추천한다. 이왕 회사를 다니는 것, 뽐내면서 다니자. 모델 같다는 소리는 한 번 들어봐야 하지 않겠는가.

일에 대한
관점을 달리하라

세계 최고봉에 오르려는 등산가가 있었다. 그는 여러 해를 준비한 뒤 드디어 정상 정복에 나섰는데 혼자 영광을 누리고 싶어 단독 도전에 나섰고 끊임없이 앞으로 나아갔다. 어느덧 해가 저무는데, 이 사람은 야영하지도 않고 계속 앞으로 나아갔고, 이제 사방이 전혀 보이지 않았다. 칠흑 속에서, 이 사람은 계속 자일과 로프에 의지한 채 정상을 향해 나아갔다. 이제 조금만 더 올라가면 된다. 그런데 순간 암벽에서 미끄러져 넘어지며 까마득한 아래로 떨어졌다. 가슴이 멈추는 소리가 들렸다. "철렁!" 까마득한 절벽에서 자일 하나에 의지한 채 대롱대롱 매달려 있었다. 자일 한 줄만이 등산가의 목숨을 지탱하고 있었다. 이 사람이 울부짖었다.

"하느님! 살려주세요!"

하느님이 말했다.

"나를 믿느냐?"

"믿습니다!"

"그럼 그 줄을 끊어라."

공포의 고요함 속에서, 이 사람은 번뇌했다. 그리고 어렵게 결심했다. 끝까지 이 줄을 붙잡아 죽지 않기로. 다음 날, 구조대가 시신 하나를 발견했다. 자일 하나에 대롱대롱 매달린 채 얼어 죽어 있었는데, 그 시신의 발과 땅 사이의 거리는 단 10센티미터였다.

이 등산가가 상황에 대처하는 방식과 우리가 일반적으로 일을 대하는 방식이 흡사하다. 입사하고 싶어 안달을 내던 회사에 들어간 후에, 하나의 프로젝트를 완수하려고 달려갈 때 위 이야기 속 하느님과 같은 조력자의 조력을 무시하고 내가 좋아하거나 익숙한 방식으로 일을 해결하려 한다. 우리는 나름 대학교에서 전문 지식을 쌓고 이 회사에 취직한 것이다. 전공을 살리지 않았더라도 충분히 교양과 스킬을 쌓고 입사했기에 자신감이 하늘을 찌른다.

한마디로 스스로를 똑똑하다고 여긴다. 그러면서도 두려워한다. '이 일을 잘해낼 수 있을까' 하는 두려움이 엄습한다. 실질적으로 실무를 처음 접했거나 공부하던 분야가 아닐 경우에 그러하다. 세계 최고봉에 오르고 싶지 않은 신입 사원이 있을까. 고학력과 다양한 경험을 거친 후 의욕이 충만한 상태로 입사했기에 그 누구보다도 신선하고 하이퀄리티인 브레인을 갖고 있는 것은 맞다. 하지만 이들에게는 아집 또한 존재한다. 좋아하는 것만 하겠다는 아집이다.

'좋아하는 것만 하겠다'란 자세를 가진 사람은 입사를 할 것이 아니라 창업을 해야 한다. 누가 뭐라고 하든 간에 '나는 나의 길을 가련다. 내가 좋아하는 것을 더더욱 잘하려고 좋아하는 것만 하겠다'는 마음가짐은 회사원에게 치명적인 단점이다. 좋아하는 것만 하는 것이 나에게 당당한 것이고 나를 위한 것이라고 자위하며 기만하지 마라.

회사는 '당신 좋아하는 일 여기 있소' 하고 입맛 골라가며 딱딱 맞춰 일을 주지 않는다. 좋고 싫음의 기준을 가지는 순간 취할 수 있는 결과적 이득은 줄어든다. 선택한 것만 하고픈 마음 탓에 기회도 적게 주어진다.

중화인민공화국의 주석 후진타오는 명문대학교인 칭화대학교에서 수리학을 우수한 성적으로 졸업한 수재였다. 졸업한 후진타오는 1968년 간쑤성 용칭현에 있는 류지아샤 댐의 노동자로 직장을 배정받는다. 후진타오는 대학교를 나온 엘리트였음에도, 관리직이 아닌 노동자로 직장 배정을 받았으나 낙천적인 성품을 발휘해 빠르게 적응하여 현장 노동자에게도 인정을 받았다. 그는 그 시절을 회고하며 이렇게 말했다. "내가 유가협에서 일할 때는 정말 생활이 말이 아니었지. 공사가 한창 진행될 때 현장 일꾼이 2만 명이었어."

그의 적응의 힘은 어디서 나왔을까. 자신의 능력에 대한 자신감이다. 자신이 잘하고 좋아하는 것은 어느 정도 분명히 인지하고 있되, 사회에서 실질적으로 업무를 할 때는 좋아하는 것과 싫어하는 것을 구분하지 않는 태도를 지녀야 한다. 때를 기다리는 것이라고 보면 된다. 때를 기다려서 언젠가 내가 잘하는 일을 할 것이라는 믿음을 가지는 것이 중요하다. 그러면 학창 시절 잘하던 것을 사회생활에 활용하지 못하고 있더라도 크게 낙심하지 않는다. 그때 익힌 사고 능력, 지식 등이 배경이 돼 현재 일을 잘하도록 윤활유 역할을 하는 것이라 생각하니 말이다.

1985년 11월초 토요일, 후진타오는 귀주대학과 귀주사범대학으로 와서 학생들과 같이 학생식당에서 직접 밥을 퍼 먹으며 이야기를 나눴다. 그중 한 사학과 학생이 이렇게 말했다. "역사를 공부하는 사람은 출세하기 어려워요." 이 학생은 절망하고 있던 것이다 후진타오는 이렇게 대답했다. "출세와 성공, 그 확률은 모든 사람이 같습니다. (중략) 핵심은 '사람 하기 나름'이라는 겁니다." 그리고 자기 이야기를 했다. "나는 수리학을 배운 사람입니다. 그런데 지금 하고 있는 일은 수리와 관계없는 일이에요. 지금도 수리 분야에서 일하고 있는 내 학우들은 나만큼 출세하지 못했습니다."

모든 것은 자기 하기 나름이다. 학창 시절에 잘하던 것을 사회생활에 못 써먹는다고 아쉬워할 필요가 없다. 써먹지 못하는 회사에 입사하기로 마음먹은 것은 당신이다. 그것을 모르고 입사했다면 재고를 해야겠지만 인지한 상태로 입사해놓고 '내가 하고 싶은 일은 이것이 아니다'라고 잡아떼면서 계속 좋아하는 것만 달라고 칭얼댈 것인가. 회사는 학교가 아니다. 그런 것을 받아주는 정도도 회사에 따라 다르다. 그럴 가능성이 초반에는 없다고 가정하고 지금 앞에 놓인 일을 잘 완수하면 된다. 완수할 수 있는 배경 능력은 이미 다 갖췄기 때문에, 하면 된다.

그런데 이때도 '오로지 내 힘으로 할 수 있다'고 생각하면 문제다. 미국에서는 거꾸로 교실 수업법이 크게 히트를 치고 있다. 거꾸로 교실에서는 교사가 학생에게 무언가를 일방적으로 가르쳐 주지 않는다. 학생들끼리 서로 가르치면서 다양한 활동을 통해 학습을 해나간다. 우리나라의 몇몇 클래스에서 주도적 학습이라는 이름으로 시행하고 있는 교수법이다. 배움을 바꾸는 방법이기도 하다. 이때 나는 누군가에게 교사이기도 하며 그 누군가는 나의 교사이기도 하다. 가르침과 가르침을 받는 사람의 경계를 무너뜨렸다.

우리나라의 어느 학교에서 거꾸로 교실 수업법을 이용한 사례가 있다. 교사가 가르치는 방식하에서는 대부분의 학생이 수업에 집중을 못하고 산발적으로 놀기에 바빴다. 하지만 거꾸로 교실에서는 단 한 사람도 허튼 짓을 하지 않고 서로를 가르치는 일에 열을 올렸다.

목표를 능동적으로 스스로 부여할 수 있는 사람이 있지만, 설령 그렇다 할지라도 그것이 혼자 일을 잘해낼 수 있다는 증명은 아니다.

뭔가를 가르칠 때를 생각해보자. 알고 있는 것을 밖으로 내보일 때는 선의가 바탕이 된다. 상대를 위하고 사회를 위하는 마음을 가진다. 자신이 잘났다는 것을 보여주고 싶어서 가르쳐 주는 사람은 없다. 이렇게 서로 가르쳐 주는 행위의 기저에는 가치의 내보임, 공유라는 핵심 키워드가 있다. 공유는 한순간 나에게서 일방적으로 나가는 것이 아니다. 돌고 돌아 다시 나에게 에너지와 효과가 고스란히 돌아온다. 자연의 이치와도 같다.

업무에도 자연적인 이치에 닿게 일하는 사람이 되어야 일의 능률을 순풍에 돛 올리듯 자연스럽게 높일 수 있다. 그리고 생각보다 쉽게 일을 완수할 수 있다. 현재 잘하고 관심 있어 하는 분야가 확실히 있어서 하는 모든 일이 그것과 연관돼 있으면 좋겠지만 어느 때는 연관성이 없는 잡무나 프로젝트를 담당하게 되기도 한다. 수리학 수재였지만 간쑤성에서 빼도 박도 못하고 노동을 했던 후진타오처럼. 우린 우선 그것을 완수할 수 있는 능력이 이미 있다는 것을 믿어야 한다. 그런 믿음을 가지고 내가 가진 것을 총체적으로 버무리면서 팀내 조력자를 찾아 그들과 서로 정보와 스킬을 공유하며 좋아하지 않았던 일을 수행해보라. 이것이 일을 대하는 바람직한 태도다.

업무에 명확한 중점 목표가 있으면 잡무를 해도 마음이 상하지 않는다. 회사는 그런 중점 목표를 지닌 직원을 응원한다. 그리고 도우려 한다. 그 커리어를 완수하게끔 도와주는 방향이 될 수밖에 없다. 아무 목표 없이 일하는 사람은 일을 대하는 잣대가 다분히 자기 중심적이고 미성숙하다. 자기 기준에 하찮거나 하기 싫다는 이유로, 혹은 조금 더 성숙하긴 하지만 아집에 가까운 생각인 '내가 좋아하는 일이 아니므로 하고 싶지 않다'라는 이유로 일을 잡스럽게 해결한다. 해결하면 양반이다. 그 일을 완수하라는 직장 상사의 지시가 무색할 정도로 일에 책임감을 갖지 않는 직원도 있다. 이런 이에게 두 번 다시 더 큰 기회, 적합한 기회는 없다. 주어진 일을 의연하게 받아들이고 팀워크를 통해 완수할 사람을 찾는다. 직장 상사에게는 그런 인재가 필요하다.

역 리더십을
발휘하라

2016년 5월부터 2017년 3월까지 수입차 오너들의 모임에 정기적으로 참여한 적이 있다. 모임 구성원은 200명 가까이 되었으며 일주일에 한 번 토요일마다 저녁 커피모임을 가졌다. 회원들과 친해지면서 드라이브를 단체로 가고 싶어 하는 회원이 여럿 있음을 알았다. 모임장도 드라이브 모임을 지속적으로 하고 싶어 했으나 그런 특수한 야외 활동을 할 때 감당해야 하는 특별한 책임감 때문에 피하거나 자제했다는 것을 알게 되었다. 그래서 누가 시키지도 않았지만 회원들의 의견을 반영해 드라이브를 원하는 사람을 규합해 장소와 날짜를 정했다. 그리하여 최초로 여자 회원이 기획하고 주도하는 드라이브 모임이 성사되었다.

사실 나이가 들수록, 사회인이 될수록 군소리 없이 자발적으로 사람들이 한 자리에 모이기 힘들다. 그럼에도 불구하고 여러 회원의 생각과 느낌에 오감을 기울이고 그들의 욕구를 모두 만족시키는 스케줄을 기획했고 운영했다. 그날 이후 운영진을 맡아달라는 제의가 한 달간 이어졌고 삼고초려 끝에 최초의 여자 운영진이 되었다. 그때 만든 드라이브 루트는 다른 수입자동차 모임에서도 회자가 될 정도로 우수한 사례였다.

이것이 이른바 역리더십이다. 나는 모임 활동에 솔선수범하는 회원이었다. 매주 정기적으로 모임장이 주관하는 커피모임에 거의 빠지지 않고 나갔다. 그러면서 모임장과도 자주 대화하고 회원들과도 자주 교류하였다. 매주 토요일 저녁 7시에서 9시 사이는 자동차 모임을 하는 시간으로 비워놓고 성실히 참가하였다. 새로운 사람들과 대화하면서 식견이 넓어지고 정보와 감정을 교류할 수 있으므로 의미 있다고 느꼈기 때문이었다. 다양한 차종, 다양한 나이, 다양한 직업군에 해당하는 남녀가 모여 대화하는 것이 즐거웠다. 기꺼이 그들의 이야기를 들었고 질문했고 대답했다. 천성적으로 기질이 맞았는지 몰라도 첫 번째 단계에는 평범하지만 솔선수범하는 모범회원이었다.

그러다가 두 번째 단계에 돌입한다. 모임에서는 한 번 이상 오프라인 모임에 참가한 회원 중 희망자에 한해 단체 카톡방에 초대했다. 30명에서 많게는 50명까지의 참가자 규모를 한정해 놓고 오프라인에서 미처 하지 못한 이야기를 채팅에서 했다. 오프라인 모임에서 느꼈던, 사람들과 교류하는 데서 오는 행복감이 온라인에서도 지속되었다. 그러면서 24시간 동안 회원들이 하는 말을 하나도 빠놓지 않고 알게 되었다. 실시간으로 확인을 못 한 내용도 앞으로 가서 읽으면 흐름을 알 수 있었다.

매 일 매 시간 매 분 매 초 다양한 회원의 일상사와 특이한 생활, 사건, 사고, 후기 등이 봇물 터지듯이 여기저기서 나왔다. 각자의 이야기를 하다가도 어느 한 주제에 대해 토론하기도 했으며 그럴 때마다 세 명에서 여섯 명의 회원들이 본격적으로 대화에 뛰어들었는데 실제 대화를 하듯이 셀 수 없는 카톡들을 나누었다. 철학적인 심오한 내용이 소재로 올라오기도 했는데, 말들이 길어지니 만나서 이야기하자는 식으로도 번졌다. 자동차라는 공통의 관심사로 만난 사람들이지만 자동차가 아닌 다양한 관심사가 언제든지 이야기의 소재로 올라왔다. 그러기에 그 콘텐츠의 풍부함은 이루 말할 수 없었다.

그러면서 회원들의 성향과 특징 등을 파악할 수 있었다. 모임장과 버금가는 수준으로 회원들의 관심사를 알게 되었으며 그들이 카톡방에 등장하는 시기를 분석함으로써 각자가 하루를 어떻게 운영하는지를 가늠할 수 있었다. 시간적 여유가 있을 때나 이동 중에 카톡을 확인하고 대화에 참여할 여력이 생기므로 그들이 하루 중, 일주일 중 어느 때와 어느 날에 시간적으로 여유가 있는지도 알게 되었다. 그리고 대체적으로 나이대와 직업군에 따라 소유하는 차량의 종류가 같았으며 컬러도 어느 정도 그것과 관련이 있음을 알았다. 200명 중 실질적으로 활발히 활동하는 회원은 50명 정도였기 때문에 작은 표본에 의한 일반화 오류일 수도 있었으나 적어도 이 모임에 대해서는 누구보다 빠삭하게 아는 데 도움이 되었다. 분석이 절로 될 정도로 회원들에 대한 데이터를 충분히 쌓은 후, 그들이 모임에서 얻고자 하는 혜택이 무엇인지 탐구했다. 그것은 새로운 이성과의 만남을 통해 삶에 자극을 불어넣고 더 나아가 연인을 만나고 싶어 한다는 것이었다. 커피를 마시면서 얼굴을 보고 대화하는 것만으로는 부족했다. 같이 하나의 목표를 가지고 활동적인 놀이를 하면 자연스럽게 친해진다는 것에 착안해 다양한 놀 거리들을 개발하였다. 나 역시 그 혜택을 취하고 싶어 하는 회원이었기에 자발적으로 그런 활동들을 개발했다. 그리고 회원들의 욕구가 은연중에 드러났으며 그 욕구를 확실히 충족하지 못하고 있다는 결론에 이르렀다. 새로운 놀이를 기획하고 행동하고 이끌어줄 리더를 갈망했다.

그 전까지 나는 도의적으로 책잡힐 일을 하지 않았으며 도리어 사람이 좋다는 칭찬을 많이 받았다. 누군가 험담을 해도 참여하지 않았으며 내가 먼저 뒷담화를 하는 일도 없었다. 그리고 모임에 참가한다고 말했으면 반드시 그 약속을 지켰다. 자발성을 바탕으로 하는 자율적 모임이었지만 모임장이 만든 규칙은 철저하게 지켰다. 열심히 참여만 하는 수준이 아니라 그들에게 매력적인 인격의 소유자임이 어필되었다. 그것을 염두에 두고 활동한 것이 아니지만 모임장에게도 신뢰를 받고 일반 회원에게도 신뢰를 받는 수준에 이르렀다. 그러다가 세 번째 단계, 실제 회원들의 의견을 규합하고 조율하는 운영진의 역할을 수행했다.

이 세 단계는 후에 살펴보니 나폴레온 힐의 《성공의 법칙》에 나오는 5장 '솔선수범과 리더십'의 내용과 완벽하게 일치하였다. 그가 진정한 리더십의 구성 요소를 설명하려고 인용한 연설이 있다. 1차 세계대전의 위대한 군인으로 평가받는 바크(Major C.A. Bach) 소령의 연설이다. 그는 성품이 조용하고 겸손한 장교이며 지도관이었다. 바크 소령이 제시한 일곱 가지 요소 중 세 가지 요소를 임의로 간추려 정리하면 다음과 같다.

첫 번째 요소는 자신감이다. 난 모임의 초창기부터 거의 모든 활동에 참여함으로써 실질적으로 모임의 기초를 철저히 알았다. 회원들이 물어보는 모임의 규칙, 앞으로 진행될 모임의 내용, 진행 방식을 잘 알고 있었기에 그들이 질문하는 사항에 늘 대답할 준비가 돼 있었다. 정확한 지식이 있었기에 자신감을 가지고 전파할 수 있었다.

더 나아가 모임장이 정기 모임을 주최하는 프로세스를 관찰하기도 하고 모임장이 그런 과정에서 생기는 고충을 나에게 털어놓음으로써 모임장의 업무를 재고해보는 시간을 가졌다는 것도 리더십을 갖게 한 요소였다. 모임장의 행태에 이해할 수 없는 부분이 많다는 회원들에 비해 모임장을 전적으로 이해했다. 모임을 잘 운영하고자 누구보다 깊게 고민하는 사람임을 알았기 때문이었다. 모임장이 극도로 싫어하는 부류의 사람과 행동도 파악했기 때문에 사람 보는 안목을 넓게 길러 자신감 있게 회원들에게 충고할 수 있었다.

모임장이 직접 제안하는 모임에는 한 달에 한 번은 아무리 바빠도 나와서 얼굴을 비치는 성의를 보여야 한다고 일반 회원들에게 간혹 말해주기도 하였다. 모임장이 예뻐하는 회원이어야 그 각자의 회원에게 혜택이 있었기 때문이었다. 모임장이 주선하는 개인적 미팅은 모임장과 친하게 지내는 회원들의 특권이었다.

두 번째 요소는 도덕적 우위다. 200명의 남녀가 만남의 기회를 열어놓은 모임이었기 때문에 재미로 만나는 사람도 많았다. 인연을 중요하게 여기지 않고, 약속을 잘 지키지 않는 사람도 많았다. 그러나 나는 비즈니스 미팅에 준하는 마인드로 시간 약속을 철저히 지켰고 늦을 것 같으면 그 사유를 미리 알렸다.

그리고 오늘 처음 만난 사람이더라도 내일 보지 않을 것처럼 대하지 않고 성의를 다해 그 사람의 이야기를 들어주었다. 첫인상만 가지고 상대를 판단하지 않았고 한두 시간 이야기를 나눴다고 해서 그 이야기만을 토대로 그를 판단하지도 않았다. 사람은 두고 봐야 알 수 있다는 마음가짐으로 활동했으며 이는 남들에 비해 도덕적 우위를 점하는 요소였다. 바크는 연설에서 이렇게 말했다. "장교는 어떠한 경우에도 병사에게 사과해시는 안 됩니다. 이는 장교는 병사들에게 사과해야 하는 상황이 발생하는 잘못을 저지르면 절대 안 된다는 것을 의미합니다."

세 번째 요소는 자기 희생이다. 회원 중에 자동차 사고를 당한 사람이 있으면 병문안을 가서 먹을 것과 필수품을 사서 선물로 주었다. 새로 창업했거나 홍보가 필요한 상황에서는 지인에게 매장을 소개해주고 같이 방문한 후 제품을 구매하기도 했다. 그리고 세차할 때도 세차용품을 나눠서 사용했으며 커피모임에서 간혹 모임장이나 다른 회원에게 커피를 사주기도 했다.

리더는 어찌 보면 고달픈 자리다. 리더만이 리더를 안다. 그러기에 직급과 상관없이 리더를 이해할 수 있는 사람은 리더십을 발휘할 능력이 있다. 상황에 따라, 상대에 따라 꺼내 쓰는 무기처럼 리더십을 발휘해야 한다. 그리고 그것은 한순간에 발현되지 않는다. 회사에서 마주하는 후배, 동료, 직장 상사에 대해 끊임없이 관심을 갖고 그들을 분석해야 한다. 그들이 무엇을 좋아하고 싫어하는지를 간파하고 그들이 회사의 각종 상황에서 어떤 혜택을 취하고 싶어 하는지 캐치해야 한다.

그들에게 선의로 그것들을 베풀 줄 알아야 한다. 당신이 회사에서 직장 상사라면 직원이 가장 잘하는 것을 파악해 그런 업무를 하도록 지시하는 역량에 큰 영향을 미친다. 직원이 회사에서 원하는 것이 딱 이것이기 때문이다. '잘하고 좋아하는 업무를 하여 인정을 받고 싶다'라는 생각을 누구나 짙게 한다. 그들을 잘 안다면 당연히 적재적소에서 그들의 역량이 잘 쓰이도록 할 수 있다. 그에 대한 보답으로 그들은 단지 후배가 아니라 직장 상사이든 고객이든 당신에게 충성하며 신뢰하는 마음을 가질 것이다.

이 모든 것이 물 흐르듯이 자연스럽게 펼쳐진다. 억지로 되는 것이 아니다. 수입 자동차 모임에서 운영진으로 추대된 것처럼 누가 시키지 않아도 어느덧 리더의 자리에 오르게 되어 있다. 잠재적 리더는 곧 실재적 리더가 된다. 실재적 리더가 된다는 건 다름아닌 승진을 말한다. 실재적 리더를 거치고 직장 상사 자리에 오른 사람은 기존의 직장 상사보다 훌륭하다. 리더십을 자연스럽게 발휘해본 경험이 있는 사람이 돼라. 선례를 남길 정도로 임팩트 있는 리더가 돼라.

소위 교양 있는 여자를
어르신들이 예뻐하는 이유

독일 하이엔드 가구를 주력으로 판매하는, 논현동의 전통 있는 회사에서 일을 한 적이 있다. 쇼룸을 찾은 고객에게 가구를 판매하는 영업을 주로 했는데 2개월째 일을 하던 중 어느 여자 손님을 맞이하게 되었다. 쇼룸 정문 앞에서 대기하고 있다가 그녀를 발견하고 정중하게 인사했다. "어서 오세요." 그 후 쇼룸을 둘러보시는 동안 나는 말 한 마디를 더 건네지 않고 그녀가 편안하게 제품을 볼 수 있게 시간을 드렸다. 그리고 약간 멀찌감치 서서 그녀를 주목하며 관찰했다. 그러기를 10여 분이 지났다. 그런데 대뜸 나에게 바짝 다가오더니 "여기 따님이에요?" 하고 물어보셨다. 사실 이 회사는 가족회사로서 나이가 많은 회장의 뒤를 이어 따님 중 두 분이 각각 총괄 실장, 홍보 팀장의 직책을 맡고 실제로 운영하고 있었다. 그 사실은 수입가구 업계를 아는 사람이라면 공공연히 아는 사실이었다.

　하지만 난 그 따님이 아니었다. "아니에요." "그럼 언제부터 일했죠?" "얼마 되지 않았습니다. 2개월 전부터 있었습니다." 웃음을 지어 보이며 대답했다. "난 따님인 줄 알았네. 그러면 여기서 취할 거 다 취하고 얼른 나와서 자신만의 일을 해요. 이런 데서 계속 오래 있을 사람은 아닌 것 같은데. 자네는 인테리어나 예술 쪽에 감각이 아주 높아." 그 칭찬에 크게 미소가 지어졌다. 하지만 난 그녀에게 가구나 인테리어에 대한 설명을 일체 하지 않았기 때문에 대체 무엇을 보고 나를 파악한 건지 의아했다. "그리고 알고 있겠지만, 요즘 뜨고 있는 건 가공하지 않는 채로 수입하는 원목시장이에요." "아, 네." "다음 주 주말에 비즈니스 하는 사람들끼리 모이는 모임이 있는데, 여기 모임장네 집에서 해요. 어마어마한 부자예요. 집이 엄청 커. 아 참, 그 사람 결혼 안 했는데. 이런 사람들을 알아두는 게 도움이 돼요. 내가 연락처 알려줄 테니까 메모지에 메모해보겠어요?" 그 소개해주겠다는 부자는 수입 원목시장을 빠르게 선점해 인천 쪽에서 회사를 운영하는 사람이었다.

　그때까지도 그녀가 내게 이런 흔치 않은 정보를 왜 서슴없이 알려주는지 도통 알 수 없었다. 어안이 벙벙하다는 느낌이 강했다. 그녀와 인사 한마디를 나눴을 뿐이며 가끔 나를 보는 그녀의 눈을 제대로 잘 쳐다봤을 뿐이었다. 그녀는 매장을 둘러본 후 훗날의 내 모습이 기대된다는 말과 함께 본인의 이메일 주소와 집 주소, 연락처를 남기고 가셨다. 그녀는 평창동에 사시는 분이었고 의식주 모든 면에서 하이엔드를 추구하는 중년 여성이었다. 그 모임에 나를 추천한 이유를 이렇게 덧붙였다. "나 같은 사람이 가는 것보다 자네가 가는 것이 좋을 것 같아. 그 모임 아무나 들이지 않아."

교양 있는 여자에게는 복이 있다. 교양을 갖춘 사람은 말을 하지 않아도 특별한 행동을 하지 않아도 그녀의 존재 자체만으로 회사에 이득이 된다. 교양의 사전적 정의는 '학문, 지식, 사회생활을 바탕으로 이루어지는 품위. 또는 문화에 대한 폭넓은 지식'이다. 세상의 모든 것을 그것대로 받아들일 줄 아는 것이 첫째요, 그 다음이 사색을 통해 주관 있게 나의 취향을 결정할 수 있는 능력이다. 그런 능력을 가진 여자는 열어둔 모든 것에서 이득을 취한다. 그 이득은 나를 잘 알고 잘 표현할 줄 아는 데에서 온다. 주변의 것들을 능동적으로 취하지 못하는 여자는 교양도 없으며 그런 여성에게는 품위도 없다. 영역도 한정적이므로 문화를 형성하는 주체가 되지 못한다.

반면 교양 있는 여자는 회사 조직문화 형성 및 유지에 크게 기여한다. 그들은 본인이 바쁘고 안 바쁘고는 상관없이 늘 회사가 운영되는 상황에 끊임없이 관심을 가지며 직원들의 상황에도 관심을 가진다. 회사, 직원 모든 것에 열려 있는 자세를 취하며 부정적인 상황이 있다면 긍정적인 상황으로 대치하고자 자신의 소스를 다 드러내 보인다. 누구에게도 피해를 주지 않고 오히려 모두 이득을 취할 수 있는 상생 전략을 모색한다. 이들은 이런 식으로 다수에 영향을 미친다. 다수를 긍정적으로 교화하므로 그 다수는 그녀에게 어떤 방식이로든 또 다시 긍정적인 영향을 미친다.

교양 있는 여자가 되려면 우선 일차적으로 인풋에 거리낌이 없어야 하며 이차적으로 그것들을 나를 통해 재해석할 수 있어야 한다. 인풋은 그런 과정을 거쳐 재생산된 건강하고 쓸모 있는 아웃풋을 내뱉는다. 최대한 넓은 시야를 가졌기 때문에 그 시야에 들어온 직원, 상품, 경쟁사에 대한 정보를 바탕으로 지금 회사의 문제점을 타개할 수 있는 최적의 원원 전략을 생각해낼 수 있다.

교양 있는 여자는 고급스러운 기품이 내면에서부터 나오고 외모에서 풍긴다. 아무 언행을 인위적으로 하지 않고, 그냥 있음에도 불구하고 분위기가 나온다. 이것이 외면만 고품격을 외친다고 될 일이 아니라는 반증이다. 모든 면에서 고급을 지향하는 사람이 빛이 난다. 가구 매장에서 근무할 때 손님들이 자발적으로 다가와 사업적인 제휴와 인사이트 제공, 조언 등을 해준 경험이 있다. 불과 1분 전에 나를 본 것이 전부인데도 무엇을 하지 않아도 내뿜는 에너지와 분위기를 보고 그들은 기꺼이 나에게 긍정적인 영향을 미치려 한다.

이런 상황은 하루 아침에 속성으로 만들어낼 수 없다. 나는 대학교 1학년 때 하루에 세 편씩, 1년에 1500편에 달하는 영화를 보았다. 영미 문학뿐 아니라 제3세계의 드라마를 보기도 했다. 보고 싶은 전시회를 찾아 다녔으며, 클래식, 실험음악, 대중음악을 가리지 않고 각종 음악을 듣고 공연장을 자주 찾았다. 인문학에서 소설까지 장르 구분하지 않고, 도서관과 서점에서 호기심을 유발하는 책은 반드시 집어서 읽었다. 그리고 영감을 불러일으키고 호기심을 유발하는 상업공간, 뮤지엄을 빠지지 않고 다녔다. 더 나아가 해외여행 역시 주로 가보고 싶은 도시의 도로를 걸으며 해당 나라를 흡수하려 했다. 고등학교 시절부터 학과 공부와는 별개로 그런 문화를 계속 보고 느꼈다. 그런 인풋의 무한대 지점에 늘 존재하고 있어야 한다.

이 과정에서 사색도 병행했다. 그 결과 내가 끌리는 것을 알게 되면서 취향도 점점 더 형성돼 갔다. 누가 어떤 작품이 좋다 하더라도 나는 그것을 하나의 평가로 인정할 뿐, 내 생각은 따로 존재했다. 이와 같이 교양을 얻는 과정에서 사색은 필수이며 선행되어야 한다.

그 다음 스텝으로 연대를 통해 교양을 형성하고 유지하는 방법을 취하기를 권한다. 제 아무리 인풋이 많다 할지라도 아웃풋이 빈약하다면 주위에 좋은 영향을 끼칠 수 없다. 주위의 것을 내 것으로 받아들인 후 다시 주위의 것으로 내보내는 순환적 행위를 하라. 연대의 예로는 동호회, 세미나, 친교 활동, 토론 수업, 대화 등이 있다. 주위의 것을 취하는 방식을 거친 후 혼자만의 사색에 그치지 않고 사색을 글로 옮겨 적어 읽게 하는 것도 불특정 다수와 연대하는 좋은 방법이다.

평소에 취해온 인풋이 많으면 자연스럽게 생각을 엮어내는 통찰력도 발달한다. 그런 데에서 주관이 생기고 의견이 생긴다. 언제나 삶을 관통하는 진리도 깨달을 수 있다. 사람과 만나는 폭을 최대한 넓히면 그 생각을 표현할 기회가 많아진다. 그리고 다소 수동적으로 받아들이기만 하던 인풋 무한대 지점과는 달리 가치를 순환하는 활동을 하게 된다. 사색의 결과는 소중한 가치임을 유념하라.

다양한 경험을 통한 인풋, 만남을 통한 아웃풋은 결국 하나를 지향한다. 나의 생각과 남의 생각을 교류해 더 나은 삶을 살 수 있게 한다. 이런 사람들로 조직이 구성될 때 회사는 더 나은 미래를 도모할 수 있다.

하지만 아이러니하게도 교양 있는 사람만이 교양 있는 사람을 알아본다. 서로 공통적으로 추구하는 바는 회사와 직원의 상생이며 무형의 긍정적인 영향이다. 그 과정에서 서로 알고 있던 지식이 같을 수도 있다. 그리고 서로에게서 느껴지는 분위기가 익숙할 수도 있다. 나이가 많은데 인생의 방향을 잘 잡고 산 사람이라면 상대적으로 교양을 쌓을 기회가 많았기에 교양 있는 사람일 확률이 높다. 교양을 쌓으려면 인풋 활동과 아웃풋 활동을 끊임없이 해야 한다.

시간을 어떻게 활용하느냐에 따라 다르지만 매 순간 순간을 의미 있게 깨어 있는 여성이었다면 나이를 먹을수록 교양의 수준이 계속 높아진다. 이런 가운데 나이가 많은 교양 있는 사람들을 별도로 서술하는 이유는 가까운 직장 상사 중에도 그런 분들이 존재하기 때문이다.

특히 나이가 많은 교양 있는 사람에게 나의 가치를 인정받으려면 그들에게 무언가 한마디로 정의할 수 없고 설명할 수도 없는 정서적 일치감을 제공해 주어야 한다. 본인 나이에 평균 10년을 더한 만큼의 연륜을 쌓는 것이 좋다. 책을 통한 간접 경험, 주위 어르신을 통해 전해들은 세상사 등이 연륜을 쌓는 데 도움이 될 것이다. 그렇게 그것이 형성되고 나면 그 나이대가 주위를 바라보는 시선과 동일선상에 있게 된다.

이러한 프로세스의 수행은 나에게 숨어 있는 가변성을 발휘하기에 좋다. 실험해보라. 애늙은이가 되라는 말이 아니다. 그들과 대화가 통할 정도의 통찰력 있는 교양을 내재하고 있으면 놀랍게도 말을 한 번도 섞지 않아도 그들이 먼저 궁금해서 나에게 말을 걸 것이다. 그리고 교양 있는 여자로 여길 것이다. 외양으로 풍기는 당신의 분위기, 대화하는 가운데 드러나는 당신의 생각을 보고 직장 상사는 당신과 묘하게 코드가 일치한다고 느낀다. 일치감을 느낀 사람은 다가오기 마련이다. 처음 보는 손님이 내 분위기만으로 나를 단번에 파악하고 질문하듯이 말이다.

회사의 모든 면에 이를 모두 적용해보라. 모든 것을 열어놓되 진정한 나를 표현하라. 그리고 상생을 추구하라. 교양 있는 젊은 여자는 드물다. 이는 다른 말로 희소성이다. 이 희소성을 가진 직원이 보편적으로 평균이 돼 회사를 구성하면, 그것이 진정한 인적 자원, 인적 자본이다. 그리고 그들이 만드는 문화가 좋은 조직 문화다. 교양 있는 직원을 교양 있는 직장 상사는 알아보게 되어 있다. 하나의 연결된 이슈, 공감대 형성의 기본 바탕은 '교양 있는 여자들의 집단'이다. 그러기에 회사는 늘 교양 있는 사람을 찾는다. 그 사람이 바로 당신이기를 바란다.

예민한 한 끗 차이,
섬세하게 상사를 다뤄라

어느 날 박쥐 한 마리가 땅에 떨어져 족제비에게 잡혔다. 그는 살려 달라고 간청했다. 족제비는 본래 새의 천적이기 때문에 그럴 수 없다고 했다. 이에 박쥐는 이렇게 말했다. "나는 새가 아니고 쥐야." 그래서 풀려 났다. 그러다 잠시 후 박쥐는 다시 땅에 떨어졌다. 이번에는 다른 족제비에게 붙잡혔고 박쥐는 아까와 마찬가지로 자신을 먹지 말아 달라고 애걸했다. 이 족제비는 쥐를 끔찍이 싫어한다고 했다. 그러자 박쥐는 자기는 쥐가 아니라 '박쥐'라고 말했다. 그래서 또다시 죽음을 모면했다.

일반적으로 원하는 대로 이루어지는 비즈니스 상황은 드물다. 계약이 성사되는 것 같다가도 무산되는 경우도 있으며, 어제 적대적이었던 업체가 오늘은 우호적이게 되어 계약을 맺을 수도 있다. 회사의 일 적인 측면도 이러할진대, 한 길 앞을 모르는 사람으로서의 측면은 어떠할까.

우리들은 회사를 다니면서 자신의 능력을 잘 펼치고 있다는 확신을 가지고 싶어 한다. 회사 역시 직원의 장단점을 끊임없이 견주면서 별도의 인사평가를 통해 우리들의 가치를 평가한다. 인사평가는 대체적으로 1차 팀장급, 2차 부장급을 거쳐 3차인 마지막 CEO의 결재로 진행된다. 이 세 종류의 직장 상사는 서로 조금 다른 평가 기준을 가지고 있다. 이 점을 알고 있는 신입은 땅에 떨어진 박쥐가 족제비는 무엇을 싫어하는지 살피고 그에 따라 말을 달리한 것처럼 눈치가 있고 유연하다.

일반적으로 우리는 팀장으로부터 일을 직접 지시받고 그에게 보고하는 활동을 주로 하기 때문에 그와의 접점이 많다. 그래서 그에게 최대한 잘 보이면 인사평가의 1차 관문이 수월하게 열릴 것이라고 기대한다. '그에게 최대한 잘 보여야지' 하는 마음을 먹은 것은 칭찬한다. 하지만 그게 다가 아니다! 1차 다음에 2차, 2차 다음에 3차 이런 식이 절대 아니다.

나를 1차적으로 평가해주는 팀장급은 2차 평가자보다 직급이 낮다. 그리고 2차 평가자들은 당연히 마지막 평가자보다 직급이 낮다. 먹이 사슬관계다. 당신을 평가하는 평가자도 상급자의 평가를 받는 부하 직원이다. 한마디로 말하면 그들도 직원이다. 우리와 동등한 상황을 경험 중이다. 이 점을 건드려야 한다. 인사평가를 잘 받으려면 그들이 그들 나름대로 눈치보고 있는 상황을 인정하고 최대한 마음을 써야 한다. 그들도 똑같은 직원이라는 점을 인지해야 한다.

대부분 회사에서 능력을 인정받으려고 야근을 자처하고 가식적으로 직장 상사에게 아부하며 나서서 발표하고 무리하게 영업을 한다. 그리고 '어떻게 하면 일을 잘할까' 전전긍긍한다. 성과가 좋게 나오지 않으면 인사평가에서 낮은 점수를 받을까 봐 시무룩해진다. 하지만 놓치는 것이 있다. '어떻게 하면 직원들과 잘 지낼까. 직장 상사가 보기에 난 충분히 팀워크가 있는 사람인가. 어떻게 하면 내 인덕을 높이고 인격 있는 사람이 될까'가 그것이다. 회사를 이루는 생명체이자 주체는 일이 아니라 사람이다. 그러나 인간다운 사람은 착해서 도태되고 제대로 역량을 인정받지 못한다는 편견을 갖고 있다. 직장 상사들 그리고 심지어 CEO까지 가장 신경을 쓰고 있는 것은 직원의 업무 역량이 아니다. 말단 직원일수록 된 사람인지 될성부른 사람인지를 계속 체크한다. 그들은 그것이 궁금하다.

직원을 화나게 하는 기존 직장 상사의 행태는 일면적으로 봤을 때는 꼰대에 가깝다. 모 대기업에는 아직도 요일별로 커피를 타는 직원이 정해져 있으며, 대놓고 머리부터 발끝까지 외모 지적을 하는 직장 상사가 있다. 티타임 때는 누가 봐도 싸이코라고 입을 모으며 동조를 구하는 소리도 여럿 들려왔다. 이때 그들이 아무리 내 주위 모든 동료들을 힘들게 해도, 입을 모아 헐뜯어도 당신은 그 의견에 마음을 보태면 안된다. 같이 격앙하면서 화를 낼 필요가 없다. 그 이유는 첫째 그에게 해롭고 둘째 나에게 해롭기 때문이다. 신체적, 언어적 폭력으로 인격적인 모욕을 가하는 처사가 아니라면, 그런 지시가 아니라면, 당신은 그 직장 상사를 욕할 권리가 없다. 오히려 미소로 화답해야 한다. 뒷담화는 그만하고 그 상황에서 웃는 얼굴로 최선을 다해 그를 있는 그대로 인정하고 존경하라.

J 상무는 수년간 가구 업계 대기업에 근무하면서 이른바 꼰대로 통하던 사람이다. 그는 회사에 들어오자마자 칸막이를 높게 하여 부서와 부서 간 위계질서를 만들고, 이전에는 관여하지 않던 유통 영업에 신경을 쓰기 시작했다. 직원의 자율성을 증진하기 위한 일은 하나도 없고 통제하는 행태뿐이었다. 그리고 수트를 갖춰 입으라며 복장 단속을 심하게 하였고 주말에도 쉬지 않고 사무실에 출근하였다. 그야말로 팍팍한 사람이었다.

그러나 그는 부하 직원들의 숨통을 쥐었지만 인격적 모독은 하지 않았다. 모욕을 주는 언사를 하지 않았으며 일종의 군대식 문화를 회사에 퍼뜨렸다. 그것은 그가 직원을 운용하는 방식일 뿐이었다. 직원을 일부러 힘들게 하려는 목적으로 저격한 것이 아니다. 그렇다고 회사를 망하게 하려고 등장한 사람도 아니다. 회사가 미쳤다고 그런 사람에게 애써 돈을 줘가면서 그 자리에 있게 하는 것이겠는가. 직원들이 싫어한다는 사실을 오너들은 모르고 있을까? 속속들이 알고 있다.

그럼에도 불구하고 그런 임원에게 월급과 지분을 주고 품위유지비를 지출하는 저의가 무엇일까? 상무의 방식을 존중하기 때문이다. 존중하려면 먼저 인정해야 한다. 오너는 본인의 경영 방식에 장단점이 있듯이 그의 리더십과 운영 방식에 장단점이 있음을 인지하고 있다. 오너들은 그렇게 큰 그림에서 직원을 바라본다.

아래에 있는 직원은 직장 상사의 장단점을 보려 들지 않는다. 직장 상사의 장점을 이야기하기보다 단점을 이야기를 하는 경향이 있다. 사람은 장점만 가질 수도 없고 단점만 가질 수도 없다. 게다가 우리가 보기에 그의 단점은 그의 철학, 인생관, 경영관이 녹아 있는 행위로 우리를 숨막히게 한다는 것이다. 하지만 그 행위는 우리가 판단하기에 그러할 따름인 것이지, 우리를 숨막히게 하기 '위한' 게 아니다.

결국에 우리의 자제력에 달려 있다. 그는 어떤 회사를 가도 자신의 방식을 회사에 퍼뜨릴 것이다. 정도의 차이가 있겠지만 경험과 시간을 거쳐 형성된 어느 한 사람의 가치관과 습성은 쉬이 바뀌지 않는다. 그는 어딜 가나 그럴 사람이다. 그런데 나를 저격할 의도가 없었으며 인격적으로 모독하는 게 아니었음에도 불구하고 왜 불쾌해하고 숨막혀 하는가. 자율성을 많이 주는 직장 상사가 있는가 하면 그렇지 않은 직장 상사도 있다. 그저 그럴 뿐이다.

게다가 이 회사에 입사할 때 그런 직장 상사의 존재를 미리 알려고 들면 알 수 있었다. 그 회사를 다니는 직원에게 건너건너 알 수도 있고 사보를 구해다 읽을 수도 있으며 기사 검색을 통해서도 알 수 있다. 설령 모르고 입사했다면 나보다 적어도 몇 개월, 많게는 수년간 회사에서 역할을 부여 받고 일하고 있는 직원으로서 그의 모습을 그대로 바라보라. 그는 그 나름의 영역을 펼치고 있을 뿐이다. 그는 사실 10년이 넘게 건설업의 간부로 지내다가 인테리어업으로 업종을 변환했다. 수년간 전 회사에서 일하던 습관대로 이 회사에서 할 뿐이었다. 그리고 응용했을 뿐이다. 그 방식이 나와 잘 맞고 안 맞고는 중요하지 않다. 내 맘대로 되는 사람은 단 한 명도 없으며, 통제가 가능한 유일한 사람은 바로 자신이기 때문이다.

"자제력 부족은 어떤 사실을 제대로 확인조차 하지 않은 채 그것에 대한 자신의 의견을 형성하는 일종의 습관으로부터 발생하는 현상이다. 그 어느 누구에게도 자신이 믿는 사실이나 설득력 있는 가설을 정설로 만들 권리는 없다. 그럼에도 자세히 관찰해 보면 스스로 그렇게 되었으면 혹은 되지 않았으면 하는 기대를 정설로 만들고 있는 자신을 발견할 수 있을 것이다." 성공학의 대가 나폴레온 힐의 말이다.

직장 상사를 대상으로서 바라보면 나를 화나게 하고 나를 옥죄며 회사에 암적인 존재라는 결론밖에 낼 수 없다. 하지만 직장 상사를 사람으로서 바라보라. 상사가 선택한 업무 방식을 존중하라. 그 업무 방식에 인격적 모독과 폭력이 있다면 가차없이 그를 비판하고 회사에서 몰아내야 한다. 그러나 그렇지 않다면 그 어떤 직원도 그를 깎아 내리는 언사를 해서는 안 된다. 보이는 대로만, 느끼고 싶은 대로만 그의 행태를 보고 느끼면 안 된다. 그의 입장이 한 번 되어 봐야 한다.

10년 동안 건설 대기업의 특판 사업부를 하던 사람이라고 해서 평생 그 업계에 있어야 한다는 법도 없으며 그가 자신의 주관에 의해 근무 업종을 변경했기에 일차적으로 그 점을 존중해야 한다. 그리고 변경했기에 그는 이 업종의 문화가 익숙하지 않을 것이며 자신이 전 회사에서 경험으로 쌓은 실패와 성공 사례를 이 회사에 활용 중인 것이라고 믿어야 한다. 그렇게 그를 사람으로 보아야 한다. 나를 편안하게 해주는 사람을 찾지 말고 내 시선을 빼고 상사의 입장을 상상해보라. 그러면 상황에 감정이입하여 괜히 화가 나고 괜히 억울한 상황은 없어진다.

화가 나는 대로 분출하고 억울한 감정을 호소하며 불편한 감정을 표현하는 일을 멈추라. 그 행위를 진정한 자유이자 권리라고 생각하는 사람들이 많다. 그것은 자제력이 없는 유아적인 사람일 뿐이다. 남들이 입을 모아 비난하는 직장 상사가 있더라도 나의 입만큼은 그것에서 물러나 있으라. 그 한 뼘의 차이가 한 끗 차이다. 의심을 거두고 직장 상사를 한 명의 인격체이며 생각하고 행동하는 사람이라고 먼저 믿어라. 그러면 그의 인격적인 면모가 눈에 보이게 될 것이다. 상사를 편안한 시선에서 장단점이 있는 한 명의 회사 직원이라고 생각해라. 우선 그는 완벽한 사람도 아니며 회사 입장에서도 완벽한 사람이 아니다. 우리가 그러하듯이.

Chapter

5

능력 있는 여자가 직장 상사에게도
사랑받는다

센 언니에게 배우는 커리어 스킬 5가지

스킬 1.
외모로 일단 먹고 들어가기

　서울 강남 일대엔 개성 넘치는 증명사진을 찍어 준다는 사진관 20여 곳이 성업 중이다. 촬영비가 10만 원에 이르는 곳도 있지만, 매달 한 차례 진행하는 선착순 온라인 예약은 20초면 마감된다. 20~30대 남녀가 주 고객. 스튜디오 '시현하다'를 운영하는 김시현 씨는 "증명사진은 한 번 찍어두면 7~8년쯤 사용하기 때문에 소장의 의미가 크다"며 "얼굴뿐 아니라 직업이나 가치관까지 증명사진에 담으려는 사람이 늘고 있다"고 말한다.

　과거에는 천편일률적으로 블랙 정장에 판에 박은 미소와 가지런히 정돈한 머리 스타일로 사진을 찍고 면접을 보았다. 하지만 지금은 자신이 지원하고자 하는 회사의 분위기와 직무에 따라 외모도 바꾸는 추세다.

　이런 추세임에도 불구하고 지금까지 평균지향적인 외모에 부합하려고 노력해오고 있다면 회사를 다니는 당신에게 묻고 싶은 말이 있다. "회사에서도 평균적인 사람이 되고 싶은가?" 회사에서 공식적으로 직원을 부르는 호칭은 직급이다. 하지만 회사에서 비공식적으로 직원에게 부여하는 직급이 있다. 암암리에 나오는 리더십, 은연중에 발산하는 분위기, 업무 스킬 등의 요소는 당신에게 또 다른 타이틀을 안겨준다. 사원급이지만 평가에 따라 주임급과 동일시하여 업무를 지시하고 성과를 기대하기도 한다.

이 평가에서 가장 비중을 많이 차지하는 것은 놀랍게도 일차원적인 감각이다. 비공식적이기에 서면으로 된 평가표는 존재하지 않는다. 감각적으로 각인되는 이 평가표는 직장 상사의 마음속에 존재한다. 그 평가표에서 고득점을 얻고 싶다면 일차원적인 감각 중 시각적 효과에 무게를 실어라. 사람의 감성은 시각에 크게 기인해 움직이기 때문이다. 그러므로 암묵적인 직급 상승을 원한다면 직관적으로도 단번에 알아챌 정도로 외모에 변화를 주어야 한다.

조직은 존재감이 없는 사원보다 존재감이 뚜렷하여 어느 누구와 견주어도 뛰어난 사원을 원한다. 이에 사원이라면 주임, 주임이라면 대리, 대리라면 과장에게 어울리는 착장을 하길 권한다. 사원이라고 해서 신입 사원 티를 내는 정형화된 의복 혹은 어딘가 어수룩하고 어울리지 않는 의복을 입어야 한다는 룰은 없다.

수입제품 업계에서 일한다면 바로 해외 바이어를 상대해도 될 만큼 완벽한 의복을 갖추어보아라. 빳빳하게 각을 세운 칼라, 본인의 피부톤에 어울리는 컬러풀한 자켓, 일반적인 블랙 원피스가 아닌 그대만의 개성을 보여줄 드레스, 최고급 구두, 사원급 연봉으로는 구입하기 어려우리라 예상되는 시계, 주얼리를 장착해보아라. 마치 비서인 것처럼, 승무원인 것처럼 의복에 신경을 써라. 브랜드의 고가 여부를 말하는 것이 아니다. 사회에 나온 이상 의복은 나를 드러내는 요소다. 의복만 보고 당신을 평가하는 건 과한 처사가 아니다.

물론 당신은 아직 사원급이며 실제 해외 바이어를 만나지도 않으며 대표 옆에서 보좌하는 비서도 아니고 비행기 안에서 승객에게 서비스를 제공하는 승무원도 아니다. 하지만 역으로 사원급이지만 해외 바이어를 만날 수도 있으며 대표 옆을 보좌하는 비서 역할을 간혹 수행할 수도 있는 것이며 누군가에는 승무원 일을 했던 사람으로 보일 수도 있다. 전자가 매력적인가, 후자가 매력적인가. 스토리가 많아서 궁금증을 유발하고 일을 더 던져주고 싶은 사람은 의복을 갖춘 자다. 자신에게 어울리는 착장을 하고 사원급이 아닌 대리급 이상의 의복을 갖춘 자에게 기회가 제공된다. 그냥저냥 입고 다니는 사람에게는 비즈니스적 기회가 오지 않는다. 나를 매력적으로 생각할 만한 여지가 없기 때문이다.

그렇다면 일단 먹고 들어가는 외모 상승법은 무엇이 있을까. 현재 직위보다 높아 보이는 효과를 주는 외모로 회사를 다니는 사람과 아무 생각 없이 아울렛 정장 코너에 있는 마네킹의 옷을 사고 옷장에서 손이 가는 대로 옷을 골라 입는 사람은 천지차이가 난다. 행위에는 사고가 깃들어 있다. 생각 없는 행동을 지양하라. 의도성을 가지고 전략을 가지고 외모를 드러내보자.

첫째, 올백머리를 두려워하지 마라. 대부분 실낱 같은 옆머리, 풍성한 앞머리 등을 남기며 어떻게든 올백머리를 하지 않으려고 한다. 올백머리는 미인의 전유물이라 생각한다. 얼굴형이 달걀형이거나 적어도 이마가 볼륨감 있게 볼록 나와 있어야 하고 무엇보다도 얼굴이 작아야 올백머리를 할 수 있다고 생각한다. 그리고 그런 여자가 해야 예뻐 보인다고 생각한다. 예쁜 얼굴은 어떤 머리를 해도 예쁜 건 사실이다. 하지만 얼굴형이 둥그래도, 얼굴이 커도, 이마가 납작해도 올백머리를 하는 순간 자신감 있어 보인다.

혹시 누가 올백머리를 한 당신에게 안 예뻐 보인다고 말한 적이 있는가? 혼자만의 생각일 가능성이 크다. 해외에서는 턱이 굵직하고 네모형인 얼굴형을 아름답게 보기도 한다. "우리나라에서만 평생 일할 것이기 때문에 해외에서 동양적인 내 얼굴을 예쁘게 보건 말건 나와는 상관없는 일인데요"라고 반문할 수 있다. 그렇기 때문에 당신에게 기회가 오지 않는 것이다. 그렇다면 왜 영어를 주구장창 공부하는가. 회사에서 승진하려고 영어를 공부한다. 영어를 하라고 하니까 하는데 왜 하는지 모른다.

직급이 높아질수록 회사의 사업을 이끄는 마차에 타기 시작한다. 이끈다는 말은 직접 미팅에 나가고 새로운 사업을 시작하기도 하며 기존 사업을 책임지기도 한다는 뜻이다. 이때 우리나라에서만 협력 관계를 맺는 데에 그치는 회사도 있지만 더 크게 도약하려고 해외로부터 투자를 받고자 노력하고 해외로 진출하기도 한다. 이렇듯 회사에게도 기회가 우리나라를 포함해 전 세계에 널려 있다. 널려 있는 그 기회를 잡으려고 만국 공통어인 영어를 배우는 것이다. 행동은 영어 공부를 해서 해외 비즈니스 기회를 잡으려 하면서 외모는 정 딴판으로 그런 기회는 없다고 어필하고 있다.

나는 올백머리를 함으로써 해외 업무 영역에서 많은 기회를 낚았다. 행동과 외모가 일치하며 자신감 있어 보이면 일을 맡기게 되어 있다는 점을 이용했다. 올백머리로 자신감 있게 모든 얼굴을 드러내 매력을 오 픈하는 쪽이 나은지, 아니면 딱히 예뻐 보이지 않는 머리로 얼굴을 가 려 흔한 이미지로 보이는 게 나은지 생각해보라. 그것도 아니라면 해외 비즈니스를 할 기회는 필요 없다고 선언하고 아예 영어도 공부하지 않 는 쪽이 낫다.

둘째, 긴 머리만 예쁘다는 착각을 버려라. 긴 머리로 얼굴의 옆선을 가림으로써 얼굴이 작아 보이고 턱이 갸름해 보일 수 있다. 하지만 이 스타일 역시 흔한 헤어스타일 중 하나다. 언제나 누구에게나 예뻐 보이 는 만능 스타일도 아니다. 오히려 목선을 가림으로써 여자만이 고유하 게 가지고 있는 몸의 선까지 가린다. 목선만인가, 어깨선도 가린다. 하 지만 올백머리, 올림머리, 가르마를 타서 가지런히 하나로 묶어 내린 머리 등은 여자의 고유한 선을 드러내준다.

사람들은 안 가진 것을 부러워하고 선망한다. 그 점을 이용하라. 남 자 직장 상사가 많은 조직이라면 여자만이 가진 상체의 부드러운 곡선 을 드러내는 쪽으로 스타일링하라. 본인이 예쁘다고 생각하는 머리 말 고 사람들의 눈에 아름다워 보이는 특성을 드러내라. 누구나 긴 머리를 고수할 때, 혼자 고고하고 매끈하게 올린 묶음 머리를 세팅한다면 시선을 사로잡는다. 같은 일을 하더라도 도드라져 보이며, 늘 시야에 머물게 된다. 드러내면 드러낼수록 좋다. 숨어서 일하는 게 아니라면 긴머리 불패신화에서 제발 내려오라.

셋째, 키 컬러(Key color)를 찾아라. 우리나라 일반 여성의 화장대에 놓인 파운데이션 넘버는 대부분 21호다. 하지만 21호를 사용해야 하는 여성은 그 정도로 많지 않다. 대부분은 22호가 어울리는 피부톤을 가졌으며 21호는 피부가 하얀 축에 속하는 여성이 발랐을 때 가장 자연스럽고 어울린다. 무조건 하얀 피부를 가져야 한다는 생각도 하등 필요가 없는 선입견이다. 평균 지향적인 사원이 되고 싶으면 자신의 피부톤에 맞지 않는 21호 파운데이션을 발라도 된다.

자기 피부톤에 맞게 파운데이션 호수를 고르고 색조화장을 할 때도 자신에게 어울리는 컬러로 얼굴에 포인트를 주는 게 좋다. 누구나 획일된 아름다움의 기준으로 본인의 피부톤과 맞지 않게 새하얗게 칠하는 화장, 어울리지 않는 펄, 립, 아이라인 컬러를 좇아야 하는 이유는 없다. 어떤 사람은 카키 컬러가 어울리고 어떤 사람은 로즈 골드 컬러가 유난히 잘 어울린다. 인위적으로 화장하고, 유행성을 좇는 직원은 외모 상승 효과를 저버리겠다고 선언하는 것과 같다. 남들과 똑같이 하는 화장이 아닌 자신에게 어울리는 컬러로 얼굴을 꾸밀 줄 아는 사람은 회사에서도 자신의 생각을 피력할 줄 알며 남들의 개성도 잘 볼 줄 안다. 사람들에게 묻히지 않는 사람을 튄다고 정의하지 말아야 한다. 묻히지 않는 능력을 가진 것이다. 드러내지 않고 조용히 회사를 다니고 싶은 사람은 애초에 혼자 일을 하는 편이 낫다.

넷째, 예쁘기 때문에 웃는 게 아니라, 웃기 때문에 예쁜 게 사람이다. 웃는 얼굴에 계속 시선이 간다. 기쁜 일이 있건 없건 만면에 미소를 띠며 입가에 긴장감을 줄 수 있는 사람은 자신의 얼굴을 컨트롤할 줄 아는 사람이다. 그리고 그 이전에 감정을 통제할 줄 아는 사람이다. 그것을 할 줄 아는 직원은 직원 간에도 분란을 일으키지 않는다. 그리고 사람 간뿐 아니라 일도 컨트롤할 줄 안다. 계획을 짤 줄 알며 인내할 줄 안다. 일 자체의 속성도 이해하며 직원들에게 호감의 미소를 늘 보내기 때문에 주위의 지원들은 그녀에게 우호적인 이미지를 갖고 접근한다. 여러모로 사람과 일에 긍정적인 영향을 끼친다.

영향을 끼치는 직원이 눈에 띈다. 표정 관리 못하는 사람은 아무리 의복을 한 단계 높게 입고 멋들어지게 어울리는 화장을 해도 생기가 없고 부정적인 사람으로 찍힌다. 얼굴에서 자제력을 보여라. 그리고 옅은 미소를 입가와 눈가에 장착하라. 이런 이에게 비즈니스 기회가 다가온다.

여기 그 누구도 조직의 눈에서 서서히 벗어나 보이지 않게 되는 상황이 되기를 바라지 않는다. 단순히 남들이 해서 예뻐 보이는 항목은 과감히 버려라. 그리고 직급이 높아 보이게끔 프로페셔널한 업스타일 헤어, 일률적인 컬러와 패턴에서 벗어난 컬러풀한 드레스, 키컬러를 활용한 색조화장, 본인의 피부톤에 맞는 파운데이션 선택 등의 전략을 갖고 적극적으로 내보여라. 자신만의 색채를 가진 직원은 눈에 띈다. 눈에 띄어 튀는 상황을 두려워하지 마라. 절실히 그것을 원하고 있지만 보편적인 틀에 맞춘 외모로 밀고 간다면 자신의 욕구를 배반하는 행위다. 당연히 회사에서도 당신의 욕구를 알아차리지 못한다. 알아주지 않는다.

회사 내에서 능력 있어 보이려면 우선 나를 내보여야겠다고 마음먹어야 한다. 그 마음만 먹으면 자연스럽게 자신만의 스타일을 찾기 시작할 것이다. 당신 옆에 앉은 동료처럼 평범하게 입고 다니지 마라. 그렇게 하고 다니라고 아무도 강요하지 않았다. 컬러풀한 옷도 입어 보고 파운데이션 호수도 높여봐라. 이제부터는 외모 상승법을 활용하라.

스킬 2.
주 3일 밤 11시 퇴근 스킬

당신은 지금 보수보다 일을 많이 하고 있다고 느끼는가. 나는 사회 초년생 시절 1년간 주3회 이상 자발적으로 야근을 했다. 야근을 하면서 법인카드로 저녁을 먹으면 희열을 느꼈다. '아, 이제 즐거운 시간이 시작되는구나.' 단순히 다른 직원이 퇴근해서 느끼는 개방감이 아니라 팀장과 나만 오롯이 오피스에 남아 일을 한다는 것 자체가 고무적이었다. 메일함을 열어 브랜드가 보낸 신제품 정보 파일을 열고 하루 빨리 번역해 팀원들에게 공유하고 기자에게 알리고 싶었다. 실제로 입항 완료해 매장에 그 제품이 오기를 기다리고 있는 상황과 맞물리면 실물은 어떤 모습일지 파일에 첨부된 고화질 이미지를 보면서 상상했다. 그리고 제품이 입고 완료돼 판매 가능한 상태가 되는 순간 일제히 고객에게 신제품 입고 안내 문자를 발송하는 일과 그 준비 작업 모두 가슴 벅찬 일이었다.

그들이 어떤 영감을 받아 디자인했는지 그리고 그것을 구현하기 위해 어떤 기술을 쏟아 부어 어느 공장에서 어떤 재료로 만들었는지를 제일 먼저 상세하게 알았다. 해외 박람회에서 제품을 보고 오더한 MD 담당자들은 간략한 스펙, 이미지 자료를 수입하기 전에 검토한다. 하지만 기사 자료로 쓸 만큼 자세한 내용은 후에 홍보팀에게 전달된다. 이 과정에서 나는 이른바 고용돼 일을 하는 입장이 아니라 내가 일을 택하여 수행한다는 쪽에 가까운 자유를 느꼈다. 내가 1인 기업, 고용주, 자본가라는 생각도 했다. 여기서 말하는 자본가는 내 자본을 활용한다는 의미의 자본가다. 프리랜서라는 느낌이었다.

이 브랜드 자료들을 접하는 것 자체가 나에게 자산이며, 실제 그 자료를 교환하려고 교류하는 브랜드 홍보, 세일즈 담당자도 나의 인적 자산이었다. 회사를 대표하는 진짜 오너는 아니지만 홍보 파트의 오너로서 정보와 사람을 받아들였다. 실제로 그때 접촉했던 기자들, 브랜드 담당자, 디자이너들과 지금도 연락을 주고받는다 .

우리는 자본이 있는 사람에게 고용돼 일을 한다. 그런 과정에서 스스로 일을 택한다는 기분을 느끼기는 어렵다. 게다가 하루에 주어진 업무 시간이 있기 때문에 그 시간 동안 자유를 속박당한다. 출근 시간은 정해놓을지언정 퇴근 시간을 엄격하게 정해놓고 준수하라고 말하는 회사는 없다는 사실을 주목하자. 거꾸로 생각하면 회사는 당신에게 퇴근 시간의 자유를 부여했다.

저녁에 퇴근하고 대체 어떤 활동을 하며 시간을 보내는지 곰곰 생각해보라. '하루 열심히 일했으니 머릿속도 여유를 주어야 하고 하루 종일 찌뿌둥하게 앉아 있던 몸을 풀어주는 운동도 해야 한다'고 생각하는 솔로족이 많다. 연인이 있는 직원은 이성친구를 만나 수다를 떨고 가보고 싶던 카페에 가서 커피를 마시는 시간을 보내는 것이 의미 있다고도 생각할 것이다. 이렇게 퇴근 후 힐링을 지상 최대의 과제로 삼고 있다. 여간 진지한 것이 아니다. 업무 월간 계획을 짜는 것은 고통스러워하면서 3개월 뒤 여름 휴가 계획을 세우는 것은 행복해한다.

일반적으로 하루 업무를 마무리하는 시간이 넘어서는 순간 초조해한다. 지녁에 잡은 약속 시간에 늦기도 하고 이 지긋지긋한 일을 그만하고 휴식을 취하고 싶은 생각이 간절하다. 그리고 어느 순간 짜증도 인다. 왜 나에게만 이렇게 일이 많은지 그 누구도 설명해주지 않으며 관심조차 안 가지면 외로움마저 느끼며 고픈 배를 움켜쥐고 눈앞에 놓인 일을 빨리 해치우고 싶어진다. 퇴근 시간이 되면 일하는 시간이 종료했다는 인식이 강하게 든다.

일주일 법정 근무 시간의 상한을 52시간으로 정하고 출퇴근 시간을 정한 것은 규칙적인 생체리듬과 나름의 효율성, 그리고 규칙을 만들고자 임의로 설정한 결과다. 초과해서 근무해도 갑자기 건강에 무리가 온다거나 이 세상이 무너지는 것과 같은 청천벽력의 사건은 벌어지지 않는다. 그럼에도 불구하고 퇴근 후 힐링에 집착하는 모습을 가만히 떠올려보라. 저녁에 정말 의미 있는 일을 했는지 가슴에 손을 얹고 대답해보라. 책을 쓰거나 독서하거나 여행을 가고 사색을 하는가.

대기업 평사원에서 최고경영자로 10여 년 이상 정상에 머문 이구택 포스코 회장은 포스코 그룹 신임 임원 교육장에서 직원이 갖춰야 하는 요소로 열정을 꼽았다. "직장 생활을 오래 하다 보면 사람들을 평가하기도, 평가받기도 하는데 신임 임원 여러분은 어떤 요소들로 직원들을 평가합니까? 아마 조금씩 관점의 차이는 있겠지만 저는 무엇인가를 해보겠다는 열정을 가장 높게 평가합니다." 우리에게 열정의 씨앗은 저녁 여가 시간과 여름 휴가 기간을 어떻게 보낼지 정하는 데에 있다. 이것이 과연 회사를 다니는 직원의 바람직한 태도일까. 그런 사람이라면 회사에 무언가를 더 바라면 안 된다. 그리고 회사도 당신에게 더 이상 무언가를 바라지 않게 된다. 고용 관계는 상호 서로 이득일 때 유효하게 진행된다.

이미 회사에서도 퇴근 시간의 자유를 주었기 때문에 방범상의 문제가 아니라면 건물 문이 잠기기 전까지 회사에서 일할 수 있다. PC 셔터제가 있는 기업도 있으나 PC를 사용하지 않는 업무도 있다. 업무 시간에는 회사 사람들과 조직적으로 팀워크를 이루어 조율해가면서 일하고 퇴근 후에는 혼자 해도 되는 일을 한다. 머릿속에 스친 아이디어를 붙잡고 어떻게 하면 이 일을 실현시킬 수 있을까 궁리하는 시간이다.

아이디어를 성사시키려면 구매, 판매, 재정의 세 가지 파트가 필요하다. 이를 언제 어디서 어떤 식으로 추진할 수 있을까 생각하고 적임자, 담당자를 각 파트별로 어떻게 정하면 좋을지 인력 배분도 해보게 된다. 기안을 올렸을 때 이 번뜩이는 아이디어를 회사 사람들이 받아들일 수 있도록 설득의 근거들을 차분히 마련하는 시간이기도 하다. 업무 시간에는 여러 일을 여러 사람과 해야 하므로 정보를 면밀히 탐색하고 계획을 설정하며 결과 및 성과를 상상하는 시간을 차분히 갖기 힘들다. 내

일로 오늘의 일을 미루기 십상이다. 어제와 똑같은 근무 환경이라면, 그 아이디어는 또다시 유보될 것이다.

별도의 시간을 들여야 한다. 그렇지 않으면 행동하기 어렵다. 그 플러스 알파를 해야 나만의 포트폴리오가 생기며 다른 프로젝트를 수행하더라도 향상된 설득 스킬을 발휘하여 성공으로 이끌 수 있다. 그렇게 하지 않고 주어진 업무 시간 안에 주어진 업무만 소화하면 그것으로 만족하는 사람은 진정한 자유를 갖지 못한다.

회사원의 가장 큰 바람은 사장이라고 하지 않았던가. 그 다음은 프리랜서다. 기안만 통과된다면 회사의 재정을 활용할 수도 있으며, 설득만 된다면 기꺼이 자신의 역량을 쏟아 부어 줄 직장 동료, 직장 상사들이 있다. 퇴근 시간 이후의 나는 누가 뭐래도 프리랜서다. 생각, 아이디어만 번뜩이는 사람이 있다. 회사에서나 우리 인생에서나 번뜩이기만 하면 안 된다. 그것을 현실로 시행해보는 것이 시작이다.

자발적 야근은 근무 시간의 재활용이다. 속된 말로 본 업무 시간에 미처 치우지 못한 똥을 치우는 시간일 수도 있으며, 단순히 서류를 정리하고 물리적으로 하드웨어 속 컴퓨터 파일을 정리하거나 책상을 정리하는 시간을 가지는 것일 수도 있다. 업무 시간에는 바쁘다는 미명 하에 못 했던 자잘한 일들을 처리하는 시간이기도 하며 앞서 말한 대로 창조적으로 생각한 아이디어를 구현하기 위한 방법을 모색하는 시간일 수도 있다. 이 재활용 시스템을 내재화하지 않으면 어제 미처 하지 못한 업무가 내일로 미루어진다. 그리고 플러스 알파로 가치를 높일 수 있는 아이디어를 구현하기도 힘들다.

휴잇어소시어츠 코리아의 박경미 대표는 "부하 직원이 예전처럼 시키는 일만 따박따박 받아서 하는 습관, 즉 공급자의 역할만 해서는 눈밖에 나기 쉽다"고 조언했다. "이제는 한 걸음 나아가 팀 내에서 수요를 창출하는 역할도 할 줄 알아야 한다. 원-원 조직으로서 팀의 성공에 필요한 것을 미리 직장 상사에게 제시할 줄 아는 부하 직원이 인정받는다"는 것이다. 헤이그룹 노재항 부사장도 "과거의 성과를 능가하는 무엇인가를 만들어내려는 생각 없이, 기존에 해온 행동 방식이나 사고를 그대로 수행하려는 자세를 보이는 것을 피하라"고 조언했다.

게임 업계에서 흔히 마감 시간 직전에 일을 몰아쳐서 해야만 하는 상황을 크런치모드라고 하는데 크런치모드는 자발적 야근이 아니다. 그야말로 자발적이어야 한다. 보수보다 일을 많이 한다고 생각하는 게 정상이다. 초조해하지 마라. 먼저 필요한 일을 찾아서 하는 직원에게 보수를 주게 되어 있다. 설령 지금 회사에서 그것을 반영하지 않더라도 다른 회사에서 당신을 주목하고 찾아낼 것이다.

별도의 시간을 내 회사의 자본을 활용하여 프리랜서처럼 초과 근무를 한 시간들은 유의미하다. 프리랜서처럼 포트폴리오가 생기면 이 자본을 능동적으로 취할 수 있는 기회가 찾아올 것이며 업계에 소문이 나게 된다. 지금보다 높은 연봉을 제시하며 당신을 새로이 고용하고 싶어 할지도 모를 일이다. 회사에서 하란 대로만 일하는 사람은 자신의 생명과 재능을 낭비하고 있는 것이다.

모두에게 시간은 동등하게 주어져 있다. 별도로 회사 밖에서 저녁 시간에 효율적으로 가치 있는 경험을 하지 않는다면 힐링의 짐을 내려

놓고 회사에서 저녁 8시부터 11시까지 자본을 축적하라. 입사 후 최소 1년간을 재능 극대 활용 기간으로 정하고 1인 기업이 되거나 스카우트 될 정도의 플러스 알파를 구축하라. 구축이 된 다음부터 야근 주기의 설정은 개인에 맞게 조정하라. 이 얼마나 흥미진진한가. 회사에서 자유를 얻는 법, 바로 자발적 야근에 있다.

스킬 3.
나를 좋아하는 후배 한 명을 만들어라

작은 규모의 회사라면 정기적인 채용 기간과는 상관없이 수시로 신규 직원을 뽑는다. 큰 규모의 회사는 신입 사원을 대상으로 최소 6개월에서 최대 2년간 체계적으로 교육해 회사 생활에 적응할 수 있도록 돕는다. 이때 빠지지 않고 등장하는 교육법이 일대일 멘토링이다. 그리고 실무에서도 사수와 부사수 밑에서 업무를 익히며, 친밀함이 생기면 개인적으로 커리어에 고충이 있을 때 그 고민을 털어놓는 창구로까지 발전한다.

명목상으로 멘토링 프로그램이 없다 할지라도 1차적으로 직속 상사, 팀장급 상사가 우리의 멘토가 된다. 그들에게는 그 업무가 일종의 의무다. 그리고 우리 역시 다음에 입사한 후배에 대해 유대의 의무를 진다. 이를 의무로만 생각한다면 자칫 딱딱하고 어려우며 귀찮은 일일 수도 있다.

이렇게 생각해보는 것은 어떨까. '그 활동을 통해 우리는 우리를 추종하는 팬을 만든다.' 이 과정에서 우리는 고유의 브랜드로 성장하게 되며 이것은 순전히 나를 하나의 플랫폼으로 만드는 일을 말한다. 누구나 나를 거치면 팬이 되도록 해보는 것이다.

첫째, 에너지에 힘을 실어라. 에너지가 밝고 긍정적인 사람은 어느 공간에 등장하더라도, 그 아우라가 공간을 뚫고 나온다. 그리고 그 공간에 있는 사람은 에너지를 전해 받는다. 이때 중요한 것은 사람들의 취향을 맞추어주기 때문에 발생하는 에너지가 아니라는 점이다. 누군가의 취향에 의한 것이 아니라 오롯이 나의 취향에 의해 에너지가 생성된다. 때문에 회사에 다니면서 내가 좋아하는 것을 상대가 누구건, 특히 후배 앞에서 툭 하고 던질 줄 알아야 한다. 에너지를 발산하려면 남들에게 맞추는 것이 아니라 내가 좋아하는 것을 던지고 설득해야 한다.

둘째, 정보를 제공하라. 우리들은 당연히 후배에 비해 회사 생활을 오래했을 확률이 높다. 적어도 지금 이 회사에서는 연차로 보나 경험으로 보나 선배의 위치임에 틀림없다. 커뮤니케이션 코칭 분야에서 명성이 높은 선배는 이런 말을 했다. "사람들에게 존경받고 싶다면, 좋은 정보를 선물하라. 거기에 상대가 미처 깨닫지 못한 위험을 예측해 이에 대한 대비책을 알려주면 금상첨화다." 광고 기획팀에서 근무하는 상황을 상상해보라. 후배를 뛰어난 기획자로 기르고 싶은 욕구가 든다면 그렇게 하는 비법은 단 하나다. 그가 가장 기획을 잘할 수 있는 정보를 제공하면 된다.

회사의 조직도를 보면 위계질서를 충분히 알 수 있지만 그것은 실제와 다르다는 것은 6개월 이상 회사를 다니고 주위 환경을 촉각을 세워 관찰한 사람은 본인의 경험치를 근거로 알아챌 수 있다. 그리고 표면상 드러난 직급의 상하관계를 무시할 만큼 강력한 통솔권을 가진 지배 직급이 있다는 새로운 정보를 얻게 된다. 이는 처음 회사 생활에 임하는 후배에게도 아주 요긴한 정보다. 이러한 정보를 먼저 제공하는 사람은 멘토의 위치에 있다고 할 수 있으며 멘토링을 받은 후배는 당신을 자신에게 도움이 되는 정보를 알려주는 플랫폼으로서 가까이 두려 할 것이다. 그는 당신의 팬이 되는 것이다.

그저 후배를 교육하는 사람으로 역할을 한정하지 않고 나에게서 에너지와 정보를 얻어갈 수 있으리라는 확신과 기대를 할 수 있도록 하는 것이 목적이다. 그렇게 할 때 후배는 당신의 든든한 조력자가 돼 역으로 에너지와 정보를 제공해줄 것이다. 후배와 당신, 둘이 만나 시너지를 내기 시작하면 혼자 빛을 발하는 상황보다 훨씬 성과 지향적이 될 것이다. 두 명이 생성하는 에너지와 정보는 회사가 추구하는 가치를 향해 흐른다. 이런 관계가 무수히 사람 간에 엮어진다고 생각해보자. 회사 전체의 융합도 도모하게 된다. 내리 믿음을 통하면 언제나 준 것보다 큰 것을 얻는다.

셋째, 다 보는 앞에서 대놓고 칭찬하라. 누구나 인정받고 싶은 욕구를 갖고 있다. 선배 모드라면 그 욕구를 채워줄 줄 알아야 한다. 스스로 신이 나서 일을 잘하는 후배가 있다면 딱 집어서 인정 욕구를 채워줄 줄 알아야 한다. 그는 아마 당신이 한 말을 듣고 더 열심히 일할 것이다. "일을 참 잘하네." "네가 해낼 줄 알고 있었어." 이때에 다 보는 앞에서 칭찬함으로써 상대방의 자존감이 더욱 높아지도록 하라. 칭찬하는 것 자체가 에너지 전달이다. 나로부터 발산한 에너지는 돌고 돌아 나에게 돌아온다. 그것이 운의 형태로든 돈의 형태로든 어떻게든 유익하게 들어온다.

넷째, 일을 잘 못할 때는 결과만 평가할 뿐 그 이상의 액션을 곧바로 하지 않는다. 다그치는 것이 최선이라 생각할 수 있다. 잘못을 발견했으면 꼬집어 알려주어야 한다고 생각할 수도 있다. 도덕적, 인격적으로 예의를 다히지 못한 때에는 본인이 알지 못하고 잘못을 저지른 경우가 많으므로 알려주는 게 맞다. 하지만 일을 잘 못하고 있다면 스스로 교정할 수 있는 시간과 기회를 부여하라. 자신이 잘 안다. 잘 못하는 일을 구태여 발견해 알려줄 필요는 없다.

좋지 않은 결과 앞에서 그것을 초래한 직원의 본질적인 능력이나 노력을 말하기보다, 그 결과 자체만 평가한다. 가구 매장에서 일할 때의 경험이다. 매출액이 0원인 날이 있었다. 영업 팀은 초조했다. 매출 마감을 하고 사장에게 보고를 바로 올리기 때문에 사장의 피드백이 두려웠다. 매출 보고를 하고 1분 뒤 부점장에게 전화가 왔다. 일반적인 예상과 달리 격려의 말씀이 쏟아져 나왔다. 매출이 없을 때도 있는 것이라며 풀 죽어 있지 말라고 말씀하셨다. 회식비를 별도로 지급할 테니 저녁에 팀원끼리 단합하는 시간을 갖고 먹고 힘내라고 하셨다. 본질적인 영업 능력이 부족하다거나 노력을 하지 않았다고 판단하지 않으셨다. 의심이 없었으며 매출액만 언급하셨다.

실수나 잘못을 저질렀거나 성과가 좋지 않아 한껏 주눅이 들어 있는 사람에게, "너는 틀렸어. 될 리가 없어"라는 말을 하면 상처만 주는 셈이다. 뭐가 틀리고 언제까지 틀리고 있겠는가? 어느 누구도 사람의 능력을 쉽게 판단해 상처를 줄 권리가 없다.

이 기본만 지키면 회사 사람들은 당신을 편안하게 생각한다. 편안한 분위기에서 업무를 볼 때 진가를 발휘할 수 있다. 괜히 상처 주는 말을 씀벅씀벅 해대는 일반적인 선배가 되지 마라. 단기적으로 업무 성과가 좋지 않으면 결과값에 대해서만 피드백을 주고 능력이 부족함을 언급하는 식으로 다그치지 않는다. 후배가 따르고 싶어 하는 선배는 일정한 평가 기간과 기준을 두고 심사숙고해 피드백을 주는 사람이다.

이 모든 지침은 후배를 위한 것이자 당신을 위한 일이다. 일단 다수가 아닌 단 한 명의 조력자부터 곁에 두어보아라. 이 경험을 해보는 직원과 그렇지 않은 직원은 커리어에서 엄청난 차이를 보일 것이다. 리더십이라는 명목하에 사람을 부린다는 개념이 아니다. 스스로의 에너지 파이프라인이 탄탄하고 매력적일 때, 비로소 터져 나오는 긍정적인 힘을 고스란히 주위 사람에게 전파하는 것이다. 그리고 후배의 입장이 돼 내가 선배로서 회사에서 쌓은 경험치를 모두 전수하라. 회사 사람 중 각별히 주의해야 하는 직장 상사, 그리고 그 이유와 깨우친 바를 그대로 전달하라. 정보를 먼저 제공할 줄 아는 재원이 돼라.

성공은 절대 혼자 할 수 없다. 자연의 법칙이자 진리다. 특히나 회사라는 조직에서 자유를 느끼고 싶다면 더더욱 성공하라. 성공하는 가장 빠른 길은 누군가가 성공할 수 있도록 조력하는 것이다. 후배의 꿈을 응원하라. 그가 꿈을 이룰 수 있도록 나의 에너지와 정보를 발산하라.

그러면 후배도 당신에게 자신의 그것을 아낌없이 전달해줄 것이다. 쌍방 조력자 모드, 쌍방 팬 모드일 때 보이지 않는 힘까지 작용해 우리 모두를 전폭적으로 응원할 것이다. 그 누구와도 겹치지 않는 브랜드, 플랫폼을 갖춘 직원일수록 주위 사람에게 건강한 에너지와 유용한 정보를 능동적으로 발산할 수 있다. 후배도 이런 매력 있는 선배를 통해 쑥쑥 성장할 것이다.

스킬 4.
금요일 말고 토요일에 클럽에 가라

프랑스의 대표적인 인상주의 화가 폴 고갱이 오랫동안 증권 거래소 직원이었다는 사실을 아는 사람은 드물다. 그는 1873년에 덴마크인 여성인 메테 소피 가트와 결혼하면서 어머니의 친구 구스타브 아로자라는 여인의 영향을 받아 미술품에 관심을 가지게 된다. 그는 이때부터 미술품 수집뿐 아니라 조금씩 직접 그림을 그리기 시작한다. 1882년, 프랑스 주식 시장이 붕괴되면서 그는 직업에 불안을 느끼게 된다. 이때 고갱은 전업 화가가 되려고 자신의 스승 피사로와 의논했다. 그는 이듬해 1883년 35세에 증권거래점을 그만 두고 그림에 전념하기 시작한다. 고갱은 처음부터 화가가 아니었다. 고갱은 회사 생활을 하다가 취미로 시작한 그림 그리기에 운명처럼 끌리게 되었으며 그것에 재능이 있음을 깨닫게 되었다. 특히 그림을 그릴 때 물아일체, 무아지경에 빠지는 경험을 했다.

고갱뿐 아니라 평범한 거의 모든 사람도 때때로 절정 상태를 경험한다. 회사에서 업무를 볼 때 그렇다면 더할 나위 없이 좋겠지만 보통 취미 활동을 할 때 경험하곤 한다.

우리는 으레 맛있는 것을 먹거나 차를 타고 멋있는 장소를 가는 등 인위적으로 오감에 자극을 주는 활동을 취미로 삼는다. 몸을 쓰는 취미로는 댄스, 스포츠, 운동 등이 있다. 하지만 이 세 가지 중 가장 모순되는 빈응을 보이는 활동이 있다. 바로 춤이다. 특히나 클럽을 다닌다고 하면 노는 것을 좋아하고 발랑 까졌다고 생각한다. 춤에 대한 궁금증이 아니라 술과 이성친구를 좋아하는 사람이라고 연상을 확장한다. 그리고 정말 춤을 좋아해서 클럽을 간다고 하면 부러워하면서도, 특이하다고 치부하곤 한다. 이 모든 포인트에는 정말 하고 싶은 것인데도 못하고 '절대 나는 하지 않으리'라는 이율배반적인 마음이 있다.

왜 부러워하는 것일까? 음악에 맞춰 발을 구르고 내키는 대로 몸을 움직여 춤출 줄 아는 아이는 많다. 하지만 어른은 없다. 클럽에 갔으니 보는 눈이 많아지고 그들 눈에 예뻐 보여야 하다는 생각이 얕게 깔린다. 그리고 유행하는 춤사위가 나름 있어서 그런 동작만 하는 게 멋있고 괜찮다고 생각한다. 음악과 나 사이에 무수히 많은 생각과 사람이 있다.

그러나 그것은 모두 당신의 생각이 아니다. 스스로 생각해서 선택한 내용이 아니라 대부분의 사람들이 좇고 있는 유행, 패러다임, 의견들이다. 대개 사회화에 적응하게 되면 그후부터 일반적 흐름에서 어긋난 자기 모습을 싫어한다. 이미 여러 외부 의견에 찌들대로 찌들었고 머릿속을 장악해버린 고정관념 때문에 '내가 이상해 보이지는 않을까' 하고 염려한다. 하지만 누가 뭐래도 누구보다 자유롭고 싶어 하기도 한다.

다음과 같은 우화를 한번 살펴보자. 어느 날 당나귀는 베짱이가 우는 소리에 넋을 잃었다. 자신도 고운 노래를 부르고 싶은 욕심에 무엇을 먹기에 그런 아름다운 목소리를 낼 수 있는지 물어 보았다. 베짱이는 대답했다. "이슬을 먹지요." 이에 당나귀는 이슬만 먹고 살기로 작정했고, 얼마 지나지 않아 배가 고파 죽었다. 패러다임을 비판적으로 받아들이지 않을 경우 생기는 일이다.

사람마다 멋스러워 보이는 춤 동작, 예뻐 보이는 제스처 등이 있다. 같을 수도 있고 다를 수도 있다. 그리고 재능도 다 다르다. 누구는 노래를 잘 부르고 다른 누구는 춤을 잘 추기도 한다. 사람마다 외모와 재능이 다름에도 불구하고 직원들의 취미는 몰입 유무와 상관없이 비슷하다. 우르르 카페에 가고 맛있는 것을 먹으며 영화를 보고 노래를 부른다. 놀이에 주체성은 물론이요 창의성은 더더욱 없다. 치명적인 슬픔은 놀 때 진정으로 신나지 않다는 것이다.

신난다는 것은 몰입의 다른 표현이다. 놀이에 몰입할 때 자아는 흐릿해지는 동시에 고양된다. 콘서트장에서 가수의 노래에 온전히 빠져들어 눈을 감고 감상하거나 선율과 박자에 몸을 내맡겨 리듬을 탈 때에 오롯이 나와 음악만 존재한다. 그러다가 자기 자신이 없어지는 상태를 어렴풋이나마 느껴본 적 있을 것이다. 음악을 즐기는 행위, 뇌가 시키지 않아도 어떤 무언가의 힘에 의해 사지가 움직여지는 경험 등이 물아

일체, 무아지경, 진공묘유의 단계다.

이 순간을 아는 자는 회사에서 본인의 업무를 볼 때도 그 감각을 다시금 느껴보고자 노력하게 된다. 놀 때는 느꼈는데 일할 때는 못 느낀다는 생각이 들 때, 잠깐 '스탑'을 외치고 자신의 커리어를 제고해 보게 된다. 어떤 방법으로 일하고 있는지도 검토해 보게 된다. 그리고 업무 자체가 희열을 가져다줄 수 있는지 근본적인 것을 생각한다. 아무 생각 없이 일하는 사람은 도저히 생각해낼 수 없는 주제다.

그러므로 놀 때도 기똥차게 놀아야 한다. 금요일 밤에 클럽을 가자고 누군가가 말한다면, 금요일 밤에는 일주일 동안 일하느라고 다소 체력이 고갈되었으니 잘 놀려면 토요일 밤에 가자고 대답할 줄 알아야 한다. 물론 월요일에서 금요일까지 쉼 없이 일했으나 전혀 지치지 않았고 체력도 충전되었다면 굳이 약속 요일을 변경할 필요는 없다. 하지만 피곤해서 충분히 음악을 듣고 춤을 출 수 없는 상태라면 불금을 보내지 마라. 생각 없이 말끝마다 불금을 외치는데 이 모습을 보면 금요일 저녁에는 모든 체력을 싹 써야 직성이 풀린다고 믿는 일종의 집단 최면에 걸린 것 같다. 내 상태가 가장 중요하다. 불금이라는 패러다임은 그저 흘려 보내고 완전히 휴식을 취할 수 있는 시간에 몸을 쓰는 취미 활동에 몰입하라.

스트레스는 하고 싶은 대로 하지 못할 때 생긴다. 하지만 몰입의 취미를 가진 자, 예컨대 춤에 몸을 맡길 수 있는 자는 하고 싶은 놀이가 무엇인지 알며 누구보다도 재미있게 놀 줄 아는 자유인이다. 설령 이들이 평일 동안 직장 상사에게 깨져서 심신이 피폐한 상태이거나 야근이

지속돼 에너지가 고갈인 상태였더라도 주말에 어떤 액티비티를 하느냐에 따라 분기탱천할 수 있다. 취미 활동을 하는 동안은 스트레스를 주는 문제 자체를 잊을 수 있다. 그럼으로써 월요일이돼 다시 문제에 뛰어들 때는 완전 새로운 시각으로 문제를 바라보게 된다. 잠자는 행위에 '몰입'이라는 표현을 사용하는 게 적절하지는 않지만 이를 일련의 스트레스를 푸는 행위로 간주해 보자. 일단 잠을 자고 일어나면 그 전까지 골머리 썩히던 문제를 해결할 방법이 갑자기 떠오르는 것을 한 번쯤 경험해보았을 것이다.

반면에 텔레비전 시청, 오락, 음주 등을 하는 순간에는 문제 상황에서 떠나 있다 할지라도 불안감이 계속 머릿속을 맴돌며 유령처럼 쫓아다닌다. 이에 비해 몸을 쓰는 활동을 하면서 몰입할 때는 생각과 걱정으로 가득했던 머릿속이 텅 비게 되며, 이런 심리적 여백이 문제를 한 발짝 물러나서 바라볼 수 있게 해준다. 장기를 둘 때 선수보다 관전자의 눈에 효과적인 수가 잘 들어오듯, 문제도 한 걸음 떨어져 바라볼 때 잘 풀리는 경우가 많다. 스트레스를 제대로 풀기 때문에 업무 영역에서도 안개 걷히듯 선순환적으로 해결책이 보이는 효과가 있다.

그리고 그 과정에서 자아가 사라진다. 모든 고통의 중심에는 자아가 있다. 문제에 직면하고 스트레스를 느끼며 고통에 시달리는 대상은 바로 '나'다. 내가 없으면 문제도 고통도 스트레스도 없다. 음악을 느끼고 몸으로 표현할 자유를 스스로에게 부여하라. 누군가의 눈에 내 춤사위가 어색하게 보일지라도 하등 중요하지 않는다. 클럽에서 주위 시선을 아랑곳하지 말고 제발 발을 굴러보아라. 뛰어보아라. 그야말로 추고 싶은 대로 아무 춤이나 추어보아라. 나를 잊게 되는 신기한 경험을 하게 될 것이다. 자아가 사라진 만큼 여백이 생기며 이 여백은 이유 없이 빈 것이 아니라 가능성으로 채워져 있다. 일이 잘 풀릴 가능성을 내포한다.

이와 같이 주말에 춤을 제대로 추면 벌어지는 결과를 무엇 하나 정형화해서 말할 수 없지만, 분명한 건 신기하게도 현실의 회사 문제를 해결하는 초석이 된다는 것이다. 문제를 해결할 때도 놀이 과정에서 제대로 각인된 즐거운 몰입의 경험을 다시금 경험해보고 싶어서 노력하기 때문이다. 일할 때도 '어떻게 하면 그 몰입을 할 수 있을까' 하고 주체적으로 생각하기 시작한다. 그리고 '일 자체가 나에게 몰입의 즐거움을 가져다줄 수 있을까' 하는 자조적이면서도 건설적인 질문을 던진다. 몰입하면 나는 존재하지 않게 된다. 일할 때도 어려움 앞에서 번뇌하는 감정의 주체인 나 자신을 과감하게 벗어 던짐으로써 내적 평화를 얻는다.

아무 생각 없이 선택한 놀기 요일과 콘텐츠에 제동을 걸어라. 당신에게 맞는 취미를 찾고 능동적으로 행하고 몰입하라. 이 시간을 귀하게 여기고 무아지경의 순간을 경험한 사람들은 업무도 무아지경의 상태로 해낼 준비가 충분히 돼 있다.

스킬 5.
결국, 직장 상사를 위함이 아닌 나를 위한 것

"넌 누구를 위해 일해? 생각하고 일을 하니?"라고 물었을 때 "얘, 난 그 누군가를 위해 일하지 않아. 나를 위해 일하지"라고 자신 있게 대답하는 사람이 있다. 하지만 자신을 위해 일한다는 말의 의미가, 일을 하는 그 행위 자체가 나를 위한다는 것인지를 생각하는 사람은 드물다. 어떤 이는 일은 일이고 노는 건 노는 것이어서 일하지 않는 시간에 즐기고 싶은 것을 즐기기 위해 일을 한다. 이를 두고 나를 위해 일한다고 떠벌린다. 줄여 말하면 문화 생활, 지적 만족, 놀이 속에서 찾는 즐거움, 여유, 사치 등을 누리기 위한 수단으로 돈을 번다는 말이다. 잘하고 좋아하는 것을 업으로 삼는 사람이 몇이나 되느냐며 자조적인 생각을 한다.

잘하고 좋아하는 것을 업으로 삼는 무수한 예를 찾아보기도 전에 지금 돈을 버는 수단이라도 있는 게 어디냐며 판단의 오류에 빠진다. 대다수의 사람들이 바람직한 이상향대로 일하기 어렵다고 결론을 내리면서도 그런 결론에 이르게 한 근거를 알아보지 않는다. 으레 그렇구나 하고 포기한다. 이런 자세로 임하는 직장인이 많은 현실은, 외면하고 싶은 사회의 단면이다.

박새는 천적이 오면 그 사실을 가장 먼저 알아차린 놈이 목숨 걸고 비명을 지른다. 독일에서 30년 넘게 친환경 삼림을 조성하고 관리해온 페터 볼레벤은 이와 같은 박새의 행위를 "이타심은 주고받는 것이어서 희생정신이 크고 마음이 넓은 개체에게는 다시 이익이 될 수 있다"고 정의했다.

박새가 천적을 보고 자기 몸만 피했다면 자신의 종족은 천적에 의해 대부분 죽게 될 것이다. 그렇게 되면 먼저 천적을 본 개체는 당장은 살아남겠지만 장기적으로 역시 살아남기 힘들다. 자기를 보호해줄 종족의 개체수가 적어져 결국에는 자신도 위험해진다. 일시적으로 나만의 이익을 좇다 보면 위험해진다.

회사를 다니는 우리도 이타심을 가져야 한다. 대부분 이때 타인의 범주를 가족, 연인, 회사 동료, 직장 상사, 친구 등 내 주변으로 한정한다. 그러나 세상을 널리 이롭게 하려면 자기 자신을 포함한 모든 사람을 대상에 포함해야 한다. 같은 행위로 모든 사람들에게 행복감을 안겨줄 수는 없지만 내가 모든 사람에게 마음을 열어놓고 그들을 이롭게 해야겠다는 마음을 가진 사람에게는 범주를 한정한 사람보다 훨씬 수월하게 행복이 찾아온다.

이타심의 범주를 단번에 세상 전체의 사람, 동물, 물건, 환경에까지 확대하기란 쉽지 않다. 하지만 곰곰 생각하면 이타심을 넓게 가지면 가질수록 나 역시 이타심의 영향을 더더욱 많이 받게 된다는 것을 느낄 것이다. 내가 베푼 선의가 돌고 돌아 예기치 않은 누군가가 나에게 선의를 베풀게 되는 오묘한 이치다.

회사를 창립하는 이유를 생각해보자. 회사는 상품이나 서비스를 제공하려고 창립한다. 그 제공 방식에 차이가 있을 뿐. 그러한 재화와 서비스를 제공하는 이유는 뭘까? 돈만을 벌겠다고 상품과 서비스를 개발하는 사람은 없다. 재화나 서비스를 이용할 사람을 염두에 두고 어떻게 하면 그들이 행복해할까 고민하다가 제품을 새로 개발하기도 하고, 어딘가에서 한정적으로 쓰이고 있던 재화와 서비스를 더 많은 사람들에게 제공하고자 유통으로 그 규모를 확대한다. 더 많은 사람들이 더 윤택하고 편리하게 원하던 것을 얻게 하려고 각종 물건들이 만들어지는 것이다. 이 가치에 기반해 운영되는 회사에서 일하는 사람일수록, 이 기본 이데올로기를 몸 속 깊이 이해해야 한다.

페이스북이 흥하는 이유는 자신만을 위해 일하지 않기 때문이다. 물론 커리어적으로 빼어난 전문 인력이 각자의 위치에서 솔선수범하여 일하기 때문에 회사 역시 승승장구한다. 하지만 가장 중요한 이념이 있다. 그들에게는 페이스북을 만드는 이유가 자신들의 즐거움, 행복에만 있지 않다. 전 세계를 빠짐없이 연결하여 정보의 불균형에서 오는 상실감을 없애고 이 세상 모든 사람들이 행복하게 사는 마을을 만들자는 이타심에 있다. 이타심의 범주가 아주 크다.

나만을 위할 때는 자아의 행복만 추구하게 된다. 남들을 기쁘게 할 수 있는 내 일이 있음에도 불구하고 외면하거나 그런 쪽으로 생각하지 않으면 계속 나에게 질문하게 된다. '어떻게 하면 내가 행복해질 수 있을까' 하고. 하지만 방황할 것 없이 이것에는 정답이 있다. 남들을 행복하게 하면 내가 행복해진다는 것이다.

영화 〈히든피겨스〉를 보면 1960년대 나사 최초의 우주 궤도 비행 프로젝트에 참여한 세 여성의 고군분투 스토리가 나온다. 이 세 여성은 우수한 실력을 갖췄음에도 불구하고 흑인이라는 이유로 비정규직에 머물며 능력을 펼칠 만한 일을 하지 못했다. 하지만 이들은 흑인 여성을 대표하는 마음가짐을 가지고 꼿꼿한 사명감과 자신감으로 프로젝트에 기여한다. 특정한 선구자들만 이런 원대한 뜻을 가지는 것이 아니다. 이들은 특출한 수학적, 과학적 능력을 기꺼이 나사와 미국 사회를 위해 쓰고자 했으며 이 과정에서 자신의 능력을 인정받고 과시해 나사에서 높은 자리에 오르는 것을 목표로 삼지 않았다. 그들은 직장을 다니는 흑인 여성에게도 능력을 펼칠 기회를 갖게 하겠다는 원대한 목표를 두었다.

일거수일투족에 흑인 여성을 대표한다는 의미도 내재한 것이다. 같이 나사에서 일하던 흑인 여성 동료에게 심적, 물적으로 도움을 받으면서 흑인이 아닌 다른 동료들에게도 인정을 받게 된다. 정말 가치 있게 회사에서 일하면 자연스럽게 명성이 올라간다. 그 가치가 원대한 뜻 그 이상을 의미함은 두말할 필요도 없다.

회사를 위해 일한다고 했을 때도 회사가 좇는 가치, 즉 세상 사람들을 이롭게 한다는 그 가치를 위해 일을 하는 것이 중요하다. 어떤 일을 어떤 자세로 하는지 자문하라. 회사가 제시하는 비전, 가치를 공유하고 널리 퍼뜨리려고 회사에서 일하는 것이다.

그렇게 되면 나의 삶을 통해 타인의 삶을 풍요롭게 할 수 있다. 일차 원적으로 재화와 서비스의 움직임만 놓고 보자. 타인의 삶이 풍요로워지면 회사의 재화나 서비스가 일회성에 그치지 않는 한 고객이 그것을 다시 찾는 횟수도 늘어나며 새로 이용하는 사람들도 늘어날 것이다. 그러면 회사의 수입도 늘어나 재정이 탄탄해진다. 그렇게 되면 더 좋은 상품을 개발하는 데 드는 투자 비용도 넉넉해진다. 더 좋은 상품을 개발함으로써 더욱더 가치에 잘 부합하는 판매와 구매 행위가 일어날 것이다. 회사가 잘되면 그 안에서 일하는 구성원 역시 덕을 본다. 봉급이 늘어나거나 인센티브를 더 받게 되거나 복지 정책도 긍정적으로 수정될 것이다.

이 모든 게 자신의 일만 잘했기 때문이라고 생각하는가. 코앞에 놓인 일을 한정된 시간 내에 처리한다는 생각으로 단순히 자신의 풍요로운 의식주 및 문화 생활, 가족 부양이라는 목적을 이루고자 하는 수단으로 일을 선택하는 순간, 회사는 당신에게 충분한 보답을 줄 정도로 성장하지 못하게 된다.

스포츠유틸리티차량(SUV) G4렉스턴이 생산되고 있는 쌍용자동차 평택공장에는 이런 글귀가 적혀 있다. "G4렉스턴의 성공이 회사의 성공이고 나의 성공이다." 작업자가 직접 쓴 글이다. 한 근로자는 "G4렉스턴 출시 후 주6일 내내 작업과 특근을 하고 있다. 몸은 힘들지만 긴 시간 동안 회사가 어려움을 겪었기 때문에 일이 많을수록 좋다"고 말했다. '회사가 잘되면 잘되는 거지. 말단 직원인 우리까지 그 영향이 미치겠어'라고 일단 마음을 닫아 놓는 사람이 많다. 이런 사람일수록 일하는 시간이 초과되는 걸 못 견뎌 한다.

하지만 회사에서 높은 위치에 올라 윤택하게 삶을 사는 직장인은 입사 초기부터 한결같이 다음과 같은 생각을 한다. 일을 일로 보지, 시간으로 보지 않는다. 회사 차원에서 해야 하는 일이면, 그 해야 하는 일이라는 것이 앞서 말한 목적성에 부합한다면, 그 누구라도 해야 하는 것이다. 일을 시간 단위로 하는 사람은 자신에게만 초점을 맞춘 자다. 왜냐하면 일하지 않는 시간에 자신의 부귀영화를 누려야 하는데 일을 하면 자신에게 써야 하는 시간이 축소되므로 회사는 나에게 도움이 안 되는 곳이 된다. 그리고 일하는 순간에도 회사의 원대한 가치는 전혀 염두에 두지 않았으니 회사가 지금 사활을 걸고 도약해야 하는 시기라는 판단이 설 리 만무하다.

몇몇이 오해하는 한 가지 사실이 있는데 회사는 직원을 즐겁게 할 의무가 없다. 즐거움은 일차적으로 개인을 통해, 이차적으로 회사라는 조직을 통해, 결과적으로 즐거움과 행복을 필요로 하는 사람에게 적절하고 유용하게 재화와 서비스가 제공될 때 생긴다. 이때 자연스럽게 필연적으로 회사에 이득이 생기며 그 이득으로 회사는 직원에게 적절한 보상을 해준다. 그 보상이 물질적으로는 돈, 정신적으로는 성취감이다. 그렇게 직원 덕분에 회사가 발전하는 모습은 당신이 사회에 기여하고 있다는 증거다.

이렇게 보면 회사라는 곳은 그 자체가 이 세상을 위해 존재하는 것이기도 하지만 내가 사회를 위해 존재할 수 있도록 도와주는 매개체이기도 하다는 점을 깨달을 수 있다. 그러나 통장에 입금된 봉급만으로 자신의 가치를 한정시키다 보면 사회를 위해 일하고 있다는 점을 간과하게 된다.

자신의 기여로 회사가 순풍에 돛 단 듯 발전하면 고생한 만큼에 상응하는 추가적인 보답, 이를테면 승진과 연봉 상승 등을 기대하게 된다. 그러나 조직의 높은 자리에 오르는 것은 그 추가적인 보답으로서 반드시 이루어져야 하는 결과가 아니다. 높은 자리는 업무적 실력뿐 아니라 조직을 관리할 수 있는 능력도 요구되기 때문이다. 하나의 팁을 말하자면, 마음속에 그런 결과를 애초부터 기대하지 말라는 것이다. 사회가 풍요로워지는 데 작게나마 일조했다는 데에 의의를 가지면 당장 회사가 나에게 기대한 만큼을 해주지 않아도 초조해지지 않는다. 언젠가 회사 아닌 다른 곳, 다른 사람을 통해 당신의 기여도는 보상받게 되어 있기 때문이다.

자신을 위해 일하는 사람은 오래 가지 못한다. 내 안에서만 에너지를 찾는 자는 고갈될 위험이 크다. 보상과 조건에 흔들리지 않는 행복을 추구하는 사람만이 진정으로 자신을 위해 일한다고 말할 수 있다. 행복은 당신이 오늘 하루 누구를 위해 일했느냐에 달려 있다. 자, 이제부터 나만을 위해 일했던 나, 직장 상사를 위해 일했던 나를 버리고 주변 너머, 직접 만날 수 있다고는 보장하지 못하지만 분명 즐거움을 얻고자 기다리고 있는 다수의 행복을 위해 기꺼이 일하자. 온 힘을 다해 자신의 역량을 타인을 위해 쓸 때 당신이 바라던 부가 창출된다. 이는 진리다.

6

Chapter

대한민국에서
일하는 여자로 산다는 것

직장 상사 조종에도
면허증이 필요하다.

 2009년 기준 의사 수는 매년 3000여 명씩 늘어나는데, 의원급 의료기관 폐업 건수는 2006년 1795건에서 2008년 2061건으로 불어났다. 특히 산부인과·소아청소년과·외과·가정의학과 등은 의원 수 자체가 줄어들고 있다. 의사협회 김주경 공보이사는 "의사는 망하지 않는다는 불문율이 깨진 지 오래다. 요즘은 개업의 중 7퍼센트가 도산한다"며 "전에는 환자가 많으냐 적으냐의 문제였는데 지금은 먹고사느냐, 죽느냐의 문제가 됐다"고 말했다. 그는 "요즘 의원에 가면 의사들이 컴퓨터 하고 놀고 있다"고 주장했다. 의료 전문지에는 '파산·회생 전문 변호사' 광고가 늘고 있다. 정영근 변호사는 "파산 상담을 받으려는 의사·한의사가 작년보다 2~3배 늘어났다"며 "하루 1~2명은 찾아오고, 5~6명은 전화 상담을 해온다"고 말했다. 위 내용은 2009년 3월 7일 조선일보 김

민철 기자, 김경화 기자의 기사에서 발췌했다.

이것이 현실임에도 불구하고 IMF 사태 이후 굳어진 '의 · 치 · 한 쏠림' 현상은 의사가 돈을 잘 벌고 안정적일 것이라는 인식은 계속되고 있음을 보여준다. 이런 잘못된 인식이 부모로부터 주입되면 최악의 의사가 된다. 돈을 잘 벌지도 못하고 안정적이지도 않다. 다시금 말하지만 이것이 현실이다. 신념이 있어서 의대, 치대, 한의대를 간 사람이라면 그 신념을 존중한다. 하지만 신념 없이 입시 자연계 배치표를 보고 전국에 분포한 '의 · 치 · 한'에 진학 후 그 다음 포지션인 서울대의 아무 과에 진학하는 우수한 인재가 너무나 많다. 그들의 말로는 애초에 기대하던 바에 한참 못 미치는 수준이며 수년간 공부한 것에 비해서도 인정을 못 받고 있다. 하지만 그들이 자초한 일이다. 신념과 책임감 없이 선택한 결과다.

회사도 마찬가지다. 아직도 현실을 외면하고 대기업에만 매달리는 사람이 있으며 어떤 신념을 가지고 어떤 일을 하느냐는 중요치 않다고 생각한다. 대기업에서 일하고 높은 자리, 임원진까지 오르면 그걸로 성공한 직장인 라이프라 일컫는다. 그리고 회사라는 조직에서 살아남으려면 그런 자리를 꿰차고 올라가야 한다며 줄을 잡는다. 어떤 임원을 뒷배 삼아야 승진할 수 있을까 기회를 엿본다. 사장의 입장에서 예쁨을 받는 간부급 임원이 누군지 파악하기 위해 정보통을 길게 늘어놓는다. 그렇게 해서 회사의 이모저모를 아는 것을 가치 있는 정보라 여기고 그 간부에게 의도적으로 접근하여 이득을 취하기 위해 정공법으로는 그의 참모 역할을 비즈니스적인 측면에서 성실히 수행한다. 반대로 어떤 이는 도의적인 것은 무시하고 로비를 통하여 그 간부의 환심을 사려고 노력하기도 한다. 이것이 현실이다.

하지만 이런 라이프는 한마디로 피곤하다. 남의 눈치를 계속 보아야 한다. 일력, 관리력은 늘지 않고 조직 내에서 살아남는 생존력만 는다. 그에 반비례해 감소하는 소양이 있다. 바로 삶에 대한 책임 의식이다. 20대에서 30대 사이에 회사 생활을 시작해 분기탱천해야 하는 우리에게는 초반 방향 설정이 중요하다. 그 키를 쥐고 있는 사람은 외부에 있지 않다. 내 키리어의 성장을 돕겠다고 발벗고 나서는 CEO나 직장 상사가 있을 때는 그 상황을 벗어나야 한다. 나를 어여삐 여기고 널리 역량을 펼칠 기회를 주는 사람이 그들인 것은 맞다. 하지만 성장하는 사람은 나다. 발벗고 그들이 나설 이유는 없으며 그럴 정도로 불우한 사람도 아니다. 그들을 멘토로 삼고 나는 내 삶을 항해해야 한다.

누군가의 영역 안에서 살아왔지만 별 탈 없이 지금도 잘 살고 있다고 여긴다면, 그리고 지금의 회사 라이프가 평탄하게 지속되고 있다고 여긴다면 다음과 같이 스스로를 자극할 필요가 있다. 내 삶의 지분은 내가 장악해야 한다. 그런 다음에라야 회사의 줄이 의미 있고 임원들이 날 예뻐하는 이유가 의미 있다.

회사 라이프에 자극을 꾀하는 동시에 책임 의식을 기르는 방법은 다음과 같다.

첫째, 내 명의의 자동차, 집을 소유하라.

둘째, 반려동물과 함께 지내보라.

셋째, 희소한 가치를 가진 정보를 소유하라.

사람들은 결혼하고 나서야 자신의 집을 갖고 회사 생활이 어느 정도 궤도에 올라 안정감을 느낄 때가 돼야 차를 사려 한다. 은행의 도움을 받건 지금껏 모은 돈을 쓰건 그 수단은 둘째 문제다. 돈이 있어도 나중으로 미루고 돈이 없어도 나중으로 미룬다. 삶이 언젠가는 안정적이고 지금보다 더 나아질 것이라는 낙관적인 전망을 한다. 하지만 그 전망의 근거는 없다. 회사에서 사원급이 아우디 A6를 타면 부장님이 눈치를 본다. 이사마저 A5를 타는 마당에 사원이 A6를 타고 다니니 좌불안석이다. 하지만 줏대 있게 자동차를 소유하고 운영하는 사원은 그렇지 않은 사람보다 책임 의식이 높은 사람이다. 부모님이 대신 사주거나 법인차량 개념으로 장기 리스하는 경우는 제외한다.

　자동차를 사려면 개인 명의의 인감이 필요하다. 그리고 자동차를 가져야 하는 목적을 생각하게 된다. 나는 프리랜서로 도약하려고, 그리고 내 삶에 책임 의식을 갖고자 자동차를 전액 현금 구매했으며 그 차량을 소유하는 동안 주차비, 주유비, 세금 등의 유지비를 고려하여 한 달 가계 플랜을 짜보기 시작했다. 자동차를 헐값에 팔지 않으려면 그 차량을 유지하고도 남을 만큼의 품위유지비를 늘 상비적으로 갖고 있어야 한다. 그런 과정에서 돈도 주체적으로 운영하게 되었다.

　집을 구매할 때는 우선 스스로 발품을 팔고 부동산과 연락해 시세를 비교하여 직접 계약을 맺어보라. 직접 무언가를 소유하기까지 필요한 절차와 비용이 만만치 않음을 경험할 것이다. 큰 비용이 들어가는 소유물을 개인 명의로 직접 계약해본 사람은 회사가 거래하는 계약보다 작은 차원이지만 유사한 경험을 해보았다고 말할 수 있다. 회사에서 계약을 성사시킬 때의 메커니즘을 간접적이나마 체득한 셈이 된다.

계약은 상대와 주체 모두 동등한 권력과 권위를 가질 때 가장 바람직하게 이루어진다. 서로에게 윈-윈이 된다는 것이 확실시 될 때 계약은 성사된다. 이 원리를 제대로 아는 사람은 직장 상사를 대하는 태도도 다르다. 그 입장이 돼 '직장 상사가 나에게 원하는 것이 무엇일까' 하고 그 계약의 목적을 설정한 후, 내가 제시할 수 있는 조건과 역량을 그에게 제시할 수 있다. 성사된다는 결론을 이미 짓고 방법을 나에게서 찾게 된다. 이런 사원은 그 어떤 맘나니 직장 상사를 만나도 평온하다. 계약의 메커니즘을 이해했기 때문이다. 이윤을 추구하는 집단인 회사 입장에서도 귀한 인재가 된다.

재정이 안정적이 될 때만을 기다리지 마라. 회사 내 나의 위치가 안정적일 때를 직장 상사와 가치를 주고받는 시점으로 한정하지 말라. 갑과 을의 관계는 회사와 나만으로 족하다. 직장 상사가 원하는 것과 내가 원하는 것을 교환하면 그만이다. 그만큼이나 동등할 수도 있는 게 직장 상사와 나의 관계다. 책임 의식은 서로 만족하는 계약을 한 후 그 관계를 지속하고자 할 때 필요한 의식이다.

둘째, 반려동물과 함께 지내보라. 요즘같이 돈이 궁해 살기 팍팍하고 내 몸 하나 건사하기 힘든데 반려동물이라니, 말도 안 된다고 말할 수 있다. 하지만 돈이 있는 사람만 반려동물과 함께 지낸다고 할 수 없다. 물론 반려동물을 키울 때 미용비용, 먹이비용뿐 아니라 시간도 든다. 산책이 필요한 동물이라면 산책을 해야 하고 그 외 시간에도 외롭게 두는 것은 바람직하지 않다. 이 모든 것의 궁합이 맞아 실현 가능할 때 비로소 집에 반려동물을 들여놓으려 한다. 전혀 책임지지 못할 게 뻔히 보이는 자명한 현실임에도 불구하고 여러 마리를 키우는 건 당연히 제쳐둔다. 그러나 한 달에 나의 몸을 치장하는 데 드는 비용을 조금 줄이면 개나 고양이를 한 마리에서 두 마리 정도는 키울 수 있다. 월급이 쥐꼬리만 해서 절대 누군가를 보살필 여윳돈이 없다고 한다면 당신은 계속 여윳돈을 마련하지 못할 것이다. 단, 혼자 자취하는 직장인은 반려동물을 키우는 것을 자제하는 게 좋다. 두 명 정도 같이 살아야 번갈아가며 반려동물과 하루를 온전히 함께 있어줄 수 있기 때문이다.

첫 번째 방법에서 제시했다시피 나 아닌 무언가를 건사하려면 계획과 계약이 필요하다. 버는 돈이 적다면 반려동물을 봐서라도 그들의 사료값을 생각하면서 어떻게든 돈을 더 벌려고 궁리할 것이다. 자극이 된다는 말이다. 그리고 비단 재정적인 측면뿐 아니라 그들과 보내는 시간을 내려면 직장 생활 중에도 규칙적으로 별도의 시간을 빼야 한다. 자신을 과하게 꾸미는 데 든 쇼핑 시간, 대화보다는 술에 취하는 것 자체에 길들여진 친구들과의 만남의 횟수는 자연히 줄어들게 된다. 그리고 거기에 반려동물과 보내는 시간이 추가된다. 그전까지 무의미하게 보낸 여가를 종료하고 반려동물과 교감하는 데에서 안정을 찾는다. 원래 살던 대로 살아도 아무 문제가 없다고 말하는 것도 반려동물을 키우는 것의 반대 근거가 되지 못한다. 도약하고 성장하려고 의도적인 플랜을 세우는 것이다. 반려동물을 수단으로 본다는 의미가 아니다. 내 삶에 변화를 주는 요소로서 책임감을 키울 수 있는 방편으로 역설했음을 주지하기 바란다.

돈과 시간을 독립적으로 운영할 수 있는 사람만이 회사에서도 독보적으로 역량을 펼칠 수 있다. 자신의 라이프에서 독립심을 발휘하지 못하는 직원은 직장 상사에게 종속되기 쉽다. 직장 상사의 느닷없는 지시에도 아무 말을 하지 못하며 부당한 처사에도 아무 행동을 취하지 못한다. 그 누구도 부당한 처사를 용감하게 해결해주지 않는다. 해결하는 주체는 자기 자신인데, 내 삶의 주체가 나에게 있지 않은 사람은 아무 생각도, 아무 행동도 하지 못한다. 얼음땡 하고 가만 있는 경우가 많다. 그러다가 누군가의 의견에 휩쓸려 회사 안에서 책상을 뺏길 수도 있다.

누구도 주체적인 힘이 없는 자를 고용하고 싶어 하지 않는다. 부하로 두고 싶지 않음은 물론이다. 너무 생각이 빳빳하고 소신이 있어도 문제지만 반려동물을 키울 정도의 돈과 시간과 마음이 있는 정도의 사람은 직장 상사의 마음을 살필 줄도 알며 그 저의가 무엇일까도 생각하는 사람이다. 그리고 회사에 매여 있는 삶을 택하지도 않는다. 중요한 건 다른 곳에도 있다는 것을 알기 때문이다. 집에서 기다리는 반려동물이 그 예다. 교감하면서 누군가를 반려하는 방법을 실전으로 익힌다. 역지사지는 누군가를 반려하는 마음가짐이다.

이를 직장 상사와의 관계에 응용하면 직장 상사가 나를 대하면서 선택하는 행위를 이해하는 폭이 넓어지는 한편, 그 처사가 나의 가치관과 기대에 어긋날 시에는 대놓고 말할 수도 있게 된다. 집에서 반려동물을 키워보라. 내가 선택하는 회사 내 결정, 회사가 결정하는 나에 대한 처사 모두에 책임감 있는 자세를 갖는 데 도움이 될 것이다. 책임감 있는 사람은 생각만 하지 않는다. 관계를 지속하고 영위하고자 행동한다.

셋째, 희소한 가치를 가진 정보를 소유하라. 권위는 말하지 못하는 정보에서 나온다. 남을 지휘하거나 통솔하여 따르게 하는 힘은 부하는 대부분 모르지만 직장 상사 중 일부는 알고 있는 정보의 유무에서 판가름된다. 이를 테면 새로 런칭할 브랜드의 사업 계획, 대외비인 수입 가격 책정 과정, VIP 고객을 대상으로 홍보하는 시크릿 파티 등 일부는 알고 있지만 대다수는 모르고 있는 내용이 회사에도 존재한다. 그리고 일반적인 회사보다 개개인의 역량이 독자적으로 발휘되도록 하는 조직, 대표적으로 대학 교수 조직 같은 경우는 내 옆의 동료가 미처 발견하지 못한 학문적 진리로 성과를 낸 사람에게 권위가 있다. 그러면 사회적으로 인정을 받고 영향력을 끼치게도 되는데 그럴 때 위신이 선다고 표현한다. 희소한 가치를 지닌 정보를 움켜쥐고 있다가 적재적소에서 발휘할 때 권위를 갖는다. 사원급이 과한 권위를 갖는 것은 지양해야 하지만 사원에서 주임급, 주임급에서 대리급으로 승진을 도모할 때는 의도적으로 권위 라이선스를 가지고 있어야 한다. 이를 가진 자는 아무에게나 누설하면 안 되는 정보를 갖고 있기에 입을 여는 데에 책임의식을 갖는다.

입의 무게를 저울질할 줄 아는 사람은 처세에도 능하다. 대한민국에서 일하는 여자로 살아남으려면 처세술이 필요하다. 과하게 이리 갔다 저리 갔다 소신 없이 줄을 잡는 것은 처세에 능하지 못한 태도다. 도약에는 적절한 처세술이 필요하다. 이때 누군가에 휩쓸리지 않고 중심을 잡으려면 희소한 가치를 가진 정보를 갖고 있어야 한다.

누구와도 비교가 안 될 만큼 독보적인 역량은 그 희소한 가치에 기반한다. 기술적인 것이든 원론적인 것이든 남들은 잘 못하는데 유독 잘하는 자신만의 분야가 있을 것이다. 그리고 회사 외부로 시선을 돌리면 회사가 경쟁 대상으로 삼고 있는 회사 정보도 희소한 가치라는 점도 주목할 만하다. 경쟁사에서 일한 사람이 높은 연봉을 받으며 회사에 입사하는 경우가 바로 그 예다.

회사 내부적으로는 스스로 파악한 직장 상사의 성향도 정보다. 어떤 직장 상사는 이상주의적이어서 그의 앞에서는 현실적으로 힘든 부분을 이야기하지 않는 편이 좋을 수도 있다. 할 수 있는 것을 할 때에 보람도 있는 것이라, 너무 이상적인 것을 좇는 일을 할 때는 진이 쉽게 빠질 수 있다. 그런 직장 상사 앞에서는 입 조심 해야 한다. 내가 가진 번뜩이는 아이디어와 계획이 있다면 이것을 지금 어떤 식으로 실행할 수 있을지도 생각하고 직장 상사에게 말해야 한다. 누구나 알고 있어 말하고 다니는 어떤 직장 상사의 성향, 어떤 회사의 정보 등에 홀리지 마라. 그것을 참고하되 나만의 정보 포트폴리오를 반드시 소유하라. 그것이 직장 상사와 오너를 조종하는 무기다.

이와 같이 의도적으로 계약하고 반려하며 소유하는 과정이 필요하다. 자신의 삶을 조종하는 몇 가지 장치에 대한 드라이브 라이선스를 확보하라. 하지만 무리하게 시행하지는 말라. 그렇다고 충분히 여력이 될 때를 기다려서 할 것도 아니다. 내가 주체가 돼 큰 물건들을 소유하고 동물과 함께 지내며 희소한 정보를 취하려고 노력한다면 사실 그 라이프만으로도 성공한 것이다. 그런 경험을 통해 책임 의식을 기른 직원은 회사에서도 큰 계약 건을 성사시키며 직장 상사가 어떤 사람인지 보아가며 처세한다. 그리고 결국에는 회사에 필요한 정보를 적재적소에 안겨다 주는 직원으로 성장한다. 일종의 나비효과다. 오늘 하루 어떤 마음가짐으로 어떤 연습들을 하느냐에 따라 회사 내 직함과 명함이 달라진다.

일을 할수록
당신의 커리어는 단단해진다

2017년, 우석대 식품생명공학과 조문구 교수팀은 다양한 혼합 잡곡의 영양 성분을 분석한 논문을 〈한국식품영양학회지〉에 발표했다. 교수팀은 시중에서 판매하는 백미와 5곡, 8곡, 16곡, 17곡, 20곡, 25곡의 잡곡밥을 구매해 영양 성분을 분석했다. 그런데 폴리페놀이나 플라보노이드 모두 곡물 종류가 늘수록 오히려 그 함량이 줄었다. 혈액순환 개선 효과가 있는 폴리페놀 함량은 5곡이 452.0μg/㎖이었는데, 25곡에서는 265.2μg/㎖에 불과했다. 항암 효과와 유해 물질을 배출하는 플라보노이드도 5곡이 0.340μg/㎖로 가장 높았다. 플라보노이드 함량도 25곡에서는 0.156μg/㎖로 낮게 나타났다. 조문구 교수팀은 "잡곡 종류가 늘수록 잡곡 각각의 혼합 비율은 줄어든다"며 "이 때문에 지나치게 많은 잡곡을 섞으면 각 잡곡의 영양 성분을 충분히 살리지 못하는 것으로 보인다"고 말했다.

잡곡들을 한꺼번에 넣어서 밥을 지으니 개별적으로 있었을 때 좋은 성분이 계속 더해지는 것이 아니라 오히려 감소했다. 결국 18곡, 25곡보다 5곡 정도만 섞어서 밥을 짓는 게 제일 이상적이다. 잡곡을 한꺼번에 넣지 말고 기능 몇 가지만 선택한 후 버무려야 한다.

제 아무리 좋은 회사, 좋은 직장 상사를 만나도 기본은 '나'다. 어떤 재능을 가지고 세상에 기여할 것인지 대한 사색이 제일 먼저 촉구된다. 그 다음에 회사 안에서 팀워크를 다지는 것이다. 밥을 만드는 과정이 바로 그것이며 결과물로서 나온 밥의 유용한 성분이 밥을 먹는 여러 사람에게 건강함을 선사한다.

학교를 졸업하고 사회에 나올 당시의 포부는 준비된 것 이상으로 높다. 학교 생활을 성실히 했느냐와 상관없이 사회에 나갈 준비를 한 이상 두려움 반 자신감 반으로 취업을 하거나 창업을 한다. 사람은 아무래도 자신에 대한 평가에 조금 후하다. 대부분 자신은 남들보다는 조금 잘났다고 생각하거나 상황을 낙관적으로 보는 경향이 있다. 그렇게 생각하지 않으면 이 세상을 살아가기 힘들다. 좀 괜찮다고 생각하면서 사는 쪽이 마음이 편하고 지금을 살아가는 원동력이 되기 때문이다. 이 때문에 자신이 여러 군데에 재능이 있다고 생각하고 진로나 회사를 자주 바꾸는 사람이 있다. 혹은 자신의 재능이 어디에 있는지 모르거나 외면한 채 직장은 그저 밥벌이 수단이므로 그 수단에 변화를 주는 것을 당연시 여기는 사람도 있다.

하지만 이 모든 건 결과적으로 불안정한 모습이다. 아프니까 청춘이라고 말하는 김난도 교수 같은 교수진들이나 대학생과 사회 초년생을 앞에 두고 연설하는 강사 등 20대에게 조언하는 사람들은 격동기를 겪으라고 한다. 방황은 그 나이대에 응당 해야 하는 것이며 그때 한 경험은 사서도 할 것이라고 한다. 하지만 그런 식으로 방황하는 것을 자연스러운 현상으로 받아들이면 놓치게 되는 건 안정감과 프로페셔널함이다. 사회생활을 하러 나온 그 순간부터 두 마리 토끼를 잡으며 커리어를 쌓을 수 있는 길이 있음에도 불구하고 방황하면 근본적인 것을 놓친다.

일을 할수록 안정성에 프로페셔널함을 더하려면 입사 후 기간별로 모드 변환을 해야 한다. 일을 하면 무조건 실력이 쌓이고 커리어가 단단해지는 것이 아니다. 다음 네 가지 스텝에 맞춰 회사를 다니는 내내 속도 조절을 해야 한다. 이는 회사 생활을 체계적으로 계획하고 행동할 수 있게 하는 내면의 힘이 될 것이다.

첫째, 입사 후 3개월은 '적당히 모드'로 임하라. 2016년 12월 8일 개봉한 〈나, 다니엘 블레이크〉는 영화사 진진의 창립 10주년 배급 작품이다. 진진은 2006년 창립해 10여 년간 국내외 예술, 독립영화를 뚝심 있게 배급해온 회사다. 그간 개봉한 영화는 126편으로 2016년에는 창립 이후 가장 많은 작품인 16편을 개봉했다. 본래 진진의 김난숙 대표는 23년 전 대우영상사업단에서 한국 영화 사전판권구매팀 일을 하며 영화계와 인연을 맺었다. 그후 1997년 국내 최초의 예술영화 전용관이었던 동숭씨네마의 운영과 독립, 예술 영화 배급을 맡았다. 그러다가 2006년 동숭아트센터가 구조조정을 하는 바람에 영상사업팀 전원이 회사를 나와야 했다.

당시 부서장이던 김 대표가 영화사 창립을 이끌었다. 정태원 팀장, 장선영 차장과는 동숭아트센터 시절부터 지금까지 10년 넘게 같이 일하고 있다. 지난 10년은 어땠을까. "잘 버티려고, 좋게 얘기하면 적당히 움직였다. 누군가는 라인업이 굉장히 보수적이라고 말할 만큼." 〈원스〉, 〈우리학교〉, 〈똥파리〉, 〈지슬〉 등이 그 예로 적당히 움직여서 소기의 흥행을 달성하며 이름을 알렸다. 특히 〈원스〉는 2017년 8월 기준 약 23만 명의 누적 관람객수를 기록하며 한국에서 작품성과 흥행성을 동시에 인정받았다.

김난숙 대표는 이렇게 말한다. "요즘 옛날 영화 재개봉 열풍이 한창이잖나. 리스크를 지고 싶지 않은 어떤 흐름이 영화 개봉에도 영향을 미치는 것 같다. 확인된 영화만 보고 싶어 하는 거다. 그러면 새로운 감독은 어떻게 관객과 만날 수 있을까. 고레에다 히로카즈도, 신카이 마코토도 처음부터 유명 감독이 아니었다."

직장 상사를 만나거나 회사 업무와 맞닥뜨렸을 때, 내가 감당하기 힘들거나 대처할 방법이 딱히 떠오르지 않는 진퇴양난의 상황에서는 미진한 나를 향해 화를 내거나 밖을 향해 불만을 노출하기보다 중간선에서 미지근하게 대처할 필요가 있다.

당신이 눈앞에 있는 직장 상사와 백년대계를 모의할 것도 아니며, 눈앞에 놓인 업무만 하고 회사를 그만둘 것도 아니기에 시선을 멀리 두고 극적인 상황은 모면해야 한다. 특히 입사한 지 얼마 안 된 신입 직원은 직장 상사와 업무에 대처하는 경험치가 적기 때문에 늘 행동과 생각에 리스크가 있다고 생각해야 한다. 자신의 결단 그 어떤 것도 스스로 보장하거나 확증이라고 판단 내려서는 안 된다. 직장 상사와 트러블을 일으킨다고 해서, 업무가 힘들다고 해서 이 상황에 대한 정확한 솔루션을 찾으려고 하지 마라. 그 순간에는 기어를 평지 모드로 바꿔 평온함을 유지하며 적당히 대처하라. 현상 유지를 하는 지금 상황도 괜찮다고 다독여라.

주위 상황이 나를 돕지 않을 정도로 리스크가 발생할 때는 적당한 선택으로 상황과 적절한 융합하고 조화를 추구할 필요가 있다. 진진이 우리나리의 분위기가 뒤숭숭할 때 10년 동안 꾸준히 영화를 개봉하다가 끝내 그 안목과 뚝심이 결합해 2016년 〈나, 다니엘 블레이크〉를 성공적으로 개봉한 것처럼 언젠가는 길이 트인다. 안달복달하며 근시야적으로 회사 생활을 하다 보면 자괴감이 드는 것은 한순간이다. 신입 초반에는 '적당히 모드'가 필요하다.

'뭐든지 열심히 잘 하겠습니다' 모드로 임하는 신입은 커리어의 첫 물꼬를 트는 데 애를 먹을 것이다. 평상시보다 성과를 더 내야 하고 회사 내 모든 문제를 해결하고자 하는 과한 불도저 모드는 지양해야 한다. 입사하자마자는 직장 상사가 나를 촉을 세우고 바라보며 평가의 레이더를 높게 올린 상태다. 주위 환경이 나를 주목하는 정도가 커서 예민한 환경이다. 이때는 리스크가 크다. 그러므로 입사 초기 신입 사원의 일거수일투족은 일반적으로 안정성보다 불안정성에 가깝다. 입사 후 3개월까지는 '적당히 모드'로 안정성을 기하자. 몸을 보전해야 역량을 펼치든 말든 할 것 아닌가. 정말 이 회사에서 일하려 한다면 초반 스퍼트는 지양하라.

입사 후 1년은 회사의 안정성에 기대어 '러시 모드'로 질주하라. 신입 사원은 보통 1개월에서 3개월의 수습 및 견습 기간을 거치면 정직원으로 임용되며 최소 1년의 경력을 쌓는 것을 1차 목표로 회사를 다니는 경우가 많다. 길게는 3년의 커리어를 쌓는 것을 목표로 한다. 두 경우모두 1년이라는 기간이 중복된다. 3개월간 안정 모드를 최대한 추구한다음에는 본격적으로 회사와의 계약 관계를 더 성실히 이행해야 한다.

기본적으로 근태 관리는 늘 촉각을 세워야 하는 항목이니 이에 대한설명은 하지 않겠다. 회사에서 월급을 받는다는 것 자체는 안정적인 수익원이 생겼다는 말이다. 안정성 면에서는 아무 일도 하지 않는 사람, 사업을 시작하는 사람보다 분명 우위에 있다. 하지만 이 안정적인 봉급에 익숙해지는 입사 후 6개월이 지나면 회사도 어지간하면 나를 받아줄것이라는 기대를 하게 된다. 내가 어떤 성과를 내든 기회를 줄 것이라고 착각하게 된다. 시간의 흐름은 그만큼 무서운 것이니 스스로에 대한평가를 조금 후하게 내리는 타이밍이 바로 이때다. 이때는 5장에서 밝힌 주3일 밤 11시 퇴근 스킬을 발휘해야 한다. 자기자신과 약속하고 미진한 점이 있다고 생각될 때는 누가 뭐라고 하든 퇴근 후에 붙잡고 늘어져야 한다. 스스로 공부하고 업무를 쳐내는 시간이 반드시 필요하다. 이 플러스 알파를 하지 않고 출퇴근 시간을 준수하다가는 야근 스킬을발휘한 사람에 비해 인사평가서에 낮은 점수를 받을 것이다.

월급이 주는 안정성 프레임이 있으니 얼마나 마음이 놓이는가. 회사규칙을 어기지 않고 최소한 근태 관리에 신경을 쓰면 회사는 절대 먼저당신에게 계약 불이행의 칼날을 겨누지 않는다. 먼저 계약을 끊어내지 않는다. 직원을 업무 성과를 토대로 평가하는 시기는 월간 단위로 지속되는 일반 업무와 기간을 두고 프로젝트성으로 하는 업무 등 업무의 속성에 따라 다르지만 일반적으로 단기는 3개월 후, 장기는 1년 후다. 생각보다 실질적인 성과 평가는 한참 뒤에 이루어진다.

그러나 지금 당장 평가의 칼날을 느낄 수 없다고 해서 느슨하게 적당히 모드로 달려서는 안 된다. 이때일수록 수면 아래에서 쉴 새 없이 헤엄치는 오리처럼 드라이브해야 한다. 실제 메르세데스 벤츠 같은 탄탄한 기술력을 자랑하는 차량은 초반 드라이브 시에는 물컹한 느낌으로 달린다. 그런데 달리면 달릴수록 차체가 바닥에 딱 붙으며 그 물컹한 느낌은 사라지고 단단한 느낌으로 변화한다. 그런 단단함을 누구도 채찍질하지 않을 때 스스로 준비하고 있어야 한다.

셋째, '팀워크 모드'는 언제나 365일 발휘하는 것이다. 2017년, 김선정 아트선재센터 관장이 주비엔날레재단 신임 대표이사로 선정됐다. 박양우 전 대표가 사퇴한 뒤 5개월여 만에 광주비엔날레를 진두지휘하게 된 것이다. 광주비엔날레는 글로벌 미술 매체 〈아트넷〉이 2014년 '세계 5대 비엔날레'로 선정할 만큼 국제적 명성이 높다. 김선정 대표는 "1995년 이후 광주비엔날레가 걸어온 길을 제대로 돌아보겠다. 힘이 많이 빠져 있는 비엔날레에 새로운 에너지를 불어넣겠다"며 개선 의지를 밝혔다. 우선 예술감독의 위상이 달라질 것으로 보인다. "그동안 비엔날레의 작가 선정, 전시 여부를 예술감독 혼자 결정하다 보니 여러 한계가 보였다"며 "앞으로는 재단이 주도권을 쥐고 공동 예술감독제를 실시하는 등 기존의 감독 1인 체제에 변화를 주겠다"고 말했다.

명석하고 아이디어를 수행할 능력이 충분하더라도 개인은 결코 '우리'보다 낫지 않다. 비엔날레는 그간 감독 1인 체제일 때는 힘이 많이 빠져 있다는 평가를 받았다. 생명력이 충분히 전달되지 않으며 대중과 공감하는 접점도 그만큼 적었다. 하지만 김선정 대표가 말한 포부에는 팀워크가 키워드로 녹아 있다. 변화의 핵심에 공동 예술감독제가 있다. 한 명보다 여럿이 낫다는 반증이며, 그 태도를 견지할 수 있는 사람이 고용되고 있다.

2016년, 세계물산 등 12개 기업을 거느린 SG그룹 이의범 회장이 군소 채널인 K바둑(한국바둑방송)을 인수하며 본격 경쟁을 선언하고 나섰다. 사실상 바둑TV 독점 체제였던 바둑 전문 채널 시장에 전운이 감돌기 시작했다. 그는 K바둑을 인수한 동기를 다음과 같이 밝혔다. "독점 공급 체제에선 소비자에게 돌아가는 혜택이 미미하게 마련이다. 과거의 K바둑은 바둑TV의 4분의 1 정도 규모였고, 이런 구도 탓에 바둑 시청자들은 어느 쪽에서도 양질의 프로그램을 공급받지 못했다. 복수의 전문 채널이 경쟁하면서 시청자들을 만족시키고 있는 골프처럼 만들어야 한다고 생각했다."

복수는 늘 환영받는다. 소비자에 입장에서도 유수한 동종 업체 여럿이 경쟁한다면 복잡할지언정, 독단으로 운영하는 체제는 불합리하듯이, 합리적인 관점에서 봤을 때도 팀제 운영 모드는 설득력이 강한 회사 체계. 그 체계 안에 충분히 녹아들어 있어야 한다. 팀워크를 발휘하는 직원이 오래 살아남는다. 일을 하면 할수록 실제로 같이 일을 하는 팀원과의 호흡이 제일 중요하다. 팀워크는 상시 모드다. 입사 초기

'적당히 모드', 그후에 이어지는 '러시 모드'일 때도 간과해서는 안 되는 기본 소양이다.

넷째, 7일 미만의 '일 부재 모드'를 경험하라. 이는 입사 후 1년이 지난 시점에 필요하다. 나가이 아키라가 감독하고 사토 타케루, 아오이가 출연한 영화 〈세상에서 고양이가 사라진다면〉은 소설로도 대중에게 반향을 일으킨 영화다. 서른, 우편배달부인 사토 타케루는 어느 날 자전거 사고를 당한다. 그 때문에 진찰하던 중 뇌종양 판정을 받아 살날이 얼마 남지 않은 그에게 자신과 똑같은 모습을 한 의문의 존재가 찾아온다. 그리고 다음과 같은 묘안을 내놓는다. "내가 하루를 더 사는 대신, 세상에서 어떤 것이든 한 가지를 없애자." 1일째 세상에서 전화가 사라진다. 주인공은 하루를 얻은 대신 잘못 걸려온 전화를 통해 만난 첫사랑 미야자키 아오이와의 추억을 잃었다. 2일째 영화가 사라진다. 영화광이던 절친과의 우정을 잃고 그 친구는 더 이상 주인공을 기억하지 못한다. 3일째 세상에서 시계가 사라지며 태어난 후 지금까지 서른 살의 자신을 이루고 있는 모든 것을 잃을 위기에 처한다. 그리고 다음 날 그는 어머니와의 추억이 담긴 고양이를 세상에서 없애겠다고 한다. 의문의 존재가 초반에 그에게 말한 내용이 있다. "뭔가를 얻으려면 뭔가를 잃어야 한다."

대부분 공부를 하고 회사에서 돈을 벌게 되는 순간들을 자연스럽게 받아들인다. 주변에 늘 있는 전화, 영화, 시계, 고양이처럼. 하지만 이 모든 게 온전히 내 힘으로 이룩된 것이 아니라 무수히 많은 관계 속에서 도움을 받아 현재 존재하는 것들이다. 취업난을 만든 사람이 우리임에도 불구하고 애써 취업을 하고 1년 동안 회사를 다니면서 여차하면 입으로 "힘들다"를 내뱉는다. 《세상에서 고양이가 사라진다면》의 원작자 가와무라 겐키는 휴대전화를 잃어버린 후 문득 이런 생각이 들었다고 한다. "무언가를 잃고서야 그 소중함을 알게 되는구나." 그렇게 쓰기 시작한 생애 첫 소설이 베스트셀러가 되었고 마침내 영화로도 만들어진 것이다.

본격적으로 사회의 구성원이 되어 돈벌이를 하는 새로운 챕터가 열린 시점에 초반의 적당히 모드, 중반의 러시 모드, 365일 팀워크 모드를 거쳤더라도 초심을 잃어버리면 몸과 마음이 힘든 것을 보상받고자 지금 상황이 충분히 안정적임에도 불구하고 이것을 굴레라고 여기고 탈출하고 싶어진다. 조금 더 연봉 협상을 해서 이 회사에 있기보다 다른 더 좋은 곳에 입사해 경력을 쌓고자 한다. 이때 변함없이 회사를 다니되 짧게 휴가를 떠나는 '일 부재 모드'를 취할 필요가 있다. 이를 통해 일한다는 게 얼마나 소중한 것이었는지 느낄 수 있다. 이른바 부재를 통해 느끼는 존재의 가치다.

탈출하려는 욕구는 최소 3년에서 5년 사이에 느낄 수 있는데 이 시기를 온전히 겪어낸 사람이야말로 프로페셔널함을 갖추었다고 말할 수 있다. 하지만 정기적인 여름 휴가에만 일을 하지 않는 것은 의미가 없다. 남들이 쉬지 않을 때, 당신이 한 회사에서 업무를 시작한 지 1년이 되는 때에 맞춰 월차와 연차를 한꺼번에 연달아 쓰라. 남의 눈치를 볼 일이 아니다. 이 시기에는 다른 회사로 이적할까 고민할 수도 있으며 지금 다니는 회사에 대한 평가를 할 수도 있다. 하지만 결국 업무 영역과 분야를 바꾸지 않는 한 현재의 회사에서 과거의 몇몇 구성원과 현재 새로이 입사한 구성원 중간에서 커리어를 지속적으로 쌓는 쪽을 권한다. 맘이 맞는 회사 내 사람들과 삼삼오오 팀을 이루어 아예 창업을 할 계획이 아니라면 지금 팀워크를 맞춘 사람들과 일을 하는 게 가장 좋다.

미국의 하버드대학교 심리학 교수 해크먼은 40년이 넘도록 리더십을 연구한 학자로 '뒤섞는 게 좋다는 속설'을 거부했다. "구성원이 바뀌지 않고 오랫동안 함께 일한 집단일수록 더 잘하기 때문이다. 이 말이 비합리적으로 보일지 모르지만 조사 결과에 따른 명확한 증거가 있다." 큰 성공을 거둔 기업은 대개 과거에 함께 일한 두세 명의 구성원이 수뇌부에 있었다. 많은 사례에서 오래 지속된 관계가 성공을 뒷받침했음을 확인할 수 있다. 마이크로소프트의 창업자인 빌 게이츠와 폴 앨런 그리고 애플의 스티브 잡스와 스티브 워즈니악은 고등학교 시절부터 가까운 친구였다. 버크셔 해서웨이 회장 워런 버핏과 부회장 찰리 멍거는 거의 50년 동안 함께 일했다. 버핏이 "찰스와 나로 1 더하기 1을 하면 분명 2 이상이 된다"고 말할 정도다. 내부자와 안정된 팀을 고수하고 이전에 함께 일한 사람끼리 해결하는 것이 더 나은 길이다. 안정된 팀은 서로의 강점을 활용하고 약점을 보완하는 데 더 능숙하다. 또한 생각과 행동을 더 효율적이고 안정적으로 한데 엮는다. 사회생활을 처음 하는 단계일수록 안정된 팀의 탁월성을 경험해봐야 한다.

이와 같은 플랜은 가정에서도 학교에서도 회사에서도 가르쳐 주지 않는다. 우선 사회생활의 첫 단추를 꿸 때에는 다섯 손가락 안에 드는 내면의 잡곡을 찾는다. 그리고 그것들을 섞어 밥을 짓는다는 생각으로 회사를 고르고 업무 영역을 고른다. 방황해야 제맛이라는 세간의 위안 속으로 숨거나 한숨을 쉬는 것은 앞서 말한 선택의 중요성을 모르는 자들의 고민이다.

적극적으로 1개년 계획에 맞춰 호기롭게 직장 상사와 업무를 받아들여라. 단기적으로는 입사 초기 3개월까지는 적당히, 1년 차까지는 러시 모드로 일하라. 단, 이 모든 단계마다 팀워크가 기저를 이루며 개인적인 근태 관리는 필수다. 한 회사에서 최소 3년에서 5년을 버틴 자에게 주어지는 선물이 프로페셔널함이다. 하지만 두려움 때문에 1개년 계획을 포기하는 사람은 애초에 일하는 여자가 되지 않는 편이 낫다. 안정성과 프로페셔널함은 극소수의 직장인만이 이룰 수 있는 극적인 꿈이 아니다. 재능을 알고 계획하고 실천하는 자에게 열려 있는 길이다.

미켈란젤로는
쉬지 않는다

"모든 돌 속에는 동상이 있다. 조각가의 임무는 그것을 발견하는 일이다."

"난 대리석 안에서 천사를 보았고, 천사를 자유롭게 할 때까지 깎았다."

"사람은 머리로 그리는 것이지, 손으로 그리는 것이 아니다."

미켈란젤로는 잠자는 시간을 따로 정하지 않고 거의 하루 종일 조각 작업에 몰두했다. 하루에 빵 한 조각과 와인 한 잔이면 작업에 몰두할 수 있었고 잠자리에 들었다가도 대개 밤중에 일어나 다시 일을 계속했다. 피로해지면 옷을 입은 채 잠들고 피로가 풀리면 일어나 바로 작업을 시작했다. 손이 아닌 머리로 작업했으며 일필휘지로 글을 쓰듯 대리석에서 천사를 읽고 동상을 읽을 줄 아는 사람이었다. 그리고 그것을 현실로 만드는 작업을 일대의 사명으로 삼았다. 이를 두고 영감에 기반한 삶이라고 한다. 그는 평생 영감을 좇는 삶을 살았고 이를 작품으로 구현해 자신이 신성시하는 존재에 가까이 다가가는 것을 목적으로 삼았다. 천재일수록 머릿속에 번뜩이는 아이디어로 손쉽게 문제를 해결하고 예술을 하는 것 같지만 미켈란젤로뿐 아니라 천재라고 불리는 사람은 모두 노력파다. 이들은 거의 모든 시간을 작업을 하며 보낸다.

1970년대의 한 미래학자는 "21세기가 되면 사람들은 주당 36시간만 일하게 될 것이다. 그래서 많은 여가 시간을 누릴 것이다"라고 예언했다. 하지만 아직 주당 평균 40시간 이상으로 회사의 시간 테이블은 바삐 움직인다. 여전히 우리의 일하는 시간이 줄어들지 않은 실정이다. 재택근무자, 프리랜서 혹은 창업주의 형태로 일하는 사람은 일하는 시간을 유연하게 설정할 수 있다. 그러나 회사에 다니는 사람은 보통 주 3~5일, 하루 5~8시간은 꼬박 회사에 나간다.

이 모든 시간을 미켈란젤로처럼 밥 먹는 시간, 잠자는 시간을 망라하고 흔쾌히 작업 시간으로 이어나갈 수 있다면 그야말로 이상적인 회사 라이프일 것이다.

하지만 그 이상, 실현 가능하다. 이에 우리는 별도로 영감 훈련을 할 필요가 있다. 이는 교과서에 나오지도 않으며, 일반 자기계발서에 흔히 등장하는 소재가 아니다. 영감에 의한, 영감을 위한, 영감을 좇는 회사 라이프다. 그 과정은 심플하다. 우선 스스로 영감을 얻는다. 그리고 그 영감을 어떤 수단을 통해 실현할 것인지 결정한다. 그리고 시간을 들여 노력한다.

그렇다면 대체 회사를 다니면서 영감을 어떻게 얻고 또 그것을 업무에 어떻게 접목할 것인지 구체적으로 알아보자.

첫째, 즉흥성에서 영감을 얻는다. 영감은 즉흥에서 의미를 캐치하는 능력이다. 일본의 스트리트 포토그래퍼 요타 요시다는 길을 걷다가 즉흥적으로 사진을 찍는다. 하지만 마구 셔터를 누르는 게 아니다. 셔터를 누르는 행위에는 누르겠다는 결심이 있다. 그 메커니즘을 뜯어보면 평소 의식적으로 고민한 것과 잠재적으로 느끼던 것에 초점을 맞추게 되어 있다. 이를 통해 내가 행동하는 모두 것에는 내가 설명할 수 있든 없든 어떠한 이유가 안에 존재함을 알게 된다. 관심이 가는 사람을 향해 셔터가 절로 눌러지는 때를 기억해보라. 즉흥적으로 사진을 찍다 보면 그간 본인이 경험한 영화, 음악, 소설, 다른 사진 작품, 텔레비전 드라마, 공연, 시, 회화, 가족, 친구, 인간관계, 사회상에 갖는 시선, 그 외 모든 요소가 셔터를 누르는 순간과 행위로 함축된다. 그는 말했다. "사진을 고르는 과정도 촬영의 일부다. 마치 나비효과처럼, 처음에는 내가 무엇을 촬영하는지 모르겠다가도, 무언가에 이끌려 셔터를 누르기 시작하고, 사진이 쌓이고, 연작을 구성하는 일련의 사건들이 일어난다."

거창한 카메라를 구입하지 않아도 우리는 늘 손에 쥐고 다니는 휴대폰이 있다. 이걸로 소모적인 게임이나 목적을 두지 않는 인터넷 서칭을 하는 데에 시간을 허비하지 마라. 영감과 멀어지는 행위다. 대신 출퇴근길에 마음 가는 대로 사진을 찍어보라. 셀프카메라 말고 길을 걷다가 만나는 풍경, 사람, 동물, 사물을 위주로 찍어보라.

둘째, 저절로 잘되는 업무를 찾아라. 우리는 무언가에 노력을 100퍼센트 쏟으면 반드시 쟁취할 수 있으리라는 유혹에 빠진다. 노력지상주의다. 하지만 당신은 알고 있다. 때때로 노력한 만큼 성과를 얻을 수 없다는 사실을. 공무원 시험 준비생은 미친 듯이 노력한다. 하지만 시험에 떨어진다. 대신 노력하지 않아도 술술 풀리는 듯한 느낌을 받으며 잘했던 일을 떠올려보라. 반드시 있다. 일기를 쓸 때든 그림을 그릴 때든 달리기를 할 때든 매니큐어를 바를 때든 창조하는 행위에서 한 가지 이상은 발견될 것이다. 놀랍게도 모든 인간은 창조의 도구를 하나씩 안고 태어나기 때문이다. 그것을 발견하지 못할 따름이다.

회사를 다닐 때도 예상치 않은 업무에서 기량을 발휘할 수 있다. CS를 접수할 때 응대 스킬이 남달리 좋아서 고객의 화를 잠재우는 직원은 말로써 상대를 편안하게 해주는 능력을 지녔다. 이런 사람은 본 업무가 주로 서류를 다루는 업무라 할지라도 자신의 바이럴 능력을 발견해 회사에서 예기치 않게 좋은 평가를 받을 수 있다. 따로 공부하지 않은 것에서 답을 찾으라. 공부한 것들은 이미 우리의 업무 스킬 중 상당 부분을 차지하고 있다.

별도로 공부를 하지 않은 영역에서 영감의 실마리를 찾으라. 계속 집중해서 연마했던 업무 영역을 잠시 옆에 두고 저절로 잘하던 일이 무엇이 있었는지 생각하라. 누가 시켰든 자발적으로 했든 중요하지 않다. 그것을 포착한 사람은 다음 단계로 나아갈 의욕이 절로 생긴다. 바로 노력이다.

셋째, 기쁜 마음으로 하루 한 시간은 두 번째에서 언급한 그 업무와 관련한 활동을 하라. 남양주의 매그너스 재활요양병원의 한원주 내과 과장은 1926년생으로 아흔이 훌쩍 넘었다. 한원주 과장은 2008년 의료 선교의원에서 82세의 나이로 은퇴한 후 매그너스 재활요양병원에서 내과 과장으로서 다시 청진기를 들었다. 그녀는 오전 9시부터 오후 5시까지 매일같이 환자를 만나고 진료한다. "아침에 회진을 돌면서 환자와 같이 노래도 하고 산책도 같이 하며 즐겁게 일하고 있다"며 "마음이 늘 기뻐서인지 힘든 줄 모르고 살아요"라고 한다. 그녀는 항상 웃는 얼굴이다. 한 과장은 "치매에 걸리지 않는 한 일을 할 수 있는 조건으로 병원과 계약했다"며 "앞으로도 노인 환자들이 희망을 잃지 않도록 곁에서 현역 의사로서 최선을 다하겠다"고 말했다. 위 내용은 2017년 7월 11일 조선일보 이영완 과학전문기자의 기사에서 발췌했다.

그녀는 의술을 펼치는 업이 자신의 능력과 꼭 맞는 케이스다. 또한 영감을 좇는 삶의 기본 자세를 지녔다. 늘 기뻐서 힘든 줄도 모른다는 대목 때문에 알 수 있다.

물론 예술 작품을 할 때와 같이 무에서 유를 창조하는 행위에는 기쁨도 있지만 과정에서의 힘겨움도 엄연히 존재한다. 초반일수록 힘든 점이 부각돼 다가온다. 그러다가 무수한 시간을 거쳐 반복적으로 일하면 이력이 나서 힘겨움의 정도가 작게 느껴진다. 그제야 온전히 다가오는 감정이 바로 기쁨이다. 그러므로 절대적으로 우리는 시간을 할애해야 한다. 저절로 잘되는 업무와 관련해 회사에서 일하지 않더라도 취미 활동으로 연장해 관련 활동을 하는 것이 좋다. 현실적인 이야기이다. 회사 생활 전반에 걸쳐 내가 잘하는 업무만 8시간 내내 할 수 없다. 그러므로 별도로 시간을 내라는 것이다.

포르투갈이 낳은 축구 천재 호날두는 이렇게 말했다. "내가 발을 쉬는 때는 바로 커리어가 끝났을 때다." 미국 경제전문지 〈포브스〉가 발표한 2015년 6월부터 2016년 6월까지를 기준으로 '가장 수입이 많은 100명의 선수' 중 1위가 바로 크리스티아누 호날두다. 그는 결코 연습을 게을리하지 않는다. 최상의 컨디션을 잘 유지하는 선수 중 한 명이며 그의 연습량은 타의 추종을 불허할 정도로 많다. 그리고 개인 기량역시 늘 탑을 유지한다. 운동량도 어마어마해서 그를 보면 사람이 몸을 얼마나 변화시킬 수 있는지, 그 가능성에 감탄마저 나올 것이다. 평범과 비범은 한 글자 차이다. 모두가 평범하면서도 비범한 단 한 가지특출남이 있다. 이건 별도로 시간을 들여 노력하지 않고서는 지속적으로 쟁취할 수 없다.

정리하자면 크게 세 단계다. 사진을 찍는 즉흥 속에서 자신의 무의식과 의식을 마주하는 활동이 영감을 얻는 첫째요, 그 다음에 딱히 배우지 않아도 잘되는 일을 찾는 것이 두 번째, 그 일을 물고 늘어지는 단계가 세 번째다. 손 가는 대로 사진을 찍고, 그 사진에서 다시 한 번 의식적으로 손이 가는 사진을 골라보라. 처음에는 즉흥성에서 나를 발견한다는 것이 안개처럼 뿌옇고 생경할 것이다. 하지만 꾸준히 하다 보면손이 먼저 셔터를 누르는 현상에서 자신이 어떤 생각을 가지고 일하고있는지 발견하고 현재의 자기 모습과 마주하게 될 것이다.

그리고 회사에서 무수히 주어지는 여러 가지 일에 대해 애써 성과를기대하지 않았는데 좋은 결과를 가져온 순간을 포착하라. 그 다음 그 순간의 감각을 지속적으로 발현하려면 시간을 들여 유사 활동을 반복하라. 그 시간들이 겹겹이 쌓여 영감에 의해 일하는 미래가 그려진다. 서서히 그 지분율을 높여가라. 직장 상사의 지시가 아니라 스스로에게 내리는 지시다. 미켈란젤로는 쉬지 않는다.

경험에 아낌없이 투자하는
과감한 여자로 살아라

'참 컬러풀하다.' 프랑스 파리의 거리를 걷다 보면 공통적으로 느끼는 점이다. 색채 없는 도시가 어디 있겠느냐마는 파리는 문화 유산뿐 아니라 일반 가정집의 대문부터 벽체의 파이프관, 문지방, 초인종, 상점가의 간판 등에 이르기까지 어느 것 하나 색채가 안 들어간 곳이 없다. 게다가 가까이 있는 건물끼리는 중복되는 컬러를 발견하기 힘들다. 밑그림을 그린 것이 아님에도 불구하고 모든 면을 색채놀이책처럼 빼곡히 페인트를 칠한 정성도 느껴진다. 그 모습이 매우 조화스러워 예술에 문외환인 사람도 아름답다고 느낀다. 이것이 파리의 컬러다.

뉴욕에는 편리한 듯 하면서 편리하지 않는 스트릭함이 있다. 흐드러지게 자연을 즐기는 곳이지만 계획하에 지어진 공원인 센트럴파크가 도시 한가운데에 있다. 뉴욕은 수중에 유용할 수 있는 자금이 있는지가 자신의 안위에 매우 중요한 요소이며 거지가 끊임없이 양산되는 부의 도시다. 서른 살, 카드 없이 홀로 떠난 뉴욕에서 현금 인출에 문제가 생겨 급히 한국에 있는 부모님께 연락을 드렸던 때가 있었다. 호텔을 체크인하면서 보증금을 지불해야 하는데 돈이 없어 한국 시간으로 오전 7시가 되기를 기다렸다. 이때 까닥 잘못하면 거리에 나앉을 뻔했다. 충분히 돈을 지니고 가지 않은 경험 덕분에 혹독한 자본주의에 대처하는 준비 자세를 갖추게 되었다. 물론 그 다음부터는 신용카드 한 개를 꼭 챙기고 통장 잔고를 확인한 후 한국을 떠난다.

파리와 뉴욕 각각에서 인연이 닿은 남자들이 있다. 파리를 여행할 때는 네덜란드에 살고 있는 지인의 지인이 자기 집에 나를 초대했고, 뉴욕에서 현금이 없어 쩔쩔매던 그 호텔의 지배인과 개인적인 연락을 주고받으며 지낸다. 다른 호텔에서 만난 흑인은 나를 할렘가의 재즈 레스토랑으로 초대하기도 했다. 파리는 두 번째 회사를 그만둔 때, 뉴욕은 첫 번째로 회사를 그만둔 때 떠난 곳이다.

그 외의 시간, 즉 회사를 다니던 때도 크게 두 번의 사건이 있었는데 남자들의 영향이 있었다. 그중에 고백하건대 소개팅앱을 통해 만난 심연의 벗도 있다. 사실 연인을 만들려고 만났지만 그와는 그 어느 누구와도 견주지 못할 만큼 내적으로 많이 교류했다. 당시 나이에 비해 섣부르고 성숙하지 못했던 이성관계관을 자각하게 해준 사람이다.

그 후에 자동차 동호회에 가입해 1여 년의 활동 끝에 유기견 봉사 활동을 하게 된 것도 하나의 변화다. 파리 여행 시 날 집에 초대한 네덜란드 흑인의 절친과 지인 관계에 있는 사람이 바로 자동차 동호회에서 만난 사람이다. 그리고 그 지인의 지인이 소개해준 봉사단체가 내가 활동했던 봉사단체. 한 문장에도 지인이 여러 번 등장한다. 인생의 한 챕터에 등장한 사람이 또 다른 챕터에 나온다. 예를 들자면 소개팅 앱에서 만난 벗의 할아버지는 내가 현재 일하고 있는 인더스트리에서 굵은 이력을 자랑하는 회사 회장이다. 이렇듯 지금 내가 회사 사람 외에 꾸준히 만나고 있는 사람들은 모두 직접 선택한 경험에서 만난 사람들이다.

'좋은 인연이 좋은 돈을 만든다'는 말이 있다. 이 말의 뜻은 사람에게서 부가 창출된다는 의미다. 경험을 통해 인연을 만난다. 부가적으로 했다고 생각한 경험이 뜻밖의 주요한 인간관계를 낳는다. 회사를 다니는 중간중간, 회사를 마치는 마침표의 순간에 내키는 대로 하고 싶은 여행, 체험을 했던 나는 후회를 해본 적이 없다. 오히려 그 시기 그 공간에 만난 사람들 덕분에 삶이 풍요로워졌다. 돈을 썼지만 그 이상의 가치가 있는 인연을 얻었다. 마음이 원하는 대로 사는 모토는 자신의 직관과 취향을 존중하는 의식이자 다양한 공간에서 마주하는 인연을 끌어당기게 하는 기본 마음가짐이다. 그 충동을 현실화하는 것을 두려워하지 마라. 일단 하라.

콜라예비치 톨스토이의 단편소설 〈이반 일리치의 죽음〉의 주인공 이반일리치는 죽기 직전에서야 다음과 같이 후회하고 깨닫는다.

"만일 내 인생이 모두 잘못된 것이라면……."
이전에는 도저히 생각할 수도 없었던 것, 다시 말해 그동안 인생을 제대로 살지 못했다는 느낌이 결국 진실일지도 모른다고 그는 문득 생각했다. 이제껏 사소한 충동이 일어나면 그것을 곧바로 억제해왔는데, 실은 그 충동이 오히려 진짜이고 그 외의 것들은 모두 가짜였던 것이 아닐까? 직책도, 생활과 가정사도, 사회적 또는 직무상의 이해관계도 모두 가짜였는지도 모른다. 이런 것들을 모두 성실하게 지키고자 노력했던 그는 갑자기 그 모든 것들이 덧없게 느껴졌다. 지켜야 할 것 따위는 아무것도 없었다⋯⋯.

우리는 사회생활을 시작하면서 여러 상황에서 다양한 사람들을 만난다. 그런 과정에서 하는 일마다 하고 싶은 대로 하고 살기란 어렵다고 생각한다. 혼자 있으면 내키는 대로 해도 누가 뭐라 하지 않지만 회사에서는 내 바로 옆에 직장 상사가 있고 내 바로 위에 오너가 있어 눈치가 계속 보인다. 그리고 일할 때는 자유롭게 휴가를 보낼 수 없고 저녁 시간 역시 맘껏 다룰 수 없다고 생각한다. '남들처럼 바쁘게 살면 보상을 받겠지' 하고 자위하거나 유별나게 행동하면 미움을 살까 봐 주저하는 경우가 많다. 내적으로는 무엇보다 돈을 아끼려고, 돈을 모으려고 부단히 애쓴다. 여행, 세미나, 흥미 있어 하는 분야의 공부, 대학원 진학, 유학 등 마음속에서 경험의 욕구와 충동이 일어도 꾹꾹 참는다. 결혼하면, 이직하면, 돈을 모으면, 회사를 그만두면, 집을 사고 나면. 이런 식으로 조건을 달아놓고 유보한다.

하지만 기억하자. 어느 때, 어느 장소에서 어떤 사람으로부터 초대를 받는지 그 경험의 절대적인 수치가 중요하다는 것을. (몽상, 공상 혹은 묵상 등의 방법을 통해 충분히 공간과 시간의 자유를 느낄 수 있는 사람에게는 해당되지 않는다.) 이건 움직여야 가능하다. 방문을 열고, 회사 문을 나서야 가능하다. 우리는 원하는 상황, 원하는 사람, 원하는 장소에 머물 수 있다. 그럴 자격이 있다. 마음속으로 되뇌어야 하는 문구가 있다. "You deserved it." 당신은 그럴 만한 자격이 있는 사람이다. 인내하고 인고하는 것은 마음속에서 우러나와 영감을 좇는 삶을 사는 데 필요한 세 번째, 노력 단계에서나 필요하다. 그 외에는 충분히 자유로워야 한다. 자유로울 때 만나는 사람의 수는 많으면 많을수록 좋다.

특히 내 경우 사회 초년생일 때는 공간을 자유롭게 택하는 데에서 대부분의 자유가 파생되었고 만끽했다. 회사를 다니는 시간, 시각의 제약을 공간의 자유에서 찾았다. 회사원에게 시간의 자유가 주어지는 때는 휴가 기간과 회사 생활을 종료한 때, 이 두 타이밍밖에 없다. 하지만 매일 점심시간과 저녁시간에 집 아닌 새로운 곳을 가본다는 생각을 하면 한 달 평균 근무일 기준 20일 동안 40군데의 새로운 곳을 가보게 된다. 서울에 살면서 늘 여행자 모드로 가보고 싶은 곳, 내 마음이 동하는 곳을 택하였으며 그곳에서 새로운 사람, 새로운 기회가 늘 기다리고 있었다.

그리고 그것들은 막연히 외부에 존재하는 것이 아니다. 그곳을 경험함으로써 그들과 같은 공간을 향유했다는 사실만으로 이미 그것들은 당신의 내면에 초대된 것이다. 반대로 그들 역시 흔쾌히 자신들의 영역에 초대할 것이다. 회사를 다니게 되면 회사라는 공간에 얽매이고 출퇴근 시간에 몸이 매여 있다고 생각한다. 하지만 하루에 점심시간 한 시간, 저녁시간 한 시간씩만 각각 다른 레스토랑, 카페, 뮤지엄, 전시회,

가게를 가서 각기 다른 메뉴, 책, 작품, 상품을 접한다고 생각해보라. 출근하는 날만큼 마일리지 쌓듯 경험을 쌓을 수 있다.

미국의 문학적 철인 랠프 월도 에머슨은 1838년 〈문학 윤리〉에 이렇게 적었다. "인간은 '진부'라는 맷돌을 하염없이 돌리고 있다. 하지만 맷돌에서 나오는 것은 오로지 그 맷돌에 집어넣은 것뿐. 하지만 관습에 얽매이지 않고 즉흥적 사고를 택하는 순간 시, 위트, 희망, 미덕, 교훈적 일화 등 온갖 것들이 와르르 쏟아져 나와 인간을 도와준다." 그리고 어느 CEO는 이렇게 말했다. "전 직장에서 당신이 좋은 대우를 빈은 건 그 회사가 당신의 능력과 됨됨이를 높이 산 결과에요. 그러니까 지금도 해야 할 일은 명확해요. 당신의 능력을 높게 평가해줄 누군가를 찾는 거죠."

회사를 다니는 당신에게는 당신의 역량을 좋게 봐줄 사람이 필요하다. 회사 안에서는 그 사람이 바로 직장 상사다. 주로 부딪히는 사람들이 회사로 맺어진 인연인 건 분명하다. 하지만 당신 주변을 이들로만 채우는 것은 진부하다. 다시금 상기하자. 회사 밖에서 당신을 좋게 대우해주고 자신의 공간으로 초대할 인연을 찾으라. 마음의 소리를 들으면 하고 싶은 것, 가고 싶은 곳을 떠올리는 건 식은 죽 먹기다. 이를 그대로 실행하라. 내키는 대로 가보고 느껴보라. 이 세상 곳곳에서 당신의 인연들은 당신을 기다리고 있다.

하이엔드 라이프 스타일

이베리아반도 끝에 위치한 포르투갈. 대륙이 끝나고 대양이 시작되는 이곳에서 태어나 전 세계 상류층의 마음을 움직인 하이엔드 리빙 브랜드가 있다. 맥시멀리즘 트렌드를 등에 업고 수면 위로 올라온 보카 도로보(Boca Do Lobo)가 그것이다. 스위스 제네바의 레이크사이드 빌라, 호주의 이스트하우스 등 럭셔리 빌라와 저택을 대상으로 커스텀 메이드하며 서서히 존재감을 드러냈다. 포르투갈 북부에서 온 스물다섯 명의 장인과 유리공예, 금세공 등 분야별 장인이 힘을 모아 수제 가구를 만드는데, 정교하고 화려한 디테일이 단박에 시선을 사로잡는다. "고객은 늘 새로운 경험을 원합니다. 그래서 우리는 고객이 놀랄 만한 디자인을 추구하죠." 보카 도로보의 CEO 아만디우 페레이라의 전언이다.

보통 하이엔드 럭셔리 브랜드라고 하면 샤넬, 에르메스와 같은 패션 브랜드를 떠올린다. 리빙에서의 새로운 경험을 하고 싶어도 그것들은 물질적으로나 정신적으로 여유가 있는 사람들만이 할 수 있었다. 하지만 분명히 달라지고 있는 것은 젊은 세대 직장인을 포함한 대중까지 관심을 쏟는 대상이 라이프스타일 그 본연으로 넘어왔다는 것이다. 라이프스타일에는 앞서 말한 패션은 물론이고 리빙까지 포함된다.

현실적으로는 리빙보다는 패션에 신경을 쓴다. 회사를 다니고 일하는 바깥 활동이 잦을수록 집에서 보내는 시간이 적기 때문이다. 그러나 설령 집에서 보내는 시간이 많지 않다 하더라도 본인의 집 스타일링에 신경을 쓰는 사람은 시간에 구애받지 않고 다음의 것을 소중히 여기는 사람이다. 바로 '가치'다. 퇴근 시간이 항상 늦어 집에서는 잠만 잘지언정 침구류를 하이엔드로 구매하는 사람이 그 예다. 이제는 더 이상 구두에서부터 헤어스타일과 액세서리까지 출근에 필요한 모든 것에 신경 쓰던 그녀를 두고 하이엔드 라이프 스타일을 지녔다고 말할 수 없다. 하이엔드의 정수는 그녀의 집에서 볼 수 있다.

집에서 보고 만지고 느끼는 모든 것을 신경 쓰는 사람이 있는가 하면 밖으로 드러나는 차, 얼굴, 외모, 옷, 먹는 음식에만 신경 쓰는 사람이 있다. 그것을 고를 수 있는 취향과 결단이 있는 것만으로도 대단하지만 남에게 보이지 않는 것에 대한 아름다움과 중요성을 아는 사람은 드물다. 직장인은 더 드물다.

"희인 씨, 잘살잖아." 한 CEO가 나에게 한 말이다. 하지만 난 대놓고 차 자랑, 집 자랑을 한 적도, 빚 없이 살게 해주시는 부모님에 대한 자랑을 한 적이 없다. 일하는 여자로 살면서 일하지 않는 여자로 있는 시간까지 그들은 눈여겨본다. 집에서 어떻게 지내는지를 말하지 않고, 그들 역시 물어보지 않음에도 불구하고 그들은 안다. 직원들이 잘살고 있는지 아닌지 평가를 내릴 수 있다. 바로 가만히 있어도 뿜어져 나오는 분위기를 통해서다.

우리보다 몇 년 이상은 거뜬히 살았으며 직접 다뤄본 브랜드가 평균적으로 많은 그들 역시 이 모든 경험의 끝에서 이상향으로 지향하는 바가 있다. 하이엔드 라이프 스타일을 영위하는 것은 그들이나 우리들이나 이루고 싶은 소망이다. 재력이 엄청난 사람이건 그렇지 않은 사람이건 그런 라이프 스타일을 누리고 싶어 한다. 하지만 누구나 가질 수 없다. 겉모습을 치장만 하는 사람은 집을 돌보지 않는다. 집을 돌보는 것은 하이엔드 리빙 제품을 통해 각자의 숭고하고 개성 있는 가치를 스스로에게 심는 일이다.

다음 습관을 들이면 집에 신경 쓰고 집을 돌보게 된다. 하지만 리빙 스타일에 신경 쓰기 시작했다고 해서 바로 기품 있는 에너지와 분위기를 얻을 수 있는 것은 아니다. 1년을 두고 습관을 들여야 한다. 그래야 비로소 의도치 않은 상황에서 예기치 않게 직장 상사로부터 잘살고 있다는 말을 듣게 될 것이다.

첫째, 작은 것부터 가치 있는 물건들로 대체하라. 출퇴근 스케줄에 맞춰 일어나서 잠자기까지 매일같이 하는 일이 있다. 씻고 먹고 휴식을 취하는 일이다. 예를 들어 매일 마주하는 욕실의 도구들을 살펴보자. 쉽게 지나칠 수 있었겠지만 찬찬히 보면 수건, 칫솔, 치약, 거울, 세면

대 등이 욕실을 메우고 있다. 화장실 전체의 인테리어와 소품을 생각하면 된다. 자신의 손이 닿는 모든 도구를 함부로 들이지 않고 좋은 소재, 좋은 기술로 만든 하이엔드 제품을 구매하는 사람은 무엇이 다를까. 그들은 그 하나하나에 가치를 부여해 제품을 구매하는 사람이다. 그리고 늘 그 제품을 사용한다. 언제나 하이엔드 가치를 향유하는 셈이다. 생활 속에 하이엔드가 녹아 있게 된다.

가구도 마찬가지다. 다이닝 의자 하나를 사더라도 돈을 보고 사는 것이 아니라 가치 있는 것을 구매하는 것이 좋다. 가구는 보통 소품보다 재정적 부담이 있는 물건이므로 가격이 저렴하면서도 활용도가 높은 의자부터 대체하는 게 좋다. 그 어떤 이도 터치 안 하는 부분, 누구도 보지 않는 부분까지 자신의 기준상 아름답다고 생각하는 좋은 품질의 물건들로 공간을 구성하라. 아무 느낌과 가치 없이 쓰임을 당하는 제품이 난무한 공간에서는 하이엔드 스타일이 나올 수 없다. 그런 것은 아예 사지도 사용하지도 않는 편이 낫다.

둘째, 집에서 쓰던 물건을 회사에 가져가라. 집에서부터 앞서 말한 습관을 들여온 사람은 회사에서 어떻게 행동할까. 쓰면 쓸수록 기분이 좋고 아름다움이 배가 되는 물건들을 하나씩 회사로 가져오기 시작한다. 개인 머그컵, 커피잔, 슬리퍼 등 많지도 않고 크지도 않는 물건들이다. 하지만 어떤 물건이든 스스로 아름답고 유용하다고 생각하는 기준에 부합하는 것을 구매하고 이용해온 사람은 눈에 띄게 마련이다. 왜냐하면 아직도 이런 모습이 생경한 것이 한국 오피스의 현실이기 때문이다. 남들이 거의 하지 않는 일이다. 누가 유별나게 사무실용 슬리퍼를 하이엔드 제품으로 구매하는가. 오피스 밖을 나서는 구두는 고급이어도 실내에서는 고급이 아닌 것을 신는 사람들이 많다. 좋은 퀄리티의 제품은 집에서건 회사에서건 동일하게 당신의 가치를 높이는 역할을 한다. 그러므로 생필품 역시 함부로 구매하고 사용할 일이 아니다. 회사에서도 당신만의 구비품을 드러내 사용하라.

셋째, 한 달에 하루는 호텔에서 지내라. 이때 말하는 호텔은 특1급 호텔이다. 하루 숙박료는 일반 회사원이라면 충분히 감당할 수 있으리라 생각한다. 사실 이것은 비용이 아니라 투자다. 호텔에서 지내는 하룻밤은 그걸로 소모되어 하늘로 증발해버리는 비용이 아니다. 5성급 호텔 로비에 들어서서 엘리베이터를 타고 룸에 도착하기까지는 물론이고, 룸에서 정성껏 꾸며놓은 하이엔드 라이프 스타일을 경험하는 데에 그 투자 의의가 있다. 어떤 게 좋은지 알아야 할 것이 아닌가. 경험의 레퍼런스가 부족한 이는 가치를 알아보는 일과 가치 있는 물건을 선택하는 일에 어려움을 느낀다.

5성급 호텔의 침구류, 식기류, 소파, 라운지 체어, 티테이블, 커피, 주전부리 등은 디자이너 혹은 브랜드의 숭고한 가치가 녹아 있는 웰메이드 상품이다. 호텔마다 룸의 구조가 다 다르다. 어떤 곳은 같은 디럭스 룸이더라도 욕실의 크기가 크다. 공간의 구조뿐 아니라 풍기는 향기도 다르다. 파크 하얏트 호텔은 이솝의 오렌지 베이스의 향이 주다. JW 메리어트 호텔은 록시땅의 라벤더 향이 주로 코끝을 스친다. 호텔의 위치에 따라서도 뷰가 다르다. 도심에 있는지 외곽에 있는지, 바다가 보이는 곳에 있는지, 그리고 고층, 저층 어떤 층을 택하느냐에 따라 경험할 수 있는 뷰가 천차만별이다. 그리고 기본적으로 제공하는 어메니티의 종류도 다르다. 요금 추가 없이 룸서비스를 제공하는 폭도 다르다.

호텔에서 제공하는 모든 물건, 서비스에서 내가 좋아하는 것, 끌리는 것을 찾으라. 그것을 토대로 라이프스타일을 구성하라. 호텔 숙박을 통해 하이엔드 리빙 정보를 알고 오감으로 체험할 수 있는 기회들을 축적하라. 이를 감안한다면 한 달에 쓴 숙박 비용이 결코 아깝지 않다. 돈을 써야 하는 때는 바로 이런 경험을 할 때다. 여행할 때만 호텔을 고르지 말고 회사를 다니는 평범한 때도 호텔을 고르라.

리빙 스타일에 품격을 더하는 일은 훗날 나이를 먹고 여유로울 때 하는 것이 아니다. 회사를 다니는 이 순간부터 해야 한다. 세월이 지날수록 더더욱 삶을 즐기고 분위기 있는 여성이 되려면 사회생활을 시작하는 순간부터 하이엔드 습관을 가져야 한다. 나만 유별난 것이 아니다. 직급을 막론하고 회사의 모든 사람의 내밀한 욕구에는 하이엔드 라이프 스타일을 즐기고 싶은 마음이 있다. 보이지 않는 공간에서도 하이엔드를 추구하는 습관을 지닌 직원과 그것의 가치를 전혀 모르는 직원 두 명이 있다면 단언컨대 직장 상사들은 전자에 각별한 평가를 내릴 것이다. 보이는 시간과 공간, 물건들로만 평가받는다고 착각하지 마라. 그들의 눈에 보이지 않은 공간에서 당신이 하는 선택과 행동이 사회적인 평판의 기준이라는 것을 명심하라. 어떤 향기를 입고 어떤 소파에 앉으며 어떤 그릇을 쓰는지, 이 모든 것이 어우러져서 당신의 분위기를 형성한다. 보이지 않는 분위기를 형성하라. 이 분위기는 당신을 특별한 사람으로 브랜드화하는 데 결정적인 역할을 한다.

이렇듯 하이엔드 라이프 스타일 습관은 당신의 분위기와 브랜드의 정수를 만들어낸다. 회사 생활을 하는 내내 직장 상사가 당신을 찾게 하는 힘은 보이지 않는 그것, 기품이 좌우된다. 제아무리 품성이 좋고 업무를 잘하며 팀워크가 좋은 사람이어도 분위기로 사람을 끌어당기지 못하면 좋은 평가를 받기란 어렵다. 플러스 알파, 동료와 다른 한 끗은 집을 포함해 당신이 머무는 모든 공간에서 쌓아온 리빙 습관에서 출발한다. 일하는 여성도 충분히 기품이 있을 수 있다. 보이는 것만 가꾸지 마라.